세 　 　 계
불교음악
순 　 　 례

세상에서 가장 깊은 소리, 그 원류를 찾아서

pilgrimage to world Buddhism music

세계
불교음악
순례

윤소희 글 · 사진

온주사

음악은 형체가 없으므로, '이것이 수행자의 노래요' 하고 부를 수는 있지만 듣는 사람은 '뭐지, 이 느낌?' 하는 것이 있다. 필자가 재장齋場에서 범패를 처음 들었을 때의 느낌이 바로 그랬다. 그 이상한 느낌이 무엇인지 나 자신도 알 수 없었으므로 다른 데 가서라도 한번 알아봐야겠다는 생각이 들었다.

외국의 수행처에 가보면 유난히 한국에서 온 수행자들이 많다. 한국 사람들이 특별히 수행에 열성적이라 그럴까? 물론 그런 요인이 없다고는 할 수 없지만, 다른 한편으로는 한국에서 수행을 원만히 할 수 있는 수행체계가 잡혀 있지 않기 때문이기도 할 것이다. 이는 필자가 범패를 들으면서 느낀 괴리감과도 같은 현상이다. 뼈아픈 일이지만 우리는 이러한 현실을 인정해야만 앞으로 나아갈 수 있다.

의문을 따라 한 군데 가서 보면 어느 정도 풀리고, 그것을 풀고 나면 다시 딸려오는 의문과 기존에 남은 의문들이 있어 그 해답을 찾아 가고 또 가고, 그러다 경제적 여력이 다하여 이제는 접어야지 하고 있으면 이상하게 무언가 일이 생기면서 나를 데려갔다. 그러다가 '수행을 위해서는 음악, 아니 범패까지도 하지 않아야 하는 것'이었기에 그간의 모든 작업을 중단한 적도 있다. 그때 발견한 것이 무위無爲의 율조였다. 그렇게 하여 인도·스리랑카·동남아·티베트·중국·일본을 다니면서 풀어진 궁금증을 논문으로 발표해왔다. 그러나 논문은 축약된 논증적 근거만을 싣다 보니 정작 필자가 공유하고 싶은 일반 연주자, 불교의례와 범패를 하는 스님들과는 소통이 어려웠다.

　그러던 차에 법보신문의 제안으로 "세계 불교음악 순례"를 연재하게 되었다. 그러나 이 또한 지면의 한계가 있어 현지의 생생한 모습을 담은 사진과 하고픈 말을 다 실을 수가 없었다. 그리하여 이 책에서는 신문에 다 담지 못한 자료들과 설명, 느낌을 가능한 많이 담아내고자 묶여 있던 사진을 꺼내보니 생각지 못한 장면들이 펼쳐졌다. 30여년 전 유럽 배낭여행을 하며 찍어둔 종탑, 홍콩과 한국 문화를 포용한 성공회의 종탑과 종, 인도 힌두사원의 종과 방울, 티베트의 종과 풍경風磬, 이슬람 사원에서 예배를 알리는 '아단'까지, 그야말로 온 세계 사람들의 모습이 담겨 있었던 것이다. 이들 사진 속에는 지구촌의 다양한 환경에서 살아온 서로 다른 삶의 방식이 있었고, 그들의 우주관과 상상계가 담겨 있었다. 그리하여 "사람을 부르는 온 세상 소리들"이 불교음악 순례의 서두를 장식하게 되었다.

　"하나만 알면 아무것도 모르는 것"이라는 말이 있다. 지구촌 곳곳의 타종 방식을 통해서 한국 범종의 울림이 얼마나 위대한지를 새삼 깨닫게 됨으로서 오늘날 세계를 뒤흔드는 K팝과 한류의 원동력이 다름 아닌 불교문화 속에 잠재해 있음을 알게 되었다. 앞으로는 그간 모르고 지내온 우리네 불교문화의 신비와 심미적 세계를 좀 더 들여다봐야겠다.

불교가 한반도에서 싹을 틔우고 자라기 시작한 지 천여 년이 지난 후, 본래의 생김새를 알아볼 수도 없을 만큼 그 형세가 허물어졌으니 조선조 중반 이후부터이다. 그 결과 범패하는 스님들이 민속경연대회에서 수상을 하여 문화재로 지정되는 일도 있었다. 출세간의 도道에서 발아한 범패의 근본정신에서 보면 이러한 것은 있을 수 없는 일이겠으나, 문화현상으로 보면 오히려 한국의 토양 깊숙이 스며들어 다양한 불교문화를 배양하는 역할을 하기도 하였다. 이렇듯 종교적 본래 정신에서 보면 안타깝지만 문화적으로 보면 그것도 자연스런 현상이기도 하니, 좋다 나쁘다는 결론을 쉬이 내릴 수 없다.

현지의 상황을 생생히 전달하고자 풀어쓴 본 책을 넘어서서, 정확한 근거를 제시한 논문으로 관심이 깊어진 독자들이 있다면 관련 논문을 찾아 읽으면 좋겠다.* 그간의 여정을 돌아보면, 혼자서 무지막지하게 다닌 결과이므로 부족하고 아쉬운 점이 많다. 그리하여 앞으로 남은 일은 후학들이 필자의 미숙함과 오류를 지적할 때, 참고 견디며 받아들이고, 그들의 새로운 연구에 박수를 보내는 것이다. 그러한 날들이 빨리 왔으면 좋겠다.

2021년 9월
퇴계원에서 필자

---

* 이에 대한 정보는 〈다음 윤소희카페〉 '연구활동'에서 확인할 수 있다.

추천사 직접 발로 뛰며 찾은 보석 같은 이야기들

대한불교조계종 불교음악원장 박범훈

『화엄경』「입법계품」에는 선재동자의 구법 여행기가 있다. 문수보살 친견으로 시작되는 선재동자의 여행은 보현보살을 만나기까지 장장 53장으로 구성되어 있다. 불교에는 여느 종교와 달리 유독 여행 관련 내용이 많다. 부처님의 전법여행, 전법승과 구법승의 이야기는 경전을 비롯하여 불교문화권 역사서의 대부분을 차지할 정도이다. 선재동자의 마지막 여정은 보현보살을 만남으로써 구법 공덕을 회향하고 있다. 「세계 불교음악 순례」를 보면서 선재동자의 구법여행이 떠오른 것은 우연이 아닌 듯하다. 왜냐하면 저자의 순례행은 단지 음악에 대한 탐구라기보다 문화적 토양 위에서 인간 행위와 음악이 어떻게 불교화되어 가는가를 탐색하는 여정이기 때문이다.

한국에서 중국을 거쳐 티베트와 인도, 동남아 각 지역을 찾아다니다 스리랑카에서 인도불교 음악의 면면을 전해주는 이야기는 사뭇 흥미롭다. 불교문화권 여러 나라 중에 가장 거리가 먼 스리랑카 음악이 우리네 범패 및 불교풍습과 상통하는 점이 많다는 것은 가벼이 흘려들을 내용이 아니다. 뿐만 아니라 세계 3대 불교유적으로 꼽히는 미얀마의 바간, 캄보디아의 앙코르와트, 인도네시아의 보로부두르를 둘러싼 불교문화와 음악 이야기는, 그간 피상적 관광에 그쳤던 곳의 이야기여서 다시금 가보고 싶다는 생각이 들기도 한다.

조각과 건축은 형태가 남아 있기에 누가 말해주지 않아도 가서 볼 수 있지만, 음악은 기록할 수 있는 수단이 없었기에 전문가의 도움 없이는 그 지역을 아무리 다녀도 알 수 없는 영역이다. 기록 보다 구전문화를 중시했던 인도였으므로 불교 또한 그러한 범주의 특성을 많이 지니고 있다. 따라서 사라진 음악의 실체에 대해서는 연구하기가 대단히 어려워 각 나라의 역사나 문화를 전해주는 문헌이나 정보지에서도 음악은 한 귀퉁이에 아주 단편적인 내용에 그치는 경우가 많다. 그만큼 어려운 것이 음악에 대한 연구이며, 관련 정보와 자료가 절대적으로 부족한 실정이다. 이러한 상황에 비추어 볼 때, 이 책에 담긴 여러 이야기들은 더 없이 소중한 정보이기도 하다.

무엇보다, 이러한 이야기들이 저자가 직접 발로 뛰며 찾은 것들임에도, 항상 현지 수행자들의 조력이 있었음을 밝히고 있다. 저자는 이 책을 현지에서 자료와 조언을 아끼지 않은 스님들과의 공동 저술이라고 말한다. 이는 겸손의 표현이기도 하지만 독자로서는 더욱 신뢰할 수 있는 내용이라는 점에서 더 큰 매력으로 다가온다.

추천사 순례 가운데 지식과 정보 습득의 만족도까지

한국불교음악학회장 한명희

"나의 학문은 책상을 딛고 나와 체험하고 겪은 것에 대한 탐구요 사색이다."

저자의 학문적 소신이자 지향점이라 할 수 있는 위의 말을 증명할 수 있는 결과물이 바로 『세계 불교음악 순례』가 아닌가 싶다. 현지조사를 가기 전에는 해당 지역의 문헌을 빠짐없이 구해서 탐독하여 정리하고, 관련 인맥을 찾아 미리 인터뷰를 행한 연후에 현지조사를 다녔기에 출발하기 전 이미 60% 이상의 글이 쓰여진 상태였다고 할 정도로 사전 준비가 철저하였기에, 저자의 이 방면 연구 성과는 당연한 귀결이었다는 생각이 든다.

DVD가 없던 시절 커다란 비디오테이프를 눌러 넣는 기기부터 플로피디스크, MD녹음기, 콤팩트 테이프를 넣는 촬영기, CD를 넣어 저장되는 촬영기, 메모리 한계로 외장하드에 일일이 백업해야 했던 촬영기 등, 2000년대 초기부터 지금까지 바뀌어 온 기기만도 헤아릴 수 없을 정도였다. 더구나 탑이나 불상, 사원과 같은 유형의 연구 대상은 어느 때나 갈 수 있지만 의례는 행해지는 그 순간이 아니면 체험이 불가능하므로 그 시기를 맞추다 보니 어떤 후원이나 도움 없이 자비를 들여 다닐 수밖에 없었다고 하니 참으로 무모했다는 생각도 든다.

이렇게 발로 뛰는 연구의 뒷이야기들이 산처럼 많았으련만, 논문에서는 이런 이야기들은 군더더기가 되어 버리는 데다 의례 본연의 목적이자 동기인 신심에 대한 설명도 특정 종교에 대한 편향적 연구자세로 평가되므로 논문을 통해 다 하지 못한 이야기들이 이 책에 실려 있다. 그리하여 논문을 읽은 이에게는 보완적 이야기로, 논문을 읽기가 부담스러운 독자들에게는 친근한 여행기가 되리라고 여겨진다.

또한 그간 논문으로도 발표한 적이 없는 베트남의 이야기는 또 다른 의미로 다가온다. 우리가 월남파병으로만 알고 있는 역사의 한 페이지를 베트남의 입장에서, 불교도적 입장에서 조명한 것은 반성과 성찰의 메시지이기도 하다.

불교음악은 인간의 가장 취약한 감성인 삶과 죽음에 대한 막연한 공포로부터의 위안을 넘어서서 해방과 자유에 이르기까지 매우 적극적인 인간 행위를 자극한다. 특히 승가의 일상에서 형성된 범패는 수행의 공동체적 행위인 의례와 그에 수반되는 율조라는 점에서 일반 음악과 확연히 구분되는 성역이 있다. 이들은 또한 각 지역마다 문화적 색깔을 달리하는 가운데 불교라는 하나의 뿌리로 연결되고 있어, 순례 가운데 지식과 정보 습득의 만족도까지 채울 수 있는 것이 이 책이 지닌 미덕이 아닌가 싶다. 무엇보다 에필로그를 통해서 수행과 불교의례, 그에 수반되는 율조, 그리고 한국 불교음악의 현 상황과 미래에 대한 제언이 깊은 여운을 남긴다.

제3장 티베트 불교의례와 악가무 • 199

세　계
불교음악
순　　례

제 1장

사람을 부르는 온 세상 소리들

모든 생명체는 집단체계가 있어 갖가지 몸짓으로 동료들을 부른다. 작은 벌레들은 날개를 비비고, 새들은 짹짹거리고, 동물들은 목청을 높여 울부짖는데, 인간은 목소리뿐 아니라 갖가지 도구를 사용하여 더 많은 사람을 불러 모을 뿐 아니라 추상적 의미까지 담는다.

마을 축제가 있거나 종교의식이 있을 때 가장 먼저 행하는 것이 사람을 불러 모으는 타주이다. 그리하여 모든 종교에는 종鐘에서부터 메시지와 감화를 위한 갖가지 울림이 있고, 거기에는 자연환경과 생활여건에 의한 상상계가 잠재해 있다. '80일간의 세계일주'라는 영화가 인기를 끌던 시절, 사람들은 세계일주라는 꿈을 꾸기 시작하여 요즈음은 지구촌 어디든 하루 내지 사흘이면 못 갈 곳이 없다.

그간 유럽배낭여행을 시작으로 아시아, 아프리카, 북미, 남미, 중동 등지를 다녀보니 모든 종교는 의식을 하기 전에 사람을 불러 모으는 그들만의 방식이 있었다. 그간 필자가 직접 체험한 범위 내에서 각 종교에서 사람을 부르고, 마음을 울리는 방식을 먼저 짚어본 뒤에 불교음악의 세계로 들어가 보고자 한다.

1. 아시아 각양각색의 종

1) 인도와 접변지역의 종과 북

① 인도

'인도인만큼 종을 좋아하는 사람들이 어디 있을까?' 싶을 정도로 인도 사람들의 생활과 힌두사원에는 종이 넘쳐난다. 인도 여인들은 춤을 출 때 발목에 종을 달고 춘다. 21세기가 시작되는 해 겨울, 인도 여행을 하였다. 팔이건 발목이건 방울을 두르고 있는 인도 여인들이 예뻐 보여서 나도 하나 샀다. "한국 가면 노래방에 가서 발목에 차고 한번 놀아보리라." 그런데 막상 한국에 와보니 발을 흔들며 춤추는 것이 어울리지 않았다. 전통적으로 한국 사람들이 춤추는 모습을 보면 대개 발목은 옷자락에 덮여 있고, 팔과 손끝을 휘저으며 춤을 춘다.

그리고 약 10년이 흐른 어느 여름, 다시 인도를 가게 되었다. 갠지스 강가에서 시바축제가 있던 날, 많은 사람들과 함께 배를 타고 뿌자(기도의식)를 지켜보았다. 사제들이 강을 향하여 한 손에는 등불을 들고 한 손에는 종을 흔들며 기도를 하였고, 수많은 사람들이 그 뒤에서 노래를 하였다. 여러 명의 사제들이 일제히 방울을 흔들고 사람들이 노래하는 가운데 여러 개의 종이 울려내는 그 신비로운 분위기는 지금도 잊을 수 없다. 한국에서 등산을 하다 보면 산정 어떤 나무나 금줄에 자물쇠가 주렁주렁 달려 있는데, 인도에서

발목에 방울을 잔뜩 달
고 춤추는 인도 여인

●●
기둥과 나뭇가지와 금
줄에 빽빽이 달린 힌두
사원의 종

는 종을 그렇게 매달아 놓은 경우가 많다. 어떤 사원에는 크고 작
은 종이 마치 벌집과도 같이 따닥따닥 달려 있기도 하다.

② 스리랑카

오늘날 스리랑카로 불리는 실론은 한국의 제주도와 같이 인도의
섬이었다. 그런 만큼 인도와 마찬가지로 영어에 능숙한 사람이 많
고, 옥스퍼드를 비롯한 영국 학계와 활발한 교류를 하고 있어 그들
의 불교학이 세계 불교학으로 바로 연결되며, 문화적 취향에 있어
서도 인도와 비슷하다. 따라서 이들의 타종 방식도 인도와 크게 다
를 바가 없었다. 다음은 스리랑카 어디를 가나 흔히 보이는 마을
사원의 종이다.

스리랑카에서 가장 신성시되는 불교 순례지인 스리빠다 산정에
오르는 사람들이 누구나 한 번씩 종 줄을 잡아당기는데, 그 종 모
양이 서구의 교회 종과 다를 바 없다. 그런가 하면 최초로 빠알리
경전을 문자로 기록한 알루위하라도 종을 걸어둔 방식은 유럽의

교회와 같았다. 인도와 스리랑카에서 발견되는 유러피언적 양상은 아리안의 동일 뿌리와도 연관이 있다. 실제로 고대 인도의 산스끄리뜨어와 유럽 고전어인 라틴어가 30~40%의 공통 어근을 지니고 있다.

그런데 캔디사원의 범종각에는 추를 흔드는 것이 아니라 바깥에 당목이 달려 있었다. 당목에는 긴 끈이 달려 있는데, 이는 당목의 끈을 당겨서 치기 때문이다. 또 하나 신기한 것은, 한국의 범종은 땅을 파서 소리를 울리는데 이곳 종루에는 종 아래에 쇠로 만든 커다란 울림 항아리를 설치해 둔 점이다. 남방지역 범종 중 울림의 구조가 한국과 가장 유사한 종이어서 기억에 생생하다. 한편 콜롬보에 있는 캘라니아사원에는 한국에서 보내준 범종을 걸어 두었는데, 치는 방식은 달랐다. 높은 종루의 지붕 아래에 종을 매달았으며 당목에 끈을 매달아 아래서 밀어 치고, 울림통도 없어 불치사에 비하면 울림이 빈약했다.

● 스리빠다 산정에 걸린 종

●● 최초의 빠알리 경전이 만들어진 알루위하라의 종

캔디 불치사의 종

③ 히말라야지역과 네팔

오늘날 파키스탄, 네팔 등지도 예전에는 모두 인도였으므로 종의
모양은 인도와 차이가 없었다. 북인도 마날리에서 히말라야 산을
넘어가면 라다크에 이르게 된다. 히말라야 입구에 온천으로 유명
한 밧쉬시 마을이 있는데, 이곳 힌두사원에도 알루위하라와 같이
정문 위 처마 밑에 종이 걸려 있었다. 온천을 하러 온 나그네들이
수시로 종 줄을 잡아당기는지라, "거참 시끄럽구만" 하고 구시렁
대보지만 어쩔 수 없는 소음이자 즐거움이기도 했다. "왜 사람들은
종을 보면 치는 걸까?" 한참을 생각해 보았다. 아기가 태어나면서
"응아~" 하고 자신의 존재를 알리듯, "나 여기 있소" 하는 본능적
발로인가?

히말라야 바싯시(vashi-sht) 힌두사원 앞에서 필자. 정문 불빛 바로 위에 종이 달려 있다. (2009. 7)

네팔 파탄 더르바르 광장의 뗄레주 종. 네팔에서 두 번째로 큰 종으로 원래는 왕궁에 화재가 발생하거나 군사를 모을 때 쳤으나 현재는 축제 때 사람을 모으는 신호로 쓰인다.

한국의례에도 빠지지 않고 쓰이는 것이 법령法鈴이다. 수륙재·영산재·예수재·천도재 등을 하면 스님들이 법령을 흔든다. 이때 각 단의 '진령게振鈴偈' 범패는 빠지지 않고 창화된다. 이들의 가사를 보면 "이 소리를 듣고 오시라", "이 소리가 나는 곳으로 오셔서 법식을 드시오", "이 소리를 듣고 지옥을 벗어나 광명의 세계로 오라"는 것이다. 각 단의 대상에 따라 어조는 다르지만 부처님, 불보살, 천신, 사람, 귀신, 지옥, 아귀 등을 초청하는 것이다. 각 지방마다 법령을 흔드는 방식은 다르지만, 종이나 방울을 흔들며 신을 부르고 소원을 비는 것은 세계 공통의 현상이다.

④ 미얀마

오늘날 미얀마의 대표적 수행처라고 할 수 있는 양곤 마하시선원에는 장엄한 위용을 지닌 법루를 비롯하여 낡은 쇠기둥과 나무통에 이르기까지 여러 가지 법구들이 있어 흥미롭다. 우선 가장 먼저 눈에 들어오는 것은 입구 대문 위에 설치된 누각이다. 가운데에

경전이 모셔져 있고, 양옆에 법고가 있다. 마하시 사야도께서 살아 있을 당시에 북소리가 울리면 사람들은 하던 일을 멈추고 사원으로 모여들었다.

마하시선원에서 또 하나 크게 눈에 들어오는 것은 하얀색의 누

마하시선원 출입문 위의 탑에 모셔진 경전(가운데)과 법고(양쪽)

마하시선원 고루의 북. 북통을 나무껍질로 엮어 덮었다. 북면의 까만색 공명점에는 쇳가루를 섞어 울림을 부드럽게 한다. (2014. 2)

각에 유리 벽면을 하여 사방에서 법고를 볼 수 있게 해 놓은 고루이다. 이상하게도 이 고루를 지날 때면 누구나 합장을 하며 경의를 표하게 되는데, 아무것도 모르던 필자도 마치 불상 앞을 지나듯이 다소곳해지는 그야말로 성소聖所와도 같은 곳이었다.

이 외에도 마하시선원에는 여러 가지 법구들이 설치되어 있다. 그중에는 시간을 알리는 나무 기둥과 쇠막대와 같은 종이 나란히 걸려 있기도 하였다. 예전에는 시계가 없었으므로 시간을 알리는 담당자가 치던 것이다. 요즈음은 각 처소에서 행해지는 수행 일과 중 학습이 시작되거나 모임을 알리기 위해서 나무통이나 종을 친다. 공양간 앞에서 치면 공양하러 오라는 소리, 강당 앞에서 치면 강의가 시작된다는 신호였다.

스피커나 시계가 없던 시절, 숲속 여기저기에 흩어져 있는 수행

● 마하시선원에 설치된 종과 나무통 (2014. 2)

●● 미얀마 양곤 근교 빤디따라마 숲속 수행처에 설치된 웅마웅 (2010. 1)

쉐더곤 탑의 대종과 소종 (2010. 2)

자들을 부르기 위해 북을 두드리려면, 동물의 가죽을 벗기는 살생이 전제되어야 하고, 종은 쇳물을 주조해야 하는 기술과 공정이 필요하므로 나무막대를 두드리는 것이 가장 빠르고 쉬운 방법이었을 것이다. 그런 의미에서 미얀마의 나무통은 사찰 타주의 가장 원초적인 모습으로서 의미가 크다.

양곤의 쉐더곤 파고다에는 크고 작은 종들이 수없이 많이 걸려 있다. 대부분의 종이 땅바닥 가까이 걸려 있으나 땅바닥을 판 곳은 없었다.

불교 문화권 그 어디에서도 볼 수 없었던, 땅을 파서 울리는 타종 방식을 미얀마의 빤디따라마 수행처에서 보았다. 새벽에 수행자들의 잠을 깨우는 웅마웅(나무통)을 법루 지붕에 매달고 당목을 밀어서 몸체를 쳤다. 천정에 매달린 통나무 끝은 땅에 인접해 있고, 그 아래를 파서 울렸다. 대개의 나라들은 종을 높은 데 매달고 추에 줄을 매달아 당기는 것이 일반적이지만, 미얀마 사람들은 한국과 같이 당목을 밀어서 쳤다.

2) 동북아시아 불교의 종과 북

(1) 누각의 종

① 중국의 종루와 고루

요즈음 시안(西安)을 가보면, 시내 중심에 있는 종루가 로터리가 되어 자동차들이 파도처럼 밀려다닌다. 그 시절 창안(長安) 사람들은 종루에서 울리는 종소리로 하루를 시작하고, 고루의 북소리로 하루를 마쳤다. 중국에서 범종각은 그 유형에 따라 복층은 루樓, 단층은 각閣, 단층에 기둥만 있는 경우는 정亭으로 표기해 왔으나 후대로 오면서 명칭의 변별이 어려워졌다. 어떤 사찰은 지붕의 처마 밑에 종과 북이 올려져 있기도 한데, 이러한 설치 구조는 도교사원도 마찬가지다.

가람의 양편으로 종루와 고루가 대칭을 이루는 원리에 따라 의식에 수반되는 법구도 좌종우고左鍾右鼓로 배치된다. 마찬가지로 조석예불이나 법회에 쓰이는 대경·목탁·인경·당자 등의 법기도 좌종우고의 원리를 따른다. 이는 음양陰陽의 원리를 중시하는 중국적 우주관을 반영한다.

외국 사람들이 한국에 와서 "오늘은 전국적으로 맑겠습니다"와 같은 일기 예보를 들으면 깜짝 놀란다. 중국, 미국, 러시아, 미얀마, 베트남 등에서는 전국적으로 같은 날씨를 상상할 수 없기 때문이다. 광대한 대륙에 여러 종족과 문화가 공존하고 있는 중국의 종도 지역에 따라, 용도에 따라 다양한 유형이 있다. 언젠가 새벽 법구 타주를 보기 위해 이른 시간에 사찰을 방문했는데 이미 타종이 거

베이징 지후아스(智化
寺) 종루와 고루
(2016. 5)

산동적산원의 종루와
고루 (2006. 10)

의 끝나가고 있어 아쉬워하고 있는 바로 그 순간 저녁에만 친다는
고루에서 북을 치는 것을 보고 어리둥절하였다. 이렇듯 광활한 땅
에 자리한 다양한 중국사원의 전통 중에 필자가 직접 본 것은, 종
루와 고루에 걸어 두고 치는 것, 법당 천정에 걸어 두고 종성을 하
는 소종 등이다. 이들의 모양을 보면, 한국과 같이 외부에서 당목
을 치는 구조가 아니라 서양의 종과 같이 추를 당겨서 치는 방식이
었다. 적어도 필자가 본 바로는 그랬다.

  예로부터 황실과 고관대작을 위해 의식을 행해 온 북경의 지후
아스(智化寺)는 전문 예승藝僧들의 사원이다. 이곳에는 악기 연주
를 하는 승려 불악단佛樂團이 있어서 음악학자들 사이에 유명하다.
자금성에서 길을 건너 마을 골목길을 조금만 걸어 들어가면 도착
할 수 있는 이 사원에 가 보니 독특한 모양의 종루와 고루가 세워
져 있고, 종과 북은 역시 천정에 걸려 있었다. 이렇듯 중국은 도교
사원, 불교사원 모두 누각 천정에 종을 거는데, 그 풍속이 사찰·도
교·유교·마을의 공공장소까지 모두 하나로 연결되는 모양새였다.

　대만 타이동(台東)에 있는 불광산 지부 이에강스(日光寺)에는 현대식으로 심플하게 설치한 범종과 법고가 계단 위 처마 밑에 걸려 있었다. 대만의 여러 사찰 중 보수적인 전통을 유지하고 있는 곳으로 알려진 천티엔스(承天寺)도 천정 아래에 종을 걸어 두고 치는 것은 마찬가지였다. 중국 범종의 모양은 대개 끝이 나팔 모양으로 벌어져 있다. 당나라 때 장보고와 신라인들의 사원이던 적산법화원도 종의 끝이 벌어져 있고, 천정에 달려 있었다.

　중국 민간신앙과 불교의 관계를 살펴보기 위하여 곳곳의 도교사원을 둘러보던 중, 산샤(山峽)의 주스먀오(祖師廟)를 가게 되었다. 이 사원은 지붕의 조각이 너무도 아름다워 해마다 사진 촬영 대회가 열리며, 여름에 행하는 유불도 합동제사는 마을 축제이기도 하다. 강변 너머 민가에 둘러싸인 사원은 명·청대 불교사원의 모양새를 그대로 닮아 있었고, 입구 양편에 설치된 종루와 고루의 구조도 비슷하였다. 누각의 천정에 종과 북을 걸었는데, 순우조풍(順雨調風)이라는 글귀가 있어, "징소리는 우레소리요, 북은 천둥소리"

타이페이 산샤(山峽)
도교사원
주스먀오(祖師廟)
종루와 고루 (2005. 7)

라던 한국의 사물놀이 기원설이 떠올랐다.

② 베트남의 종루와 고루

아시아 불교문화권의 타종 방식 중 중국과 가장 유사한 곳은 베트남이다. 중국 대륙에서 남하한 사람들이 주류가 되면서, 중국식 불교와 함께 종루와 고루 및 사찰 법기 타주의 법도가 중국과 거의 같아진 것이다. 그런데 종루와 고루의 설치 방법을 보면 중국과 같이 옥상이나 높은 종루가 아니라 한국과 같이 땅에 밀착된 종루이고, 종을 치는 방식도 당목을 밀어서 치는 것이었다.(전국을 모두 다 확인해 보지는 못하였고, 몇 군데 한정된 필자의 경험) 또한 종의 모양을 상세히 살펴보면, 중국 종의 끝 부분이 약간 벌어져 있거나 곡선의 형태를 띤 것과 달리 측면이 직선으로 내려와 있고 마지막 테두리만 벌어져 있다. 종루와 고루의 이원구조만 같을 뿐 타종 방식과 모양새는 오히려 한국과 닮아 있어 친근감이 들기도 했다.

베트남 하노이 문묘에 있는 종루와
고루 (2017. 8)

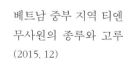

티엔무사원의 타종 방식.
당목을 밀어 몸체를 치는
구조이다.

베트남 중부 지역 티엔
무사원의 종루와 고루
(2015. 12)

③ 티베트의 종

티베트에서는 중국이나 한국과 같은 대종을 보지는 못했다. 다만 삼예사원에서 다소 큰 종이 사원 안에 걸려 있는 것을 보기는 하였으나 그 크기가 한국의 소종보다 조금 더 큰 정도였다. 그런데 종의 모양새를 보면 끝이 벌어지고 꽃잎 모양의 곡선으로 되어 있어 중국과 닮은 모양새였다. 또한 종루와 법당 천정의 장식을 보면 중국식 단청의 느낌이 들기도 하였다. 티베트는 일찍부터 중국과 많은 교류가 있었다. 당나라의 문선공주가 티베트 송짼깜보와 결혼한 것부터 역대 달라이라마와 중국과의 교류도 빈번하였으므로 자연적인 문화교류 현상이라고 볼 수 있다. 다만 티베트의 불교의례를 보면 나팔을 불고 마당에서 춤을 추는 등, 동적이고 입체적인 모습이 중국과는 완전히 다르다.

삼예사원의 처마 밑 대종

④ 한국의 사물

인도·중국·유럽의 종과 달리 한국의 종은 사찰의 모든 구조물 중에 가장 낮은 자리에 설치되어 있다. 종 아래는 땅을 파서 소리가 더욱 깊은 울림을 내고, 종을 칠 때는 나무로 된 당목을 밀어서 치므로 소리가 부드럽고 여음이 길다. 한국의 종은 원래 불교가 발생한 인도에서 유래한 것이라는 설과 불교가 중국에 전래된 뒤 용종甬鐘이라고 불리는 중국 고동기古銅器 종에서 영향을 받았다는 설도 있다. 그러나 오늘날 한국의 종은 세계 그 어디에서도 볼 수 없는 독특한 울림 구조와 음향을 지니고 있다. 예를 들어 중국과 대만에는 종루와 고루가 있는 데 비해 한국에는 범종각 하나에 종鐘·고鼓·운판·목어의 사물四物을 갖추고 있고, 종루는 땅바닥 바로 위, 혹은 2층 구조의 종루에 설치되어 있다.

통도사는 2층 종루의 1층에는 2개의 범종을 걸고, 2층에는 2개의 법고에다 목어와 운판을 걸고 있다. 이웃 동네 범어사는 누각의 2층에 법구들이 설치되어 있다. 통도사와 범어사는 범패전승에 있어서 '통범소리'라 할 정도로 범맥이 상통하고 있는 데다 종루의 모양도 닮아 있어 인상적이다.

일제 강점기에 전국의 어느 사찰보다 민족불교 운동이 성했던 곳이 범어사였다. 역사적으로 군막 사찰 역할을 해 왔던 데다 지리적 환경으로 인해 일본의 직접적인 압박이 많았다. 그리하여 의례와 대중공사를 하는 전통 보재루가 일본식으로 개조된 적이 있다. 해방 이후 일본식 보재루는 허물고 다시 복원되었다. 그런데 범어사 보재루의 현판을 보면 재齋 아니라 제濟 자를 쓰고 있어 혹 잘못

● 본래의 범어사 보재루

●● 일본식으로 개조된 보재루

복원·재건된 범어사 보제루 (2016. 5)

표기한 것이 아닌지 여러 관계자에게 물어보았다. 어떤 이는 어산교를 지나 속세에서 불법의 세계로 건너오는 입구이므로 건널 '제濟'를 쓴 것이라 하고, 어떤 이는 재齋를 잘 못 쓴 것이라고도 하였다. 복원할 당시의 자료집이 있어 내용을 찾아보았으나 '제'자에 대한 설명은 없어 그 내력을 완전히 밝혀내지는 못하였다.

스리랑카 캔디에 있는 불치사 종루의 울림 항아리, 미얀마 빤디따라마 숲속 수행처의 웅마웅에서 한국과 같이 땅을 파서 소리를 울리는 것, 나무기둥을 손으로 밀어서 치는 방식을 볼 때, 인도나 남방의 타주법이 중앙아시아를 거쳐 한국으로 들어왔을 가능성을 추정해 볼 수 있다. 그러나 한국의 범종과 같이 저음의 신비가 극대화된 것은 그 어디에도 없었다. 한국은 종을 크고 둥글게 하여 끝을 살짝 오므려 땅바닥 가까이 걸고, 땅을 파서 울리며, 때로는 바닥에 나무를 깐 종루가 있기도 한데, 이때도 바닥에 홈을 내어 깊은 울림을 낸다. 그 결과 한국의 범종소리는 소리가 안으로 울려서 퍼져 나가므로 세계 어디에서도 들을 수 없는 은은하고도 신비한 파동을 형성한다.

한국 범종의 전형적인 형태는 통일신라시대에 주조된 상원사 동종과 성덕대왕 신종이다. 커다란 종을 치므로 저음이 울려나고, 거기다 땅까지 파서 울려내는 데에는, 예로부터 우리 조상들의 저음에 대한 이상향과 심미관도 작용했을 것이다. 특히 범종의 음색은 볼록한 몸통과 끝이 여며진 음관音管에 기인한다. 이를 악기와 비교해 보면 오보에와 유사하다. 오보에는 관대 끝이 안으로 여며져 있어 소리를 모아주므로 선율이 또렷하면서도 목가적인 음색을 낸

바닥을 파서 울리는
통도사 범종 (2009)

다. 오보에 음색의 대표적인 예를 들면, 영화 '미션'에서 가브리엘 신부(제레미 아이언스 역)가 이과수 폭포 마을 인디언 원주민들과 동화되어 가는 장면에서 울려오던 OST이다.

신흥사 범종 (2009)

성덕대왕신종, 일명 에밀레종의 울림을 음향 측정기로 재었을 때 진동은 64Hz로 나타난다. 이는 인간의 맥박수와 유사한 파동이다. 그러므로 이러한 진동을 인간이 접했을 때 가슴에 안겨드는 느낌을 준다. "좋은 종소리를 위해서 아이를 쇳물에 넣었다"는 에밀레종의 전설은 종을 만들기 위해 얼마나 심혈을 기울였던가를 대변해 주는 스토리텔링이다. 세계 그 어디에서도 찾아볼 수 없는 장엄하고 은은하면서도 신비스러운 한국의 범종을 만든 사람들은 음색과 음향의 천재들이었음에 틀림없다. 무엇보다 '에밀레종'의 전설을 생각해 보면, 단지 기술이 좋아서 이런 종을 만들었다기보다 불법에 대한 지극한 신심이 비법이었으리라는 생각에 가슴이 뭉클해진다.

⑤ 한국과 가장 많이 닮은 일본의 범종각

각양각색의 타종문화 중에 한국과 가장 유사한 곳은 일본이다. 이는 일본이 한국으로부터 불교를 전래 받은 증표이기도 하다. 실제로 일본 가마쿠라시대의 종을 보면 한국의 신라시대 범종과 매우 유사하여 한국과 떼려야 뗄 수 없는 일본 불교문화를 확인하게 된다. 불교문화 디아스포라의 종착지에 있는 일본의 입지를 생각해 볼 때, 중국에도 초기에는 종루만 있다가 후대로 오면서 자신들의 우주관인 음양의 원리에 맞추어 종루와 고루로 변화시킨 것이 아

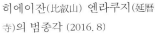
히에이잔(比叡山) 엔랴쿠지(延暦
寺)의 범종각 (2016. 8)

닌가 하는 생각도 든다.

　일본에는 한국과 마찬가지로 종루만 있고, 땅에 바로 붙여서 종루를 설치하고 있다. 다만 한국에는 종루 안에 법고, 운판, 목어까지 4개의 법구를 걸어 두었지만 일본은 범종 하나만 있다. 역사를 거슬러 보면 한국의 사찰에도 본래는 범종만 걸려 있었다. 일제 강점기를 맞아 무기를 만들기 위해 쇠붙이를 모두 빼앗아가므로 공양간의 운판을 감추어 두었다가 해방 이후 종루에 모두 모아 걸었다는 주장도 있다.

　일본은 각 종파마다 의례와 신행 방식에 확연한 차이가 있다. 필자는 음악 전공자라 불교적 사상이나 법도를 보는 안목이 일천한지라 이들의 타종을 얼핏 본 바에 의하면, 일본에도 한국과 같이 종루만 있고 종의 모습도 거의 한국과 닮았지만 내밀히 들여다보

고야산高野山 단조가란 (壇上伽藍)과 곤고부지 (金剛峰寺)의 종루 (2016. 7)

니 곳곳에 차이가 있었다. 교토에 있는 신슈오오타니(眞宗大谷波)파 히가시 혼간지(東本願寺)의 종루를 보면, 땅에서 단을 쌓아 올려서 축조하였다. 한국의 종루 중에 2층으로 된 곳을 보면 아래층이 기둥만 있는 데 비해 일본은 축대를 쌓았다. 그런데 이 모습이 앞서 일본식으로 개조한 범어사 보제루*와 닮았다. 따라서 기단을 기둥으로 하느냐 단으로 쌓느냐는 점이 한국과 일본의 차별성으로 보인다.

　일본 히가시 혼간지(東本願寺) 범종을 좀 더 세밀히 들여다보면, 한국의 범종과 거의 같은 구조이나 범종에 새겨진 그림은 일본 특유의 날렵한 선으로 그려져 있다. 당목은 한국과 같이 옆에서 미는

---

*　사찰에 따라 보재루普齋樓 혹은 보제루普濟樓라고 표기한다.

교토 히가시 혼간지의 종루 (2018. 4)

나라 야쿠시지의 종루 (2019. 8)

방식으로 보이는데. 일본에도 스리랑카처럼 종을 높이 매달고 당목의 줄을 아래로 늘어뜨려 미는 것을 본 적이 있다. 혼간지에서 범종을 치는 것을 직접 보지 못하여 장담할 수는 없지만 종이 땅으로부터 높이 올려져 있지 않은 것으로 보아 한국과 같이 뒤에서 미는 것으로 추정된다. 그런가 하면 나라(奈良)의 야쿠시지(藥師寺)는 종을 거의 바닥 가까이 걸어두기는 하였으나 당목을 잡고 밀기에는 적절하지 않을 정도로 땅과의 거리가 다소 있었고, 땅바닥을 파서 울리는 것도 아니었다.

(2) 법당 안팎의 종

① 법당 문 앞의 금고

행자가 일어나 새벽 도량석을 하고, 종루에서의 사물타주를 마칠 즈음이면 법당 문 앞 한편에 세워져 있는 금고金鼓를 친다. 금고를 부르는 명칭이 사찰과 시절에 따라 차이가 있어 '자웅금'이라 부르는 경우도 있다.

통도사의 금고 (2016. 6)

아래 사진의 금고는 한국에서 스리랑카 콜롬보 시내에 있는 강가라마사원에 보낸 것이다. 법구를 매단 틀에 단청 무늬가 있고, 경판 가운데 둥근 연잎 문양 아래에 기념 글귀가 있으며, 연잎 문양 위에 한국의 태극기가 새겨져 있다.

●
스리랑카 강가라마 사원에 소장된 한국의 금고 (2015.1)

●●
베이징 지후아스의 소종 (2016. 5)

도다이지 불단 아래에
놓인 한국식 금고

도다이지의 일본식 금
고 (2016. 8)

② 법당 안의 소종

법당 문 밖에 걸린 금고가 울리면, 법당 안에서 기다리고 있던 스님이 소종小鐘을 치며 종송을 한다. 중국과 대만에서는 이를 고종게叩鐘偈, 신종게晨鐘偈라고 한다. 그들은 모종신고暮鐘晨鼓라 하여 아침에는 종을 치고 저녁에는 북을 치는 법도가 있다. 그러나 중국과 대만 여러 곳의 사찰에서 유숙을 하며 지내봐도 아침의 고종게는 하지만 저녁에 법당에서 북을 치면서 범패를 하는 것을 본 적이 없다. 그러한 중에 테이페이현 천티엔찬스 법당에 종과 북이 걸려 있는 것을 보았다. 이 사찰에서도 수일간을 유숙하며 지냈지만 저녁에 법당에서 북을 치며 범패를 하는 것은 보지 못하였다. 이들의 소종 타주 방식을 보면, 한국에서는 망치로 소종을 치는 데 비해 중국에서는 법당 천정에 걸어두고 추에 줄을 걸어 잡아 당겨 치므로 그 방식과 느낌은 완전히 달랐다.

보령 아미산 중대암 소종

대만 천티엔찬스(承天禪寺)의 대웅전에 걸린 소종과 북. 천티엔스는
푸조우(福州)의 전통을 충실히 계승하고 있다. (2006. 1)

베트남 티엔무 사원의 소종   삼예사원 법당 안의 소종 (2008. 1)   고야산 대사교회(大師教會)에 걸린
(2015. 12)   소종 (2016. 8)

(3) 풍경

오스트리아에 잘츠부르크의 아름다운 글로켄슈필 종이 있다면 한
국 사찰에는 풍경소리가 있다. 글로켄슈필 종이 아름다운 음악을
울려 내지만 그것은 인위적으로 만들어진 선율이다. 이에 비해 한
국의 풍경風磬은 바람에 의해 종이 흔들려 소리가 나므로 불확정성
의 자연 음악이다.

　또한 필자의 한정된 여정이지만 중국에서는 풍경을 본 기억이
없다. 중국의 타종 방식과 가장 많이 닮은 베트남도 마찬가지였다.
베트남 여행 중 하노이의 한 기둥 사원 처마 밑에 풍경 비슷한 것
이 달려 있는 것을 보았다. 그러나 그것은 온전한 종이라기보다 바
람에 흔들리는 처마 밑 장식 정도였다. 이와 달리 티베트에는 지붕
에 풍경이 달려 있었는데 풍경 추가 대부분 나뭇잎이나 보름달 모
양이었다.

　일본에는 풍경이 거의 한국과 같이 달려 있다. 물론 그 모양은
다르지만 처마 밑에 달린 풍경이 몹시도 친근하게 느껴졌다. 나라
의 법상종 야쿠시지(藥師寺) 대강당 처마에 달린 풍경은 황금색이
었다. 뿐만 아니라 야쿠시지에는 산동적산원 신라방에서 행한 강
경·일일강·송경의식에 등장하는 강사講師와 독사讀師의 논의대
論義台가 있고, 그 앞에 놓인 예반 양편에 종과 경쇠가 있어 엔닌의
『입당구법순례행기』의 신라인의 「강경의식」이 눈앞에 펼쳐지는
듯하였다.

베트남 하노이의 한 기둥 사원의
처마 (2017. 8)

티베트 라싸의 조캉(大昭寺)사원 대웅전 법개에 설치된 풍경

샤허 라브랑스의 전각에 걸린 풍경 (2008. 2)

해인사와 범어사 풍경 (2014~17)

나라 야쿠시지 대강당 전경과 처마 밑에 걸린 풍경(2016. 8)

2. 서방과 중동, 유일신교의 종과 음성

1) 유럽 기독교회의 종

① 종탑의 구조와 종 울림

성가대 활동을 하며 클레멘티, 모차르트 미사곡과 이탈리아 수녀님으로부터 배운 그레고리오 성가에 흠뻑 빠진 시절이 있었다. 그러나 음악이 좋을 뿐, 존재 자체에 대한 궁극적 의문이 풀리지 않았다. 염불소리가 좋아 세계 곳곳을 다니며 불교음악을 조사하다 보니, 불교가 불교로만 그치는 것이 아니라 그 지역의 문화 토양에 따라 온갖 색깔, 갖가지 향기를 지닌 꽃과 같음을 알게 되었다. 그 꽃을 바라보니 잎과 줄기, 뿌리가 있어 땅 밑까지 파서 들여다보기도 하고, 멀리 물러나 주변 풀과 나무와 어떻게 어울리나를 살펴보기도 하였다. 그러다가, 지금껏 보아온 불교음악이라는 주전자를 다른 위치에서 바라보면 어떤 모양일지 궁금하기도 하였다. 그리하여 한동안은 아프리카, 남미, 구미 지역을 다녔다.

성당이나 교회의 종탑은 기독교 음악의 특징을 그대로 보여준다. 유럽 중세문화를 유지하고 있는 곳을 비롯하여 한국의 교회들도 한결같이 지붕보다 더 높은 종탑을 세워 종을 건다. 이러한 종탑의 위치는 하늘에 있는 창조주 신을 향한 기독교 우주관의 반영이다. 그런가 하면 건축물의 가장 높은 곳에 종을 거는 것은 소리가 멀리 퍼지도록 하는 음향적 이유도 있다. 이렇듯 높은 곳에 종을 설치하

독일 쾰른 대성당의 종
탑과 종탑 내부. 쾰른성
당의 종탑을 보고 종소
리를 들으러 오는 관광
객이 많다.

다 보니 요즈음 유럽에서는 종탑을 오르는 관광 코스도 있다.

기독교의 종은 안에 쇠로 된 추가 있어 종의 몸체를 흔들어서 소
리를 낸다. 이때 쇠로 쇠를 치므로 음고가 높고 음색이 맑다. 경쾌
한 종소리는 천상의 신이 세상 만물을 창조하였다고 믿는 기독교
의 세계관과 닮았다. 온 마을 사람들이 다 들을 수 있도록 종을 흔
들기 위해서 종에 밧줄을 달아 지상에서 끌어당기기도 한다. 도구
를 사용하는 데 적극적이었던 이들은 결국 종탑 안에 기계 장치를
하였다. 이는 세상을 정복하는 것을 신으로부터 부여 받은 사명이
라 여기는 서구 사람들의 인식의 발로이기도 하다.

추를 흔들어서 소리를 내는 종은 음량이 적으므로 여러 개의 종
을 매달아 흔들기도 한다. 영화 「사운드 오브 뮤직」의 배경이자 모
차르트의 고향인 잘츠부르크에는 여러 개의 종이 아름다운 선율을
만드는 곳이 있어, 이를 아예 악기 이름을 따서 '글로켄슈필'이라
고 부르기도 한다. 글로켄슈필은 쇠판으로 된 실로폰의 명칭이기
도 하다. 이곳에는 하루에 몇 번, 정시에 노래를 울리는 글로켄슈
필(카릴 롱)도 있다. 또한 글로켄슈필의 선율은 주기적으로 바뀌는
데, 그 음향이 작은 음악회와도 같이 아름답다. 그리고 이곳에서는

50

오스트리아 잘츠부르크의 글로켄슈필 종. 크기가 다른 종은 각기 다른 음고이므로 이들을 연속적으로 울리면 실로폰과 같이 아름다운 선율이 만들어진다.

매 시간마다 종을 울리는 교회들이 많아 길을 걷다 보면 여기저기서 종소리가 들려오기도 한다. 필자는 1990년 여름에 이곳을 방문했는데, 그림 같은 잘츠부르크의 풍경과 종소리가 모차르트의 음악과 똑 닮았다는 생각을 했었다.

② 한옥 성당과 한국식 종탑

로마 가톨릭으로부터 독립한 성공회는 교회 수장이 영국의 왕이고, 사제가 결혼을 하기도 하지만 교리와 사상에 있어 로마교회와 다르지 않다. 성무일도와 미사방식 등 제반의 법도가 로마교회와 거의 같기 때문이다. 한국 가톨릭의 대표 건축인 명동성당이 유럽식으로 지어진 데 비해 성공회는 현지 방식을 적극적으로 수용하는 점이 특히 눈에 띈다. 홍콩 성공회 중 동구룡교구東九龍敎區에 있는 삼십일좌당(香港聖公會聖三一座堂, Holy Trinity Cathedral)에는

홍콩 지우롱지우 롱청
(龍城) 마타오용다오
135하오(馬頭涌道135號)
종루와 고루 (2016. 4)

마치 중국 사찰과 같이 종루와 고루를 설치하고 있다.

성공회의 이러한 움직임은 한국에서도 나타난다. 강화도 성공회 성당은 건축 외부와 내부 모두 한옥으로 건립되었다. 건물 벽면에는 한국 사찰과 같이 주련을 걸었고, 미사를 올리는 제단도 한국식이며, 종도 한국의 범종 모양에다 표면에 새겨진 십자가만 다르다.

프랑스의 뮈텔 주교에 의해 1895년 지어진 전북 완주의 되재성당, 인천시 온수리에 있는 성공회 성당, 구한말에 지은 한옥식 교회는 모두 사적史蹟 혹은 지방문화재로 지정되어 있다. 흥미로운 것은, 홍콩에는 종탑과 종루가 바닥 가까이에 있는 데 비해 한국의 한옥성당은 성공회 강화성당 외에 나머지는 일제히 종탑을 높이 세워 종을 걸고 있는 점이다. 다소의 의외성을 보이는 이러한 현상은 현지 문화를 모방한 데서 오는 엇박자라고 할 수 있다.

강화 성공회 성당의 종
루, 십자가를 새긴 범종

●
김제 금산교회 성당 종
탑
● ●
천주교 완주 되재성당
종탑

2) 종도 찬송가도 없는 이슬람

아브라함으로부터 시작되는 같은 태생의 유대교·기독교·이슬람
이지만 오늘날 이들은 남보다 못한 형제들이다. 유대인들은 모세
까지만, 기독교는 모세·예수까지, 이슬람은 모세·예수(신이 아니
라 무함마드와 같은 사도로써)·무함마드까지 3대의 사도를 통하여 야
훼·알라를 섬긴다. 그러나 예수를 하나님의 아들로 여기는 기독교

에서 "한 번 찬송, 세 번 기도"라고 할 정도로 음악의 비중을 크게 두는 데 비해 이슬람에는 합창단도 없고, 불교와 같은 의식은 더더욱 없다.

기독교·불교·도교·유교, 어떤 종교이건 형태만 다를 뿐 대중을 불러 모으거나 사람들에게 들려주기 위한 종이 있다. 그런데 이슬람에서는 이러한 종도 쓰지 않는다. 그렇다면 그들은 어떻게 사람을 불러 모을까?

그들은 종이 아니라 사람의 목소리로 부르니 그것이 '아단'이다. 아이들이라면 "애들아, 어서 와. 예배드리자", 성인이라면 "여러분, 예배드릴 시간입니다", 새벽예배에는 "예배드리러 오세요. 잠보다 예배가 더 좋습니다(실제로 새벽 아단에는 이런 내용이 한 소절 있다)." 이슬람 사원에서는 매일 다섯 번 기도할 때마다 기도 시간을 알리는 아단(adhan, 아잔이라고 해왔으나 아랍어 발음은 아단에 더 가깝다)이 있다. 사원에는 기도시간을 알리는 아단 마이크가 있고, 아단 담당자인 '무에진'이 예배시간마다 그 마이크 앞에서 아단을 한다.

아단의 가사를 보면 "알라후 아크바르(하나님은 위대하시다) 아슈하두 알라 일라하 일랄라(나는 하나님 외에 신이 없음을 증언하나이다. ……"(상세한 내용은 졸저, 『문명과 음악』 참조)로 이어진다. 만약 가족이 여행을 한다면 가족 중에 대표 한 사람이 아단을 한 후에 예배를 드려야 예배가 성립된다. 온 세계에 무슬림 수만큼 다양한 아단 선율이 있을 정도로 아단의 음악 세계는 무궁무진하다. 이슬람국가를 여행하다 밤늦게까지 자료 정리를 하고 잠이 들려 하면 사방에서 마이크를 타고 시끄럽게 잠을 깨우는 고함(?)소리가 있었으니 그것이 아단이었다. 일요일과 같이 특정한 날만 그러면 내일은 괜찮으려니 하지만 그 소리는 매일매일 끊임없이 잠을 망치는 성가신 소리였다.

"아는 것이 힘"이라면 "아는 것이 사랑"일 수도 있음을 무슬림 친구들을 만나면서 알게 되었으니 그것이 또한 '아단'이었다. 아랍어를 배우기 위해 이슬람 사원을 다니다 보니 나도 모르게 아단의 소리에 정이 들었다. 그들과 함께 꾸란을 배우면서, 마치 아기가 엄마의 품에 안기는 것과 같은 그들의 신앙에 공감하기도 하였다. 불교에는 부정관不淨觀이 있어 세상의 모순과 부조리의 근원을 들여다보는 기회를 좀 더 수월하고 빈번하게 마주하게 된다. 유일신교에도 원죄라는 개념이 있기는 하지만 절대 선善이자 사랑 자체인 로고스와 계시啓示에 대한 믿음이 전제되므로 결과는 너무도 큰 차이를 만든다.

인류의 진화와 자연과학적인 측면에서 보면, "하나님 외에 신이 없음을 증언하나이다"라는 외침의 배경에는 당시에 만연했던 우상숭배가 있다. 마르코 폴로의 『동방견문록』에서 "자바 사람들이 아침에 일어나 처음으로 마주한 것을 그날의 신으로 숭배했다"는 이야기가 있는데, 당시 사람들의 무지와 나약함이 자바 사람들만의 이야기였겠는가. 로마의 판테온신전, 이집트의 피라미드도 다신숭배의 전당이다. 수많은 신들과 함께 분열된 로마를 하나로 묶기 위해 콘스탄티누스(280?~337)는 유대인의 유일신을 공인(313)하며 기독교가 성립되었다.

이슬람의 꾸란과 하디스를 따르는 무슬림들은 도시의 소비 만능

주의에 젖어 사는 우리들로서는 상상할 수 없을 정도로 순수하고 신의에 찬 사람들이 많았다. 그런가 하면, 우리들 주변에 반사회적 신앙과 개인이 있듯이 "인샬라 마샬라", 모든 것을 신의 뜻으로 외치는 범죄조직과 개인도 있다. 열강들의 침략에 의한 민족간 이간책으로 증오와 갈등의 화약고가 되어 버린 중동사태에는 서방 정치인과 그들을 지지한 사람들의 책임도 막중하다. 그렇더라도 복잡한 정세에 휩쓸린 데다 종족 간 서로 다른 관습과 신념으로 원망의 폭탄을 던지는 상황은 없었으면 좋겠다.

어린 시절 동네에서 해가 지는 줄도 모르고 신나게 놀다가 저 멀리서 "밥 먹으러 오너라~"는 엄마의 목소리가 들려오면 아이들이 집으로 달려가듯이, 아단은 그런 부름이었다. 무슬림들이 객지를 다니다가 어디선가 아단 소리가 들리면 그곳으로 가서 예배를 드린다. 이태원 이슬람사원에서도 여러 친구들을 만났는데, 대부분 여행 중에 사원에 들른 사람들이었다. 그들은 자신의 아단을 스마트폰에 담고 다녔다. "내 아단 들어 보실래요?"라며 들려주는가 하면, 이집트나 인도네시아에서 카톡으로 보내오기도 하였다. 아단이 지닌 뜻과 아랍어가 지닌 율조의 아름다움에 대해 알아가면서 어느 순간부터 내게도 아단이 엄마의 목소리같이 느껴졌다. 이러한 근원에는 익숙함이라는 묘력도 있지만 무에진의 충직한 신심의 에너지가 담겨 있었다.

이슬람의 하디스(사도의 지침)에는 세속적인 일체의 음률을 배제하는 조항이 있다. 신비로우면서도 향수를 불러일으키는 꾸란 자체의 율조만으로도 음악적 향유가 충분하므로 찬송가가 필요하지

않아 보이기도 한다. 그와 더불어 사람마다 다른 천편만화와 같은 아단이 있기에 이슬람사원에서는 종이 필요 없었던 것일까? 생활과 자연환경의 측면에서 생각해 보면 그렇지만은 않다. 유목생활과 사막을 횡단하던 그들이라, 일정한 곳에 종을 걸어 두고 예배시간을 알리는 것보다 사람의 목소리가 가장 적절한 선택이었고, 그것이 이슬람 전통이 된 것은 아닐까.

세계 어느 나라 언어보다 한국어에는 친족에 대한 정밀한 어휘들이 많다. 백부, 삼촌, 사촌, 당숙 등등. 우리 조상들이 인간의 관계성을 중시해 온 배경에는 정주定住하는 생활환경이 있었다. 늘 한곳에서 만나야 하는 사람들이라 관계가 원활하지 않으면 불편을 겪기 때문이다. 그러한 점에서 같은 정주생활권인 중국과 동양 각국의 사람들은 인간관계에 대한 위계질서가 매우 중시된다. 그에 비해 유목민의 DNA가 있는 사회에는 인간관계에 대한 어휘들이 몇 가지 되지 않는다. 무심코 두드리는 종이나 북, 사람을 부르는 음성, 신과 불보살을 찬탄하는 찬팅(chanting)에도 자연환경과 생

●
이슬람사원 옥상에 종 대신 스피커가 설치되어 있다.

● ●
사원 안에서 아단을 하고 있는 무에진

활여건에 의한 동기와 문화화의 단계가 내재되어 있으므로 이러한 코드들을 풀어보는 것도 흥미로운 일이다.

3. 소리의 방식에 담긴 마음 세계

1990년 여름부터 30여 년간 지구촌 각 지역을 다니다 보니 세계 곳곳의 사진이 축적되어 있었다. 무심코 찍어뒀던 사진들을 정리하다 보니, 갔던 곳마다 종과 북이 있는데 그 모양과 방식에 뭔가 모를 패턴이 보였다. 그리하여 이들을 다시 유형별로 정리해 보니, 그 설치 방식과 사용 방법에 그들이 지닌 상상계와 우주관, 나아가 그들의 인식 체계가 내재되어 있었고, 모든 부름 방식의 저변에는 그들이 처한 자연환경과 생활여건이 있었다.

다신교인 힌두사원에 크고 작은 종이 한 공간에 걸려 있는 것, 음양의 원리가 지배하는 중국의 종루와 고루, 창조주의 영광을 노래하는 기독교의 높은 종탑, 붓다를 향한 귀의를 담은 스리랑카·미얀마·한국·일본으로 이어지는 깊은 울림의 대종大鐘, 각각 그들의 인식체계가 외적인 형상으로 드러난 결과였다. 이로써 믿음은 인간의 의식을 통제하고, 믿음의 차이는 곧 문화의 차이를 만듦을 확인하였다. 나아가 각 종교가 추구하는 믿음 혹은 추상적 개념의 형상화에는 그들이 처한 자연환경과 생활방식에 의해 차이가 드러나기도 하였다.

쇳물을 주조해야 하는 종, 동물의 살생을 전제로 하는 북(鼓)에 비해 자연적이면서도 활용이 용이한 미얀마의 나무통은 가장 초기 불교의 방식이라는 점에서 주목된다. 필로티 기둥이 받치고 있는 한국의 범종각과 달리 바닥을 채우거나 벽면을 연결한 일본식 보재루의 변경에는 지진을 견디는 내구성이 필요한 이들의 자연환경이 있었다. 또한 중국과 일본에서 시기적으로 오래된 종루는 사방이 막힌 구조인 데 비해 후대에 지어진 누각은 사방이 개방되어 있었다. 이는 음향전달의 효용성이 진화되어 온 일면이었다. 한편, 중국의 성공회는 고루와 종루, 한국에서는 한옥에 종루를 설치하였으나 그 설치 방식에 서로 엇갈리는 현상이 발견되었다. 이는 자신들의 내면의 발로가 아니라 그 지역 문화를 인위적으로 모방한 데서 드러나는 일부의 불일치 현상이었다.

창조주 유일신을 믿는 기독교에서 지붕보다 더 높이 탑을 세워 우러러 보이는 곳에 종을 설치하는 것은, 천지창조를 비롯한 엄청난 그림들을 성전 천정에 그려 하늘을 올려다보게 하는 구조와도 같은 맥락이다. 이와 달리 집안의 소소한 신神까지 일상화된 인도에서는 담장 높이의 손이 닿을 만큼 가까운 곳에 종을 거는 데다 여러 개의 종을 걸어둠으로써 다신숭배적 상상계를 보여준다. 목소리로 사람을 부르는 이슬람의 아단은 이동이 많은 생활 여건상 일정한 곳에 종을 걸어 두기보다 언제나 활용할 수 있는 사람의 목소리가 적절한 선택이었다.

예배드리러 오라는 아단은 "알라는 유일한 신"이라는 외침으로 시작된다. 인류진화 과정 중에 지구촌 어디에서나 보편적인 다신숭배 대신 유일신 사상이 유독 이 지역에서 강한 전통으로 이어지는 것은 이들이 처한 자연환경과 생활방식에도 요인이 있다. 산맥이나 사막 혹은 강한 기후적 방패로 경계가 지어진 다른 지역에 비해 아라비아 지역은 사방으로 트인 지형과 유동적 생활로 인해 정체성 확립과 유지가 절실하였고, 이러한 여건이 유일신으로 결속되는 사회현상으로 나타난 것이다.

오늘날 한국 사회에는 '이슬람'을 '테러'와 동의어로 생각할 만큼 이슬람포비아가 강하다. 물론 여기에는 서구 열강이 행해 온 원인 제공의 역사가 있음을 간과해서는 안 된다. 하지만 한국인이 일본으로부터 식민지배와 착취를 당했더라도 오늘날 일본에서 폭탄을 터뜨리는 테러를 행하지 않듯이 무슬림 사회도 합리적이고 평화적인 해법을 생각해봐야 할 대목이다. 절대적 믿음의 대상도 결국 자연환경과 생활여건에 의한 생존의 원리가 내재해 있음을 감안하면 시대에 맞는 인식전환과 유연성이 필요해 보인다. 필자는 세계 각 지역의 음악현상을 연구함으로써 "생존에 유리한 것이 아름답다"는 결론을 내린 바 있다.* 한 사회 공동체가 생각하는 진선미의 기준도 적자생존의 원리에 의한 상대적인 인식체계임을 인정하고 소통할 때라야 미래 인류의 평화적 상생이 가능해지기 때문이다.

이러한 가운데, 한국 범종의 공명과 사물타주는 사람뿐 아니라 존재하는 모든 생명체를 향한 독특한 상상계를 지니고 있다. 옛 선사들은 참선을 하다 기氣가 위로 올라가면 상기병이 걸려 수행을

---

* 윤소희, 「생존에 유리한 것이 아름답다」, 『문화와 음악』, 맵씨터, 2019, pp.86~118.

중단해야 했다. 수행을 위해서는 심연 깊숙이 내려가 자성을 보는 것이 필요했고, 딸랑거리는 소리로 감각을 자극하는 것은 이러한 세계와 어울리지 않았다. 따라서 저음으로 부드럽고 깊게 울리는 한국의 범종은 아뢰야식(ālayavijñāna)을 울려 정화함으로써 붓다의 청정심인 아말라식(amalavijñāna)을 얻고자 하는 무의식적 발로라고 할 수 있다. 이러한 점에서 한국의 범종은 사람을 불러 모으려는 신호를 넘어서서 불교의 심오한 사상이 소리와 모양으로 구현된다는 점에서 그야말로 인류 정신문화 유산의 최고봉이라 할 만하다.

이상은 세계 각국을 다니면서 직접 보고 듣고 체험하면서 얻은, 세계 여러 문화권의 타종 방식에 대한 필자의 다소 주관적인 해석으로, 좀 더 다각적인 측면에서의 정밀한 탐구가 필요하다. 이를 위해서는 건축이나 음향 공학, 역사학, 비교종교학 등, 여러 분야의 공동연구가 이루어졌으면 좋겠다.

제2장

한 자 문 화 권 의
불교의식과 범패

아시아 전역으로 전파된 불교는 각 지역의 경전 언어에 따라 사상적 전개와 신행양상이 달라졌다. 중국으로 전해진 불전은 한문으로 의역되면서 베트남·한국·일본을 아우르는 대승불교 문화권을 형성하였다.

1. 중국과 대만의 불교의식과 범패

중국 불교의 긴 역사 동안 수차례의 폐불을 겪기는 했지만 20세기 사회주의 혁명과 같이 종교 자체가 근본적으로 부정당하지는 않았다. 사회주의 혁명을 피해 대륙 각지의 보수적 불교신자들이 대만으로 이주하였고, 불교를 토대로 하여 국가기반을 형성하였다. 이주민들은 각 지역의 불교사원을 중심으로 학교·병원 등 사회의 제반 기관을 건설했으므로 대만에서의 불교는 사회기반 그 자체이고, 불교의례와 불교학 및 불교문화 시스템 또한 같은 연장선상에 있다.

1) 대만 불광산의 '인간음연'

불교음악의 원류를 알고자 인도음악을 공부하게 되었는데 막상 시작해 보니 인도에는 불교가 없었다. 고심 끝에 한국에서 중국을 거쳐 인도까지, 불교음악 역주행을 시작하였다. 지금이야 중국을 자유로이 오가지만 예전에는 공산국가는 철의 장막이었다. 마침 그 무렵 중국과 수교가 시작된 덕으로 북경을 갔는데, 그들의 음악은 대부분 혁명가조여서 순수 민요라고 여길 만한 노래도 없고, 사찰은 건물만 남아 있었다. 인도에는 불교가 없고, 중국에는 전통 의식이 없어 "닭 쫓던 개 지붕 쳐다보는 신세"가 되었다.

그러던 어느 날 정율 스님이 작곡을 부탁해 왔다. 대만의 어떤 스님이 지은 가사에 곡을 좀 써 달라고 하여 점등點燈이라는 곡을 써 드렸다. 그리고 얼마 후 "작곡가도 같이 와 달라"는 요청이 왔다. 그렇게 해서 가게 된 것이 대만 불광산에서 개최하는 세계적인 불교음악경연대회 '인간음연人間音緣'이었다. 하루에 공연하는 팀이 15~20팀인데 미국, 호주, 캐나다, 티베트, 미얀마, 말레이시아 …… 세계 각지에서 온갖 장르의 뮤지션이 모여들었고, 그중에는 어메리칸 인디언도 있었다. 그러한 공연을 5일 동안 하니 참여 팀만 거의 100팀에 가까웠다.

2003 인간음연 화보집. 2003~2004년도 인간음연 자료집

알고 보니 그해 내가 작곡한 '점등'은 정율 스님을 초대하기 위한 곡이었고, 정율 스님의 성음에 감동한 성운대사의 요청으로 마지막 날 한 번 더 부르기도 하였다. 당시 공연을 생각해 보면, 온 세계 뮤지션들의 음악 스타일 또한 천편만화여서 요즈음 홍콩에서 하는 마마공연과도 같은 느낌이었다. 그렇도록 다양한 사람들에 의한 음악들이 연주되었지만 하나의 공통점이 있었으니, 성운대사의 가사에 곡을 붙이는 것이었다. 그 가사를 중국어와 자국어 두 버전으로 노래하니, 결국은 성운대사의 가사를 지구촌 다양한 민족의 언어와 율조로 부르는 열린 음악회였다.

2019년 가을, 필자는 『문명과 음악』이라는 책을 출간하였다. 여기에서 필자는 우주의 발생이 진동의 시작이고, 인류의 진화가 곧 음악의 발전이었던 '뮤직 사피엔스'의 세계를 지구촌 문화와 인류학적 시각으로 풀어내었다. 뮤직 사피엔스 중에 사브다비드야(Śabdavidya, 聲明)를 발전시킨 고대 인도인들이 가장 심오하였고, 그 전통을 이어 받은 것이 불교음악이었다. 불광산에서는 '인간음연'을 'Sound of Human World'로 표기하는데, 이러한 표현에서 그들이 생각하는 음악의 세계도 '뮤직 사피엔스'와 같이 심오하고 광대한 영역임을 알 수 있었다.

막대한 인력과 재원이 소요되는 '인간음연'의 바탕에는 포교 방식의 다원화를 추구해 온 성운대사의 '인간불교 이념'이 있었다. 이미 1950년대 초에 「이란(宣蘭)염불회불교청년합창단」, 「불교가집」, 「불교성가」 시리즈를 제작하였고, 불교 매스미디어 개설, 포교음악회 개최, TV 포교 프로그램의 보급, 불교위성 전용채널을 만들었던 것이다. 계엄시기 중 보수파 세력이 종교 권력까지 장악하고 있던 50년대 대만의 사회적 분위기를 감안해 보면, 성운대사가 이룬 업적은 그야말로 초인적인 안목과 추진력이었다. 필자가 만났을 때, 이웃 할아버지 같았던 성운대사의 성품을 생각해 보면, 이러한 일들도 순순하고 여여히 진행되었으리라.

몇 년 후, 동국대학교의 제자들을 인솔하여 인간음연에 참가하였고, 한국에서 온 다른 몇몇 팀도 만났다. 마지막 날 우리 팀은 수상을 하였고, 상금도 받았다. 그런데 나중에 알고 보니 상을 받지 못한 팀이 없었고, 상금 받은 뮤지션들은 상금의 일부를 보시하는 훈훈함이 연출되었다. 결론적으로 말하자면 인간음연은 불교음악 축제이지 불교음악 경연대회가 아니었다. 닷새 동안 타이페이 국부기념관은 불교음악으로 열광의 도가니가 되었다. 세계 각지에서 온 수백 명의 뮤지션도 놀랍지만 그 큰 객석을 매일 빼곡히 채우는 불자들의 관심은 더욱 놀라웠다.

그나저나 불광산은 온 세계로부터 어떻게 이토록 다양하고 많은 뮤지션들을 매년 불러들일 수 있었을까? 공연은 대개 8월 중에 행해지므로 방학을 맞은 학생들이 참가할 수 있다. 참가자들의 면모를 보면, 국적은 미국이나 캐나다여도 이름은 중국 이름인 경우가 더러 있었으니, 그만큼 화교의 숫자가 많았다. 전 세계에는 불광산 지부 사찰이 있는데, 각 지부에 파견된 승려들과 현지인들, 화교의 삼각 커뮤니케이션이 국제불광회를 통하여 탄탄한 네트워크를 형성하였고, 불광산 승려들로 구성된 범음찬송단과 신도들의 다양한 음악인구가 뒷받침되고 있었다.

필자는 성운대사와 불광산 창립 원로 스님들을 만나 음악에 대해 인터뷰를 한 적이 있다. 성운대사는 범패 찬송단과 악단을 직접 창단하여 추진하였음을 일러 주셨고, 원로 승려들은 모두 범패의 대가들이었다. 그리고 "이러이러한 자료들이 박물관에 보존되어 있으니 연구해 보라"며 적극적인 도움을 주셨다. 그렇게 해서 불광산사에 머물고 있던 어느 날, 불학원장 스님의 권유로 그들의 수학 여행에 동행하게 되었다. 버스를 타고 대만 일주를 하는데 가는 곳마다 학생들을 맞이하는 환영식이 열렸다. 그럴 때면 불학원장이 학생(대부분 출가자들이지만 일반 학생들도 있음)들을 소개하는데, "캐나다~" 하고 부르면 몇 명이 일어서고, "프랑스~" 하고 부르면 몇 명이 일어서고, … 마지막에 "코리아~" 했을 땐 내가 일어섰다. 그렇게 소개되는 나라가 열 나라가 넘었다.

가는 곳마다 각 지부 사찰이 있고, 각 사찰은 수십 명의 인원이 숙박할 수 있는 호텔과 같은 시설이 있었다. 2인 1실로 방 배정이 되었는데, 나는 뉴욕에서 온 영어 교수님과 룸메이트가 되었다. 불학원 승려들 중에는 중국어를 못하는 사람이 제법 있는데다 외국인 출가자도 다수여서, 강의는 중국어반과 영어반의 2원 시스템으로 운영되었다. 불광산의 수륙법회에는 세계 각국에서 온 사절들의 공양행렬이 있고, 성운대사의 생일행사에서도 각 국의 사절단을 차례로 호명하는 순서가 필수이다. 한편으로, 이렇게 대규모 행사를 여법하게 치러내는 그들의 저력이 부러웠다.

가끔 일반 신도들의 초대로 민가에서 숙식을 하는 일이 있었다. 그들은 아침밥을 지으며 음반을 틀어 놓는데, 승려와 신도들이 함

가오슝(高雄) 불광산사
박물관에 전시된 음악
자료들 (2005)

께 부르는 범패 선율이 명상음악으로 적격이었다. 운전을 하면서
염불과 예불 음악을 듣고, 주머니에는 염불기계가 있었다. 스마트
폰이 없던 그 시절, 한국의 삐삐만한 염불기기가 어딜 가나 있었
다. 우리나라는 삼천배를 하면 극기 훈련하듯 하지만 대만에서는
여러 가지 법기와 함께 북을 두드리며 신명나는 율조로 부처님 명
호를 부르면서 주거니 받거니 절을 하였다. 조석 예불은 향찬 범패
로 시작하고, 기도문과 경구는 법기 리듬에 맞추어 율조를 넣어 송
경하며, 마지막으로 삼귀의와 산회가를 노래하며 마쳤다. 그러므
로 이들의 신행 일상은 음률로 시작해서 음률로 마쳐지는데, 정작
그들은 자신들이 음률을 타는지 모르고 있었다.

　이렇듯 신행의 윤활유와 같은 무위의 율조들이 있는가 하면 예술음악이나 대중음악적 콘텐츠도 끊임없이 쏟아져 나왔다. 비교적 이른 시기의 작품으로 쉬창후이(許常惠, 1929~2001)의 '장화음(葬花吟, 1962)', 랴오니엔푸(廖年賦, 1922~?)의 교향곡 '법우고운(法雨鼓韻, 2002)', 치엔난짱(錢南章, 1948~)의 '불교안혼곡(佛敎安魂曲, 2002)' 등이 널리 알려져 있지만, 이 외에도 주류, 비주류 음악 생산은 대만을 벗어나 중국 대륙과 온 세계에 불교음악을 공급하고 있다. 이러한 음악들의 원천은 불광산, 법고산, 중대산, 자제공덕회와 같은 거대 총림을 비롯해 자광산慈光山, 영취산 불교교당, 국민당 이전의 승가에 의한 음악 등 간단히 설명할 수가 없을 정도이다.

대만의 불교음악에 대한 주요 검색어를 가나다순으로 간추려 보면, '법고합창단法鼓合唱團', '불광산선란염불회불교청년가영대佛光山宣蘭念佛會佛敎靑年歌詠隊', '불광산인간음연범악단佛光山人間音緣梵樂團', '여시아문창편공사如是我聞唱片公司', '영취산불교교단靈鷲山佛敎敎團', '오거철생평吳居徹生平', '리중화생평李中和生平', '인순문교기금회印順文敎基金會', '자광산자신강慈光山資訊綱', '중국불교회中國佛敎會', '전곡장연혁全曲裝沿革', '풍조유성출판유한공사風潮有聲出版有限公司'…, 이 외에도 부지기수이다. 이런 풍요로움 속에서도 대만 불교음악은 상업적 메커니즘에 휘둘리거나 시류에 영합하지 않고, 청중과 호흡하면서 성장해 가고 있다.

2) 대만의 본류·비주류 범패

2007년 대만불광산수륙법회에서는 성운대사의 법문을 또 다른 중국어로 통역해 가며 진행하였다. 대부분 명나라 때 정성공의 무역일을 따라 이곳에 자리 잡고 있던 사람들이 성운대사의 표준어를 못 알아듣기 때문이었다. 이러한 현상은 불교음악에서도 드러난다. 시중에 가면《국어범패》와《대어범패》가 따로 있다. 국어는 표준어, 대어台語는 민난어閩南語 범패이다. 이토록 음반이 따로 나올 정도면 그들의 의례는 어떨지 몹시 궁금하였다. 그리하여 만나게 된 것이 아름다운 섬이지만 슬픈 역사를 간직한 대만 곳곳의 사람들과 사원이었다.

대만의 인구 분포는 시간의 흐름에 따라 세 층위로 형성되었다. 본래부터 이곳에 살아온 원주민들은 주로 대만 동부에 분포되어 있고, 원주민을 동부로 밀어낸 민난어권 사람들은 대륙과 가까운 서부에 분포하며, 국민당 이후에 들어온 사람들은 전국적 분포를 이루고 있다. 대만불교의 주류를 형성하고 있는, 이들은 불광산·법고산·중대산·자제공덕회와 같은 거대 총림을 일구었다. 물론 이 시기에 이주한 사원 가운데 거대 총림을 형성하지 않은 비주류 법맥도 있다.

국민당 이주 당시 이곳으로 이주한 사람들은 불교사원을 중심으로 결집하여 학교와 병원, 기타 사회 기관을 세워 국가기반을 다졌다. 그러므로 오늘날 대만의 불교총림을 한국의 종단 정도로 생각하면 오산이다. 각 총림이 지니고 있는 어마어마한 재원과 일자리들은 한국에서 산업화 과정에 재벌이 형성된 것과 비교할 만하다. 따라서 대만불교의 저변에는 거대 기업과도 같은 총림이 있고, 사유재산이나 어떠한 자율도 없이 평생을 헌신하는 승려들의 계율적 삶이 무엇보다 큰 저력이다. 그런가 하면 총림의 고승이 지닌 막대한 권력도 있어, 한번쯤은 사회 구조적 측면에서 대만불교를 바라볼 필요도 있다.

필자가 느끼기에, 거대 총림에 대해 대만 사람들은 존숭과 함께 위압감을 느끼고 있었다. 반면 본류와 비주류 사원에 대해서는 무관심 내지는 순수한 애정과 귀의심을 표하였다. 국민당 이전 혹은 비주류 사원에서 필자에게 인상적이었던 모습 두 가지가 있다. 중국과 대만 승려들 대부분이 황토색 법의를 입는 것과 달리 천티엔찬스(承天禪寺)에서는 회색 승복을 입는 것이 하나이고, 대만의 일반적인 종과 종루의 모양새와 다른 지룽 링추안스(靈泉寺)의 범종이 한국과 같아 왠지 친근감이 느껴진 점이 하나이다.

의례율조와 승풍에 있어 기억에 남는 곳은 반차오(板橋)에 있는 지에윈스(接雲寺), 지룽(基隆)에 있는 위에메이산(月眉山) 총림의 링추안스(靈泉寺), 맹인 포교로 유명한 리엔찬(蓮懺) 스님이 이끄는 리엔먼(蓮門)사원이다. 먼저 반차오의 지에윈스는 거친 향불과 연기에 더해 의례를 주재하는 사람들이 세속 사제와 속인들이어서 도교사원과 같은 느낌이 들었다. 똑같은 향찬 범패와 삼귀의에 대경과 목어, 영고와 인경을 타주하는데 세속적인 느낌이 들어서 이전에 들었던 대만 범패와 확연히 달랐다. 그러나 그들의 범패를 오선보로 채보해 보면 그다지 차이가 없으니, 율조에 담긴 혼·정신·

반차오(板橋)의
지에안스(接安寺)
(2005. 8)

마음의 자세는 악보로 나타낼 수 없기 때문이다.

타이페이에 있는 맹인 포교원에서 예불을 참례해 보니, 향찬으로 시작하여 삼귀의, 회향으로 마치는 의례 절차와 범패 가사는 동일하였으나 범패의 느낌에는 다소 차이가 있었다. 간단히 예를 들어보면, "옴마니 반메훔" "옴마니 뱀메훔" "옴마니 파드메 훔"과 같이 발음이 다른 데다 선율의 느낌이 달라서 악보로 채보해 보기도 하였다. 그랬더니 이들의 범패는 대체로 템포가 느리고, 음고가 낮았으며, 장식음과 요성에서 미세한 차이가 있지만 선율은 그다지 큰 차이가 없었다.

대만 본류 법맥 중에서 위메이산 총림의 링추안스(靈泉寺)는 뜻밖의 거대 사원이었다. 서울에서 남양주 혹은 가평 정도의 거리에 있는 지룽의 링추안스에 도착해 보니, 사원을 들어서는 입구에 입

맹인도사
리엔찬(蓮懺) 스님과의
인터뷰 (2005. 8)

불법계入佛法界를 새긴 대문이 장대하였다. 안으로 들어서니 여러 전각과 대웅전이 재건축한 건물들과 어우러져 있었다. 마침 도착한 때가 점심 공양시간이었는데, 낯선 나그네를 마치 늘 함께 살던 식구처럼 식탁으로 인도하였다. 이들의 의례와 범패 율조는 어떠한지 전각 곳곳을 다니며 조석예불문과 음원들을 입수하느라 한나절이 지났으나 다른 사원의 범패와 대동소이하여 이렇다 할 특별한 수확은 없었다.

이곳에 올 때는 버스시간에 맞추어 왔으나 조사를 마치고 나오니 몇 시간을 기다려야 하는 형편이 되었다. 한적한 곳이기에 지나는 택시가 없어 황망해 하자 스님들이 택시업을 하는 신도에게 연락해서 차를 불렀다. 잠시 후 택시가 왔는데 한 스님이 택시 앞으로 재빨리 가시더니 기사에게 택시비를 건네주었다. 그리고는 '걱

위메이산(月眉山) 총림의
링추안스(靈泉寺)
(2006. 1)

정하지 말고 안심하고 가라'며 손을 흔드는데, 그 모습에 감동하지
않을 수 없었다. 이래서 사람들이 이들 본류 사원에 대해 "푸근하
고 정이 간다"는 표현들을 하는구나 싶었다.

  대만 현지조사 중에 관세음보살님과 같은 분을 만났으니 판차오
에 있는 천티엔찬스(承天禪寺)의 다오창(道常) 스님이다. 푸젠의 대
도시 푸조우에는 천티엔찬스라는 유명한 법맥이 있었고, 그 가운
데 광친(廣欽) 큰스님은 지장보살의 화현이라 불릴 정도로 법력이
뛰어난 분이었다. 광친 스님은 타이페이 근교 판차오에 천티엔찬
스를 건립하였는데, 다른 4대 총림을 건립한 승려들이 젊은 시기

에 이주해 혁신적인 승풍을 만들어 낸 것과 달리, 50대에 이른 광친 노화상은 보수적 수행풍토를 고수함으로써 대만 사람들의 절대적인 신망과 존경을 받았다.

불광산의 쾌적한 숙소와 달리 천티엔찬스에서는 천막 같은 숙소에서 여러 사람들과 함께 잠을 자야 했고, 양철 양동이에 물을 받아 샤워를 했다. 식사 때는 하나의 대접에 국, 나물, 밥을 담아 먹는데다 화장실 청소, 마당 쓸기, 대들보 닦기 등, 그 어떤 일이나 먹거리에도 외국 학자라고 해서 예외가 없었다. 변기를 닦고 화장실 슬리퍼를 수세미로 박박 씻어 헹군 후 간신히 허리를 펴면 다오창 스님이 "신쿨러" 하며 수건을 주시는데, 전혀 힘들거나 원망스러운 맘이 들지 않고 오히려 환희심이 솟았다. 이렇도록 무자비하게 부려먹던(?) 다오창 스님이 갖가지 경전과 자료집을 아낌없이 챙겨주시는데, 그 양이 라면박스에 가득 채워지자 직접 우체국에 가서 한국으로 부쳐주셨다.

중국의 음력 7월은 귀신의 달이라 하여 이사도 가지 않고, 임신도 하지 않으며, 귀신 붙은 것을 떼려는 사람들과 길흉을 점치는 미신이 난무한다. 이러한 풍습이 불교로 와서는 우란분법회로 승화되어 시아귀작법을 겸한 법회가 곳곳에서 열린다. 이때 천티엔스(承天寺)는 한 달간 지장법회를 열어 환희의 달을 보낸다. 그 일정을 보면 첫째 주는 양황보참, 둘째 주는 법화경, 셋째 주는 삼매수참三昧水懺, 마지막 주는 지장경과 금강경을 송경한다. 일과는 새벽에 순례단이 배원류 범패와 함께 삼보일배를 하며 사찰 도량을 도는 동안 법당에서는 조과(早課, 아침예불)를 바친다. 조과를 마치

평일에도 천 명이 넘는 신도가 참례하는 천티엔찬스의 지장법회 모습. 법당이 가득 차서 처마 밑 천막까지 신도들이 빽빽하고, 특히 남자 신도들의 신심이 대단하였다. (2005. 8)

고 나올 즈음이면 삼보일배를 하며 도량을 도느라 땀에 흠뻑 젖은 순례단이 법당 앞에 이르러 함께 아침 공양을 한다. 공양 후에는 사찰 울력을 하고, 8시가 되면 송경의식이 시작된다. 송경은 오전에 두 차례 오후 두 차례 이루어지는데, 그 사이에 오공(午供, 한국의 마지)을 바치고, 저녁에는 만과(晩課, 저녁예불), 밤에는 염불의식과 참선을 한 뒤 취침에 든다.

중국과 대만의 범패 중에 가장 유려하고 아름다운 선율은 의례를 시작할 때 부르는 향찬 범패이다. 대부분의 사찰에서는 예불을 시작할 때 6구의 시형으로 된 로향찬(爐香讚)을 노래하는 데 비해 천티엔찬스는 보정찬寶鼎讚을 하였다. 보정찬은 5구체로, 당나라의 4구체 시형에서 생겨난 사詞의 형식이다. 천티엔찬스의 보정찬은 느리고 아정하여 무심의 불교음악 율조의 극치를 보여주었다. 6자·4자 염불에 이어서 참선으로 접어드는 밤 의례를 참례해 보니 저절

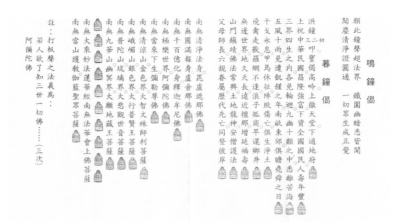

鳴鐘偈

願此鐘聲超法界　鐵圍幽暗悉皆聞
聞塵清淨證圓通　一切眾生成正覺

暮鐘偈

洪鐘初叩　寶偈高吟　上徹天堂　下通地府
上祝中華民國昌隆當今國泰人壽年豐
三界四生之苦惱　五風十雨免災屯
干戈永息　甲馬休征　陣敗傷亡俱生淨土
飛禽走獸　羅網不逢近者孤魂增延福壽
無邊世界地水火風　長時清泰
父母師長六親眷屬　歷代先亡
山門鎮靖佛法常興　土地龍神安僧護法
無量眾生同登彼岸

南無清淨法身毗盧遮那佛
南無圓滿報身盧舍那佛
南無千百億化身釋迦牟尼佛
南無當來下生彌勒尊佛
南無極樂世界阿彌陀佛
南無清涼山金色界大智文殊師利菩薩
南無峨嵋山銀色界大行普賢王菩薩
南無補陀山琉璃界大悲觀世音菩薩
南無華山幽冥界大願地藏王菩薩
南無九華山幽冥界地藏王菩薩
南無大乘妙法蓮華經南無法華會上佛菩薩
南無當山護伽藍聖眾菩薩

註：打板聲之法義焉：
若人欲了知三世一切佛……（三次）
阿彌陀佛

천티엔찬스의 종성 게송과 아침종성 가사

새벽에 고종게를 노래하며 종을 치고 있는 스님 (2005. 8)

로 염불삼매를 지나 적념寂念에 들었다. "옛 선사들이 중생들에게 무념의 감로맛을 보여주려고 얼마나 궁구하였기에 이런 의식을 만들 수 있었을까" 하는 생각에 눈물이 핑 돌았다.

천티엔찬스 범패의 묘미를 악보 상으로도 드러나게 해준 대목은 새벽의 고종게叩鐘偈였다. 대부분의 범패는 대중과 함께 불러야 하므로 다른 사원의 율조와 통합되어 가는 현상을 피할 수가 없다. 그에 비해서 고종게는 승려 혼자 부르므로 고풍의 여여로운 율조가 살아 있었다. 그때의 새벽종성이 얼마나 좋았던지 새벽이 기다려지기는 생전 처음이었다. 지그시 눈을 감고 천정에 매달려 있는 종 줄을 당기며 덩~ 하고 "홍종洪鐘 보게고음寶偈高吟 상철천당上徹天堂 하통지부下通地府"한 대목, 덩~ 하고 또 한 대목 "상축

중화민국上祝中華民國 창룽강부昌隆强副"… 마지막으로 "나무당산호교南無當山護教 가람성중보살伽藍聖衆菩薩"의 기도를 범패로 하는데, 그 소리가 나그네의 마음을 어찌나 울리던지 녹음기며 노트를 다 던져버리고 그곳의 수행자가 되고 싶었다.*

천티에찬스 승려들과 신도들 (2005. 8)

열반 직전까지 제자들에게 염불수행법을 가르치는 광친라오허샹

3) 산동적산원의 불교의식과 범패

일본 히로시마대학의 고바야시 요시노리 교수는 일본의 가타카나가 신라에서 유래했음을 주장하여 한·일 고문서 학계에 큰 파문을 일으켰다. 이러한 주장을 위해 7~8세기 일본에 전래된 신라의 불경 필사본에 발음과 뜻을 표시하기 위해 붙인 신라인의 각필을 근거로 들었다. 고바야시 교수는 나라의 도다이지(東大寺)에 소장되

---

* 천티엔찬스의 고종게는 〈다음 윤소희카페〉 중 '대만불교의식음악' 메뉴에서 들을 수 있으며, 가사와 선율을 분석한 내용은 필자의 졸고 「대만불교의식음악 연구」에서 확인할 수 있다.

어 온 신라 화엄경 사경을 복제한 자료를 펼쳐놓고 사경의 글자와 각필에 대해 상세히 설명하였다. 필자는 이 뉴스를 보면서 2019년 여름에 일본 범패梵唄를 조사한 일과 2006년 산동적산원을 탐방했던 일들이 떠올랐다.

산동적산원에서 행해진 의례의 음악적 내용을 최초로 연구한 사람은 만당 이혜구(晩堂 李惠求, 1909~2010) 박사였다. 경성제국대학에서 영문학을 전공한 이혜구 박사는 취미로 바이올린을 연주해 오다가 연주자로 관현악단 생활을 하였고, 경성방송국 아나운서로 입사한 이후 방송국 PD로 일하며 음악프로를 맡게 되었다. 이 프로에서 국악을 소개하게 되었는데, 한국음악에 대해 아는 것이 없어 자료를 찾아 공부하다 마침내 고악보 해독까지 하게 되었다. 1961년에 한국음악에 대해 영문논문을 작성한 이후 유네스코 회의 참석을 비롯한 세계 각지의 학술회의에 한국음악을 소개하였고, 서울대학교에 국악과를 만들어 한국음악학의 초석을 마련하였다.

그가 한국음악에 관심을 갖기 시작했던 당시의 국악은 장터의 패거리와 기생들이나 하는 음악이었다. 이러한 시절에 엔닌의 『입당구법순례행기』에 기록된 음악적 내용을 읽고 「신라의 범패」라는 논문을 쓰게 되었고, 이는 1957년에 펴낸 『한국음악연구』를 통해 인쇄되었다. 이 무렵은 공산국가인 중국과 왕래를 할 수 없었고, 범패에 대한 연구도 없었거니와 한국 전통음악에 대한 연구 바탕도 없었다. 그리하여 이 박사는 산동적산원 신라인의 범패를 일본 쇼묘에 견주어 추정하고, 한 스님과 대중이 겹치는 소리를 서양

산동적산원 전경
(2006. 10)

의 대위적 선율에 비추어 해석하기도 하였다.

그리고 약 50여 년이 흐른 뒤 필자는 '신라인의 범패'를 산동적산 법화원의 현지 사정과 중국의 불교의례, 한국의 범패에 견주어 재조명하였다. 그리고 한국에도 불교의례의 전통이 많이 복구되어 7언 절구의 게송 중 앞의 4자를 짓고, 다섯 번째 자字의 선율로 넘어갈 즈음에 대중스님이 울력소리를 시작하며 겹치는 부분이 있어도 그것이 화성적 수직 구조를 이루는 서양음악과는 차원이 다름을 밝힌 논문을 썼다. 결론적으로 이혜구 박사의 선행연구를 반박한 내용을 헌정하였던 것이다. 이후 그 논문이 「이혜구 박사 백수기념 논문집」에 실렸으니 학자로서의 가장 큰 영광과 행복감을 느끼면서 동시에 이혜구 박사에 대한 무한한 존경심을 갖게 되었다. 지금은 관련 논문 수 편이 『한·중 불교음악연구』에 실려 출판되어 있지만, 이러한 내용을 국내에서 처음 발표할 때 실소를 금할 수 없는 일들도 더러 있었다.

우선 『입당구법순례행기』에 기록된 신라인의 불교의식을 보면, 스님이 입장하고 퇴장할 때 신도들이 다 함께 노래하고, 경전을 설하기 전에 법좌의 스님이 경의 제목을 길게 늘여 노래하고, 그에 응답하여 하좌下座에 있는 한 스님이 당풍의 범패를 노래하고, 의례가 진행되는 가운데 대중이 수시로 다 같이 노래하는 모습이 오늘날의 한국불교 신행과는 너무도 달랐다. 이러한 내용을 대만 불교의식과 범패에 비추어 발표하니 "범패는 스님이 하는 것인데 대중이 함께 부르는 것을 어찌 범패라고 할 수 있느냐?", "스님과 대중이 주고받거나 함께하는 것은 가톨릭 미사나 기독교 음악을 모방한 것이므로 연구 가치가 없다", "설사 그런 의식과 음악이 있다 하더라도 그것은 음악 형식의 문제이지 선율 성격과 상관없다"고 했다.

당시까지만 하더라도 한국 사회에서는 "범패는 스님이 부르는 것"이었다. 그러므로 의례 절차나 의례 내용과는 아무런 관련이 없는 가요적 성격에 가까운 '회심곡'을 '화청'이라 하거나 '범패'라고 여겼다. 이러한 개념 인식은 지금까지도 일부 승려들 사이에 변함없이 이어지고 있다. 그런가 하면, 의례에서 노래를 주고받거나 합창하거나 멕이고 받는 것은 음악 형식이 목적이 아니라 의례행위에 의한 결과인데 무대음악에 한정되어 있던 학자들에게는 음악 형식만으로 여겨졌던 것이다. 당시 박사학위를 받은 지 겨우 몇 달도 지나지 않은 햇병아리 학자라 일제히 반박해 오는 교수님들께 무어라 설명해야 할지 몰라 난감했던 일이 어제의 일처럼 떠오른다.

　이러한 내용을 발표하기 전이었던 2006년 10월 어느 날, 신라인의 범패를 느껴보고자 장보고의 뱃길을 따라 산동적산원을 다녀오기로 했다. 저녁 무렵 인천 선착장엘 가니 온 사방에서 보따리 상인들이 물건을 포장하느라 테이프 떼는 소리가 쫙~ 쫙~ 귀를 찢는 듯하였다. 뱃고동이 붕~ 하고 울리고 항구를 떠나자 캄캄한 바다에 아무것도 보이지 않았지만 신라인들의 뱃길을 따라 가는 설레임에 도무지 눈이 붙여지지 않았다. 다음날 이른 아침에 적산원 포구에 닿아 배에서 내리니 젓갈 냄새가 확 끼쳐와서 '이곳이 신라인의 후손들이 사는 마을이 맞긴 맞나 보다' 하는 생각에 그 비릿한 냄새가 그리도 반가울 수가 없었다.

　한참을 걸어 올라가니 넓은 주차장에 관광버스가 쭉 세워져 있고, 그곳을 지나 도량 곳곳을 둘러보는데 복원된 지 얼마 안 된 적산원의 가람이 다소 생경스러웠다. 기념관이며 박물관의 자료들을 둘러보니 복원이 되기까지 장보고기념사업회를 비롯한 학계의 노력이 역력하게 느껴졌다. 이러한 연구 성과로 〈해신〉과 같은 드라마가 가능하였음을 생각하니 선학의 고마움에 고개를 숙이면서도 한편으로는 중국에서 이루어지는 복원의 한계가 곳곳에서 느껴져 아쉬운 마음도 피할 수 없었다.

　종루에는 중국식 종이 걸려 있고, 사원을 오가는 스님들은 중국식 황색 법의를 입었으며, 붉은 옷에 노란 띠를 두르고 요란하게 북을 치며 관광객을 맞이하는 사람들에게서 혁명의 분위기가 물씬 풍겨왔다. 사원 정문에는 8월 12일부터 8월 19일까지 행했던 제2

大雄寶殿

慶祝赤山法華院第二屆大型水陸法會如期舉

수륙법회 현수막이 걸린 대웅전

회 수륙재 현수막이 걸려 있었는데, 대개 8일간에 걸쳐 행하는 중국 쉐루파회(水陸法會)가 느껴져 그야말로 산동적산법화원은 한국인을 불러들이기 위한 관광지라면 모를까 장보고와 신라방의 정취를 느끼기에는 역부족이었다.

이럴 때는 백견이불여일독百見而不如一讀이라. 엔닌 스님의 『입당구법순례행기』를 보면, 836년 무렵 산동적산법화원에는 승려가 24, 사미니 3, 노파 2명이 상주하였고, 연 500석을 수확하는 장전庄田이 있었다. 당시 당나라는 불교 탄압이 극심한 때였으므로 장보고와 신라인들은 잠입해 있던 엔닌을 숨겨주며 도왔는데, 오늘날의 비자와 같은 공험公險을 취득하게 하는 등 엔닌의 구법활동에 엄청난 기여를 하였다.

엔닌은 이곳을 수차례 오가던 중 839년 11월 16일에 강경의식을, 11월 22일 이후에는 일일강의식과 송경의식을 기록하였다. 이들 내용 중에 "대중이 부르는 범패는 신라음으로 당풍과는 다르고 일본과 비슷하다(大衆同音 稱歎佛名 音曲一依新羅音 不此唐音…音勢頗似本國)"고 하였다. 신라음과 비슷하였다는 그 흔적을 찾아 오늘날 일본의 불교의식과 범패에 대해 조사를 해 보니, 한결같이 하는 말이 "현재의 일본 범패(쇼묘, 聲明)는 엔닌 이후에 시작된 당풍 범패가 실질적인 출발"이라는 대답이 돌아왔다.

우리 역사서에는 "진감선사가 당나라에서 범패를 배워 와서 가르친 후 신라 전역에 퍼졌다"는 내용이 전부이지만 일본의 기록에는 "엔닌 스님이 당나라에서 배워 온 범패를 종류별로 나누어 제자들에게 가르쳤다"는 기록과 함께 해당 악곡명이 적시되어 있다. 그리하여 엔닌으로 인해 형성된 일본 쇼묘가 불리는 불교의식을 조사해 보니 대표적인 것이 시카호요(四箇法要)였다. 패음唄·산화散華·범음梵音·석장錫杖으로 대별되는 범패가 불리는 시카호요는 오늘날 덴다이쇼묘(天台聲明)의 핵심 의례로써 엔닌이 가르친 범패악곡을 담고 있다.

그런데 이 방면 일본 전문가들의 말을 들어보니, 시카호요의 가장 오래되고 장중하였던 법요로 덴보쇼오(天平勝宝) 4년(752)에 도다이지(東大寺)의 대불개안회大佛開眼會를 들었다. 당시 도다이지 법요에는 고켄(孝謙) 천황과 쇼무태상 천황, 고묘(光明) 황후가 참석한 가운데 출사出仕한 승려가 약 일만 명이었다. 여기서 출사한 승려는 단순히 법회에 동참한 승려를 말하는 것이 아니다. 그리하여 그 기록을 좀 더 들여다보니 패사唄師 10명, 산화사散華師 10명,

●
손님을 맞이하는 적산
원의 민간 악대

● ●
장보고와 사신들을 맞
이하는 신라방 모습
(2006. 10)

범음승梵音僧 200명, 석장승錫杖僧 200명이었다. 패사 1명 예하에 수십 명 내지 수백 명의 어산 승려가 있었고, 산화사가 10명이면 산화를 하는 승려가 10팀이므로 그 예하에 얼마나 많은 승려가 있었을지 짐작해 볼 수 있다.

천황이 보는 앞에서 일만 명의 승려가 질서정연하게 움직이기 위해서는 의례가 체계적으로 잘 짜여져 있었을 것이다. 따라서 당풍 범패가 들어오기 전의 일본 불교의례와 율조에 끼친 신라의 불교의식과 음악이 얼마나 장엄하고 방대하였을지를 또한 추정하게 된다. 이때가 고바야시 교수가 근거로 들은 7~8세기 일본에 전래된 신라불교였고, 불경 필사본에 발음의 성조를 표시하기 위해 붙인 각필이 있었던 것이다. 이후 일본의 쇼묘는 궁중아악과 결합하여 범패의 악조이론이 정교하게 형성된 반면 한국은 조선조에 궁중에서 쫓겨나와 민간 주도로 진행되는 바람에 악조 이론은 커녕 민요나 무속과 다를 바 없는 처지가 되었다. 그리하여 오늘날 우리네 범패를 들어보면 각 지역의 민요토리를 닮아 있다. 그러나 현재

장보고 동상과 장보고 기념관 (2006. 10)

번성했던 적산원의 풍
경 (2006. 10)

전승되고 있는 궁중악과 범패를 유심히 들어보면 서로 닮은 특정
한 가락도 있어 고바요시 교수의 논문과 함께 신라의 소리가 손에
잡힐 듯 가까이 느껴진다.

4) 산동적산원과 일본의 논의식論儀式

산동적산원에서 신라인이 행한 불교의식을 보면, 강사를 중심으로 하는 강경의식, 강사와 독사讀師가 대칭되는 일일강의식, 대중의 합송으로 이루어지는 송경의식 등, 모두가 경전을 중심으로 이루어지고 있어 오늘날 천도재 중심의 한국 의례와 많은 차이를 보인다. 이들 중 강경의식을 보면, 강사가 북좌北座에 독사는 남좌南座에 자리하였는데 이때 독사는 '도강都講'이라고도 하였다. 도강은 주로 강사의 후배나 제자가 맡는데, 강사와 마주 앉아 경문을 읽거나 질문을 하였다. 강사와 도강이 입당할 때면 대중이 다 함께 범패를 하고, 강사가 자리에 앉고 나면 하좌의 한 승려가 "운하어차경云何於此經"으로 시작하는 게송을 노래하였다.

이 대목은 『대반열반경大般涅槃經』의 「수명품壽命品」 게문의 한 구절로써 일본에서는 이를 운하패云何唄 혹은 운하범云何唄梵이라고도 한다. 도강이 경의 제목을 길게 짓는 동안에는 대중이 꽃을 뿌리며 산화散華하였고, 도강의 긴 소리가 끝나면 다시 짧은 소리로 경의 제목을 노래하였다. 이러한 대목에서 경의 제목을 노래하는 긴 소리와 짧은 소리가 있었음을 짐작해 볼 수 있다. 도강의 창경이 끝나면 강사가 경의 제목을 해설하고, 삼문三問으로 나누어 경의 대의를 강술하였다. 의식을 마치고 강사와 독사가 퇴당하면 대중이 다 함께 범패를 노래한 것으로 보아 일정한 의례의 틀과 율조가 상용화되었음을 알 수 있다.

송경의식은 대중의 참여가 좀 더 많았다. 도사導師가 입당하면 한 승려가 상주 삼보에 대한 예경을 이끌고 경전 낭송을 지시하였다. 이때 여래묘색신의 게송을 당풍으로 노래하고, 그 사이에 대중은 향을 들고 행렬하였다. 행향 후에는 마하반야를 수십 번 반복하였다. 송경을 마치면 도사가 삼귀의를 노래한 뒤 불보살 명호를 노래하면 이어서 대중이 도사와 교창으로 나무십이대원 약사불을 노래하였다. 송경이 종료되면 도사가 결원문과 회향문을 낭송하고, 도사가 발심이라 외치면 대중이 복창하고, 도사가 삼보께 정례를 하면 회중이 보시물을 바쳤고, 도사가 그 시주물을 축원한 후 산회하였다.

이상의 의례에 대하여 엔닌은 "기강경예참 개거신라풍속其講經禮懺 皆據新羅風俗"이라. 즉 "강경과 예참 방법은 모두 신라의 방식에 의하여 행하였다"고 적고 있다. 이러한 풍속은 오늘날 한국에만 없을 뿐 중국·대만·티베트·일본은 어디에서나 볼 수 있는 모습이다. 산동적산법화원 강경의식에서 반론이나 재질문하는 것을 '난難'이라 하였는데, 엔닌은 이때의 장면을 "마치 성난 듯이 음성이 커서 부르짖는 듯했다"고 적고 있다. 현지조사를 하지 않은 상태에서 『입당구법순례행기』의 이런 대목을 읽었을 때는 어떻게 경건한 의식에서 고함치듯이 질문을 할 수 있는지 상상이 되지 않았다.

그런데 2007년 여름 라싸에 있는 쎄라사원에서 이러한 모습을 보았다. 당시 쎄라사원 승려들은 오전에 경전을 공부하고, 오후에 뜰에서 토론을 펼쳤다. 삼삼오오 흩어져 앉아 있는 승려 중에 한 승려가 경의 내용을 말하자 듣고 있던 한 승려가 손바닥을 딱! 치며 벌떡 일어서서 대어들 듯이 큰 소리로 반론을 제기하였다. 그 모습을 보면서 "산동적산원의 '난'이 이런 모습이었구나" 하고 이해가 되었다. 당시 쎄라사원에는 여러 승려들이 여기저기서 삼삼오오 모여 논쟁을 펼치는지라 사원 마당이 경론의 손뼉과 고함소리로 와글와글하였다.

티베트 승려들의 다소 소란스러운 야외 토론과 달리 일본에서는 강식講式이 정형화된 의례로 행해진다. 일본의 불교 역사를 보면 유난히 경론 논의가 많이 눈에 띈다. 그 중에는 궁중 어재회를 대극전大極殿에서 행하다 천황의 사적 공간인 내리内裏까지 장소를 옮겨 내논의内論義를 하느라 밤을 새는 일도 있었다. 오늘날 일본의 강식을 크게 분류해 보면, 강문논의講問論義, 수의논의竪義論義, 번논의番論義 등 몇 가지 양식이 있다. 히에이잔(比叡山) 엔라쿠지에는 강당의 내진内陣과 법화대회의 외진外陣강식이 있고, 고야산 진언종에도 수정竪精의례를 비롯해 다양한 강식이 있으며, 법상종은 최승회最勝會, 자은회慈恩会 등이 있는데, 자은회에서는 강당 내부에 거적을 깔고 행했던 기록이 있다.

2019년 여름 일본의 여러 사찰을 다니다 눈이 번쩍 뜨이는 곳이 있었으니 나라(奈良)의 법상종 대본산 야쿠시지(藥師寺)의 대강당이었다. 한국 사찰에서 대강당이라면 현대식으로 지은 학교 같은 건물로 생각하겠지만 야쿠시지의 대강당은 대웅전과 같이 장엄한 전각이었고, 식당 또한 우란분·시아귀작법과 같은 의례가 행해지는 공간이었다. 야쿠시지의 가람구조를 보면, 동탑과 서탑 사이에 식당食堂, 대강당, 금당이 배치되어 있다. 금당에는 약사불을 주불로 하여 양편에 월광보살과 일광보살을 모시고, 대강당에는 미타

야쿠시지 대강당의 불
단과 논의대. 전면 가운
데 탁자 양편에 법구가
놓여 있다. (2019. 8)

여래좌상을 주불로 하여 양편에 바수반두(伐蘇畔度Vasubandhu)와
아승가(阿僧伽Asaṅga)가 호위하고, 그 오른편에 대묘상보살大妙相菩
薩, 왼편에 법원림보살法苑林菩薩을 모시고 있다.

　대강당 전각의 이름을 보지 않고 거대한 미타여래상과 보살상을
본다면 이곳을 대웅전으로 여길 정도로 장엄한 공간이다. 그런데
필자는 이러한 불보살 상보다 그 앞에 설치되어 있는 논의대論義臺
에 눈이 꽂혔다. 미타여래 오른편 하단에는 강사講師논의대, 왼편
하단에는 독사讀師논의대가 있고, 그 사이에는 강식의 진행을 맡은
도사(導師·式師)의 예반이 있고, 예반의 양편으로 소종小鐘과 경판
磬板이 놓여져 있어 산동적산원의 강경의식이 눈앞에 펼쳐지는 듯
하였다.

　그런데 바로 그해 10월에 또 한 번 잊혀지지 않는 광경을 목격하
였으니 일본 천황의 즉위식이었다. 천황과 황후 앞에서 아베총리

가 만세삼창을 하였는데, 새로 즉위하는 천황 내외가 야쿠시지의 논의대와 똑 닮은 누대樓臺 안에 서 있었던 것이다. 그 모습을 보면서 예전에 경전을 설하는 승려의 지위가 얼마나 높았었는지, 불교 의례와 궁중의례가 얼마나 밀접한 관계를 지니고 있는지 많은 생각을 하였다. 그러던 중 오버랩되는 또 하나의 장면이 있었으니, 동경국립극장에서 보았던 고야산(金剛峰寺) 곤고부지의 문답의례와 쇼묘(범패)였다.

2016년에 동경국립극장 개장 50주년을 기념하여 행한 쇼묘 공연에서 히에이잔 엔라쿠지는 궁중 아악기와 함께하는 시카호요(四箇法要)를 선보였고, 고야산의 곤고부지는 원인문답猿人問答을 통한 쇼묘를 선보였다. 원인문답은 고야산의 수정竪精의식에서 젊은 승려가 행하는 문답의례이다. 2인 1조 승려가 왼손을 서로 잡고 문답을 반복하는데, 그 모습이 마치 원숭이 모습과 닮았다고 하여 원인문답이라 한다. 두 승려가 소리를 크게 질러내며 문답을 하였는데, 대사의 틀이 정해져 있어 탄탄한 의례 구조 속에 이루어짐을 알 수 있었다. 그러나 실제 사원에서 이들 의식을 행할 때에는 사이사이에 시절에 맞는 에드립을 더하여 대중의 흥미를 돋우기도 한다.

이에 비해 한국에는 영산재건 수륙재건 예수재건 영가천도가 필수인 반면 불법을 논하는 강식의례는 찾아 볼 수 없다. 이는 조선시대에 접어들어 여법하면서도 격조있는 의례가 사라지고 민간화된 천도의식만이 살아남은 결과이기도 하다. 상황이 여의치 않다 보니 한국에는 한 달간 하는 의례를 10분에 할 수 있을 정도로 견기이작見機而作의 묘수가 발전하였다. 유려한 선율의 범패는 장엄한 의례에서만 설행될 수 있는 것이었고, 장엄한 의례는 궁중 주도로 형성되었다. 그러므로 중국이나 일본, 티베트의 불교의례와 음악은 예외 없이 궁중의례와 연결되는 라인이 있다.

한국에는 조선 중기 이후 궁중에서의 불교의례가 완전히 배제되면서 본래부터 해오던 방식은 거의 단절되거나 행해진다 하더라도 법도가 헝클어지거나 변질된 상태가 되었다. 일례로 요즈음 범패가 불리는 의례를 보면 바깥에서 초청된 어장스님이 그 사원의 주인이 해야 할 안채비소리까지 모두 다 한다. 대만(중국 포함)에서 의례를 주재하는 승려는 그 사원의 주지이고, 수륙법회와 같이 큰 의례에는 총림의 창립자 내지는 대표 승려가 맡으며, 일본도 마찬가지다.

'속俗'을 초월한 '범(梵Bhrahma)'의 울림을 추구해 온 범패를 민속악으로 생각하는 것도 한국 특유의 현상이다. 한때 민속경연대회에서 스님들이 속인의 평가를 받아 문화재가 되는 시절이 있었다. 이러한 모습은 전통 파괴를 겪은 한국 불교문화의 단면이자 불교적으로는 다소 민망하기도 한 기억이 아닐 수 없다. 심사위원 중에는 불교를 모르는 타종교 음악인이 더 많았으니 범패가 지닌 불교적 세계를 감안할 여지가 없었다.

쎄라사원 강원 앞에서 논의를 펼치고 있는 스님들 (2007. 8)

전통 단절의 치명상을 입은 한국불교에도 의례에 대한 관심이 높아지면서 예

쎄라사원 강원 뜰
(2007. 8)

전에는 볼 수 없었던 강식의례를 볼 수 있는 기회가 더러 있으니, 바로 수륙재의 복원이다. 2016년 진관사 수륙재의 낮재에서 신중 작법·괘불이운·영산작법을 마치자 도량이 더 없어 청정하고 숙연 해졌다. 바로 그 순간 법사이운이 시작되어 법사가 법석에 앉자 그 날의 어장 동희 스님이 차경심심의此經甚深意로 시작되는 청법게를 독소리로 지었다. 다소곳이 합장한 어장스님이 익을 대로 익은 성 음으로 지은 그 청법게 가락이 얼마나 여법하고 고아했던지 지금 도 잊혀지지 않는다. 앞으로는 이러한 의식을 수륙재에서만 할 것 이 아니라 일상에서 설법할 때도 활용해 보면 좋겠다는 생각이 들 었다. 한걸음 더 나아가 산동적산법화원에서 행한 신라인의 강식 의례를 복원한다면 천도재에 천착되어 있는 한국의 불교의례가 한 층 수승해지는 길이 열리지 않을까.

5) 신명나는 고산조 범패 성지 용추안스

중국 대륙에서 단절된 전통의례와 범패는 대만을 통하여 간신히 이어오고 있다. 그렇지만 대만에는 적어도 대여섯 나라는 족히 되고도 남는, 너무도 다른 지역적 특징을 지닌 사람들이 한데 모여 의례를 행하며 표준 범패가 되는 과정이 있었다. 그리하여 전통의 원형을 주장하는 학자들은 대만의 표준 국어 범패에 대해 비판을 하기도 한다.

그렇다면 현재 중국의 본토는 어떠할까? 곳곳을 다니다 보면 동양 최고, 세계 최대의 불상이나 조형물이 있어도 신심의 정기를 느낄 수 없어 아쉬운 경우가 많다. 이 중에 사찰 의례를 참례하거나 사원 승단이나 불악단과 교류하며 만난 사찰은 푸젠성 샤먼(福建省 夏門市)에 있는 난푸투어스(南普陀寺), 푸조우(福州)의 시챤스(西禪寺)와 용추안스(涌泉寺), 후난성 창사(湖南省 長沙市)의 위추안스(玉泉寺), 흐어난성(河南省)의 따샹구어스(大相國寺), 베이징의 지후아스(智化寺) 정도이다.

난푸투어스에서는 몇 일간에 걸쳐 세미나를 하면서 조석 예불과 법회, 그리고 새벽 타주를 보았다. 낮에는 논문 발표를 듣고, 저녁에는 각국의 불교음악 공연을 보는 일정을 소화하다 보면 피곤에 지쳐 다음날 세미나 시간을 맞추기가 벅찬 날들이었다. 그럼에도 한국에서 사물의식에 대한 신비감이 있던 터라 알람시계를 겹겹이 맞추어 놓고 새벽잠을 깨웠다. 숙소에서 사찰까지 만만찮은 거리였지만 이들의 새벽 타주가 너무도 궁금했기에 정신없이 일어나

문헌에 기록된 푸젠(福建) 구산(鼓山) 용추안
스 전경

종루를 향해 달렸다.

저만치 사찰 지붕이 보일 무렵 요란한 타주 소리가 들려왔다. 운판, 목어, 법고, 범종을 갖추어 치는 한국의 사물타주가 진중한 감동을 주는 데 비해 난푸투어스는 새벽을 깨우는 요란한 울림이었다. 중국의 문헌을 보면, 아침에는 종을 치고, 저녁에는 북을 치는 신종모고晨鐘暮鼓의 법도가 있어 그에 대한 기대를 하고 갔는데 종과 북을 모두 타주하여 의아했다. 고요한 새벽을 깨우는 감동이 없었던 것은 타종 이후에 이어지는 조과早課 범패도 마찬가지였다. 선율은 대만에서 익히 들었던 찬讚·게偈·송경誦經 율조와 차이가 별로 없었으나 여법하고 정갈한 신심을 느끼기에는 부족하였다.

한낮이 되어 주지스님께 난푸투어스의 범패 전통에 대해서 물어보았다. 그랬더니 주지스님이 자랑스럽게(?) "우리 범패는 불광산 성운대사에게 배운 것"이라고 하였다. 후난성에 있는 위추안스(玉泉寺)에서는 점안식을 보았는데, 이때의 범패도 대만과 같은 범패였다. 그런데도 대만과 같은 환희심이 나지 않는 것은 선율만 같다고 범패의 여법함이 생겨나지 않기 때문이다. 오랫동안 물이 흘러야 모난 돌이 둥근 돌이 되고, 세월이 쌓일 만큼 쌓여야 이끼가 끼는 것과 같은 이치가 범패에도 있는 것이다. 대만 스님들은 범패를 배울 때 신체단숙身體端肅·구출청음口出淸音·의수문현意隨文現의 자세를 선율보다 더 중요시한다.

용추안스 대웅전

그리고 얼마 후, 푸조우의 시챤스와 용추안스를 방문했다. 시챤
스는 화려한 탑에 넓은 호수의 관음상과 빼어난 풍경 속 사찰 건물
이 너무도 운치가 있어 사찰이라기보다는 유원지에 온 듯 기분이
좋았다. 용추안스는 사찰 입구에 들어서면서부터 오랜 고찰의 풍
취가 여실히 느껴졌다. 역사를 말해주는 옛 모습이 곳곳에 있고 진
귀한 조각과 전각이 빼곡했는데, 재건이나 전시를 위해 손대지 않
은 고찰의 모습이 그토록 고맙게 느껴지기는 처음이었다.

중국의 범패는 분류 기준에 따라 몇 가지가 있는데, 율조 유형에
따라서 하이차오인(海潮音)과 구산디아오(高山調)가 있다. 하이차

오인은 해류海流처럼 부드러운 선율에서, 구산디아오는 푸젠의 불교성지 구산鼓山의 이름에서 유래한 것이다. 범패는 송경, 백문, 염불, 배원拜願, 게偈, 찬讚과 같이 문체文體와 내용에 따라 율조가 달라지는데, 이들은 부드럽고 완만한 해조음으로도 부를 수 있고, 빠르고 흥겨운 고산조로도 부를 수 있다. 이들의 용례를 보면, 의례를 시작할 때 부르는 해조음 범음성은 마치 향연香煙이 서서히 피어오르듯이 세간살이에 좇기는 사람들을 불보살의 청정한 품으로 데려온다. 그에 비해서 고산조는 삼천배나 염불을 할 때 빠르고 흥겨운 율조로 신심을 돋운다.

해조음의 찬류 악곡을 고산조로 빠르게 부르기도 하는데, 이러한 율조를 대만 불광산의 화리엔(花蓮) 지부 위에강스(月光寺)의 우란분법회에서 들은 적이 있다. 위에강스는 이 지역에 있는 큰 호수에서 보트 전복 사고로 많은 인명이 희생된 것을 추모하며 매년 음력 7월 둘째 일요일마다 호숫가에서 우란분법회를 지내고 있다. 이 법회에서 로향찬을 부르는데, 완전히 다른 형태로 창송하는지라 정말 뜻밖의 범패를 목격하였다. 양손으로 북과 종을 타주하는 영고鈴鼓를 비롯하여 인경引磬, 당자鐺子·협자鈸者를 신명나게 타주하면서 부르는데, 찬불게며 염불, 배원도 마찬가지였다.

푸조우의 법맥을 이어가고 있는 대만 천티엔스(承天寺)에서는 정월이면 3일 동안 과거·현재·미래로 나누어 매일 천 배씩 예삼천불법회를 연다. 법당 마당까지 가득한 신도들이 두 팀으로 나누어 신명나는 법기 반주에 맞추어 목청껏 불보살 명호를 부르며 절하는 그 법회는 그야말로 이루 말할 수 없는 환희심의 도량이었다.

범패는 본래 궁중 주도로 제정된 장엄한 의식에서 양산된 것이므로 세속음악과는 확연히 다른 아정한 율조가 있는데, 그것이 해조음이라면 고산조는 인간적인 흥이 있어 남녀노소 누구나 단숨에 법열에 빠져들게 하는 묘력이 있다.

우리네 범패는 신라의 동부민요 메나리토리, 고려의 개성민요 서도토리 성격이 배어 있다. 우리 것이 그러하니 남들도 그러하리라 짐작하여 대만이나 중국 음악학자들에게 "당신네 범패는 일반 전통음악의 어떤 장르와 연결되느냐?"고 물어보면, 한결같이 "범패는 세속음악과는 별개의 율조"라는 답을 하였다. 이는 정치적 수사나 문화 프로파간다를 위한 의도된 언설이 아니라 학자들의 순수한 인식과 의견이었다. 그렇다면 세속음악과 관련이 있는 고산조는 어디의, 어떤 음악에서 나온 것일까?

고산조로 유명한 사원으로는 푸조우 동남쪽 구산鼓山에 있는 용추안스(涌泉寺), 서북쪽의 시찬스(西禪寺), 그리고 쉐펑산루(雪峰山麓)의 총성챤스(崇聖禪寺) 등이 손꼽힌다. 푸조우에 불교가 들어온 때는 서진 무렵이었다. 이후 불교가 급속도로 확산되며 당唐대에는 각각의 종파가 성장하였고, 오대·송 시기에는 남불국南佛國이라 불릴 정도로 불교문화가 융성하였다. 필자가 이 일대를 현지 조사해 보니, 가람과 불당은 옛 모습을 하고 있으나 의식과 음악은 대만에서 배워 와서 복구하고 있어 난푸투어스와 크게 차이가 없었다. 푸젠의 성도 푸조우의 신행을 가장 충실하게 계승하고 있는 곳이 대만의 천티엔스인데, 그곳의 염불의식과 예삼천불법회에서 남녀노소 할 것 없이 환희심에 넘쳐 하던 원동력이 바로 이곳의 고

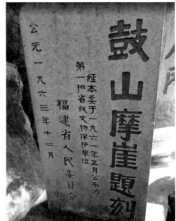

산조 범패에 있었던 것이다.

용추안스 도량을 둘러보고 난 뒤 산책로를 따라 나서니 붉은색 글씨를 새긴 바위가 입구부터 온 산에 빼곡하였다. 뭐 눈에는 뭐가 보인다고, 수많은 글귀 가운데 위음왕불威音王佛과 악애樂愛라는 글씨가 유독 눈에 들어왔다. 국사암國師庵, 영천법우靈泉法雨 주변에 새겨진 갖가지 문구들을 지나니 푸른 글씨의 상선약수上善若水, 절경과 신심을 표현한 오언·칠언 절구의 시詩, 저 멀리 집채만한 바위에는 고령승경高嶺勝景이라 새긴 글자가 얼마나 큰지 멀리서도 한눈에 보였다. 이렇듯 옛 사람들의 글귀가 너무도 운치있는 신심의 발로들이어서 1963년에는 '고산마애제각鼓山摩崖題刻'이 문화재로 지정되었다.

무엇보다 대웅전 앞에 새겨진 '석고명산石鼓名山'은 이 도량에서 얼마나 신명나게 북치고 노래하며 신심을 불태웠을지를 떠올리게 하였다. 그 즈음 대웅전에서 범패 소리가 들려오기에 들어보니 대만에서 익히 듣던 향찬 범패였다. 법당에 다다랐을 무렵에는 기도에 동참한 승려와 신도들이 해조음 염불을 하며 법석을 돌고 있었다. 대만 천티엔스(承天寺)에서 나무아미타불 염불을 하며 천천히 법당을 돌다 참선을 하던 그 율조와 같은지라 반가웠다. 그러나 용추안스에서는 그와 같은 감동을 느끼기에는 역부족이었다.

의례를 마치고 모든 사람들이 퇴당하고도 한참 후에 자그마한 키에 허리를 제대로 펴지 못하는 노 보살 두 분이 나왔다. 중얼중얼 노래를 하며 불단을 향해 연신 허리를 조아리며 합장하는 모습이 어린아이 같이 해맑았다. 황금빛 장삼을 두른 여러 승려와 사람들이 부르던 방금 전의 범패 보다 구부러진 허리와 주름진 손으로 합장하여 중얼대듯이 하는 그 노래가 마치 별빛을 무색하게 하는 태양 빛과도 같이 나그네의 마음을 끌어 당겼다. 지금 생각해 보니 법당 앞 계단을 내려가면서도 부르던 그 노래가 바로 푸조우의 옛 구산디아오였다. 그때 알았더라면 어떻게든 그 할머니들을 따라가서 옛날이야기도 듣고 녹음도 남겨 놓았을 텐데, 두고두고 아쉬운 마음이 든다.

6) 중국의 바깥채비 응문불사應門佛事 음악

자금성 인근에 "황실 불교음악을 연주하는 사찰이 있다"는 말만 듣고 경상도에서 해인사 찾듯이 지후아스(智化寺)가 어디 있느냐? 고 물었으니, 그때가 1999년 무렵이다. 관리인이나 안내원에게 물어도 아무도 아는 사람이 없었다.

그리고 2016년, 베이징에서 불교음악 세미나가 열려 지후아스를 비롯해 하베이(河北雄县音乐会), 시안(西安古樂), 징두(京都北韻禪樂社) 등의 연주를 보며 지후아스 찾기에 헛걸음했던 일이 떠올랐다. 그 사이 인터넷 지도라는 것이 생긴 터라 검색을 해 보니 자금성 건너편에 지후아스가 떴다. 즉시 택시를 타고 일대를 몇 바퀴 돌아도 보이지 않아 또 헛걸음을 하였다. 다음날 북경에 살고 있는 전문가를 대동하여 지후아스를 찾고 보니 대문 앞에 주차해 놓은 차들 때문에 문패가 보이지 않을 정도로 왜소한(?) 곳이었다.

지후아스는 명나라 정통正统8년(1443)에 사례태감 왕젠시(司礼監太監王振舍)가 개인 사원으로 지은 데서 출발한 응수승應酬僧 사찰이다. 민가에 둘러싸여 눈에 띄지 않던 외양과 달리 안으로 들어서니 마당 양편에 세워진 고루와 종루가 고색창연했고, 뒤로 지화문, 다시 들어서니 장전藏殿, 대지전大智殿, 또 들어가니 수백 년 된

북경에서 열린 불교음악학회에서 연주하고 있는 불악단 (2016. 5)

102

고목과 비석 뒤로 2층 전각(1층은 여래전, 2층은 만불각), 또 다시 들어가니 대비당으로, 4중의 마당이 겹겹이 배치되어 있었다. 아담한 사원이지만 치밀한 도량 구조와 역사를 간직한 조각들이 있어 건축 전문가들이 이 사찰에 매료되었던 이유를 알 만하였다.

법당 옆 지화서원智化書院에는 옛 승려들이 쓰던 자료들이 전시되어 있는데 대부분 악기들이었다. 옆 건물은 이곳 응수승들의 음악을 보존한 아카이브가 있었다. 명나라 황제의 총애를 받던 이 사찰에 어둠의 그림자가 드리우기 시작한 때는 1909년 청나라 황실의 폐조흥학령廢朝興學令부터였고, 문화대혁명 시기에는 폐허가 되다시피 하였다.

1930년대 중국영조학사中國營造學社가 지후아스의 건축예술에 대한 논문을 발표하고, 50년대에는 중앙음악학원 고대음악연구실에서 이들의 음악을 연구하면서 세상에 다시 모습을 드러냈다. 1953년 당시에 지후아스에는 음악을 연주할 수 있는 예승이 19명 정도 있었고, 그 중에 86세의 노승도 있었다. 1987년에는 지후아스 예승들로 구성된 북경음악단이 창립되어 독일·프랑스·스위스 등 유럽 각지를 순회하였다.

여기에서 한국의 범패에 대해 짚어보지 않을 수 없다. 오늘날 한국과 중국 불교음악의 차이는 기악음악의 유무에 있다. 한국의 재장에도 취타대와 악사들이 합류하여 연주를 하기는 하나 이는 범패와 무관한 일반 음악들을 활용하는 것이지 불교음악은 아니다. 그에 비해 중국은 사원에서 승려들이 법기法器만을 사용하는 선문불사禪門佛事와 시주 집에서 응수승 혹은 민간의 취고수吹鼓手가 주재하며, 법기와 악기도 사용하는 응문불사應門佛事의 두 가지가 있다.

선문불사는 경전·의례문·기도문의 율조, 즉 음악과 구분되는 '범패'의 영역이다. 범패는 어떤 특정 음고를 의도적으로 내는 것이 아니므로 무위적 율조이다. 설사 고산지역의 민속적 율조가 담긴 구산디아오(高山調)라 하더라도 기교적인 장단을 넣거나 화려한 선율을 구사하는 것은 아니다. 따라서 범패로써 진행되는 의례와 신행에는 음고가 있는 어떠한 악기도 쓰지 않는다. 이는 특정 음고를 의식함으로써 기도에 방해가 되지 않기 위해서이다. 왜냐하면 범패는 경전을 수지하고, 앉고, 서고, 먹고, 잘 때의 승가 예범에서 나온 자연발생적 율조이지 음악을 위해서 생겨난 것이 아니기 때문이다. 따라서 한국에서 '범패'를 음악이나 문화재로 생각하는 것은 근본부터 재고해야할 필요가 있다.

이에 비해 음악의 범주에 드는 응문불사는 여러 가지 악기를 편성하여 연행한다. 이러한 전통은 중국불교 역사에서 일찍부터 시작되어 돈황의 벽화나 기타 중국의 불화에서도 발견된다. 이들 그림을 보면 관管·적笛·생笙에 비파와 운라, 타악기를 더한 불악단의 면모가 곳곳에서 드러난다. 그리하여 중국에는 불교음악에 쓰인 악기 편성과 음조에 대해 연구하는 사람들이 많다. 응문불사 음악은 당·송·명대에 절정을 이루다 청대부터 쇠락하여 문화혁명을 맞아 거의 전멸되다시피 하였다. 그러다 근세기 들어 몇몇 불악단이 복구되어 활동을 이어가고 있다. 주목되는 사찰로 흐어난성(河南省)의 따상구어스(大相國寺), 베이징의 지후아스(智化寺)를 들 수

있는데, 이들은 모두 황실과 직결되는 사찰이다.

중국 최초의 황실사원으로 알려져 있는 따상구어스는 서기 555
년에 위魏나라의 도성이자 신링군(信陵君)의 주거지에서 시작되었
다. 수년간의 전쟁 시기 동안 신링 황제와 함께 따상구어스 불악단
도 파란을 겪었지만 위정자는 바뀌어도 음악은 살아남아 당나라
초기에는 정저우 시마 정징의(歙州司馬鄭景)의 본거지가 되었다. 이
들은 황제의 순행巡幸을 따랐고, 의례에는 고승高僧·고관·문인·
사절들이 중심에 있어 중국의 전설, 소설과 연극에 빠지지 않고 따
상구어스가 등장한다. 북송시기에는 이 사원을 둘러싸고 문화·상
업·무역이 성황을 이루었다. 이 무렵 따상구어스의 합주 규모는
거대하고 음세가 웅장해서 천하제일로 꼽혔다. 그러나 문화혁명을
맞아 단절되었다가 2002년 심광心光 대화상에 의해 복원되어 한국
에도 몇 차례 오가며 연주를 하였다.

북경에는 "단자사가 먼저요 북경성은 그 뒤에 생겼다(先有潭柘寺
後有北京城)"는 노래가 있다. 이때 언급되는 단자사와 북경성은 진

지후아스 입구 (2016. 5)

흐어난성 따상구어스
전경

(晉, BC.265~AD.220)나라 때 생긴 사원이다. 당나라 때에 창건된 민충사(憫忠寺, 현 法源寺), 홍업사(洪業寺, 현 天寧寺), 서산西山의 도솔사(兜率寺, 현 臥佛寺) 등은 지금까지 보존되어 있다. 『명헌종실록明憲宗實錄』에는 "성화城化17년대에 조정에서 조성한 사원이 639개에 달했다"고 적고 있다. 이후에도 사원은 계속 생겨나서 서산에서는 한 절에서 마주 보면 다른 절이 보일 정도였다. 이러한 사원 중에 지후아스는 역사도 짧고 규모도 작은 사찰이다.

북경의 응문불사는 시내의 경음악京音樂과 교외 농촌의 겁음악怯音樂의 두 갈래가 있다. 경음악은 세련되고 우아한 악풍이었던 데 비해, 겁음악은 농촌 풍속과 사투리 억양이 반영된 민속적 성격이 많았다. '겁음악'이라는 말에는 "촌스러운 시골음악"이라는 뜻이 내포되어 있어 이 말에 거부 반응을 보여 스스로 사용하는 사람은 드물었다. 이러한 두 부류의 응문불사 음악 중에 경음악은 동성東城의 지후아스, 겁음악은 경서京西의 장광취엔악사(張廣泉樂社)가 중심에 있었다.

응문불사는 한국의 천도재와 같이 방염구放焰口를 중심으로 경

지후아스에서 펴낸 카세트테이프

지후아스의 전각에서 연주하고 있는 스님들

문 낭송과 악곡 연주를 하였다. 응수승을 초청한 주가主家는 보다 많은 악승과 악곡을 연주하여 위세를 드러내기도 하였다. 응문불사에서 연주되는 음악은 범패 가락을 기악으로 연주하는 경우가 많았으며, 지후아스는 금당월錦堂月, 수정당水晶堂, 금취병錦翠屏, 금자경金字經, 오성불五聲佛, 감동산撼動山과 같은 악곡을 연달아 연주할 정도로 레퍼토리가 다양했다. 이에 비해 겁음악은 단순한 레퍼토리로 분위기를 띄우는 정도였다. 응문불사의 배경에는 혼례의 홍사紅事와 마찬가지로 죽음의 백사白事도 새 생명이 시작되는 것으로 생각하는 홍백희사紅白喜事의 인생관이 있어 상가집에서 홍을 돋우었던 풍습이 있었다.

지후아스의 예승 양성은 매우 엄격하여 12세 미만의 어린이만 지원할 수 있고, 입단 후에는 7년 동안의 엄격한 훈련과정이 있었다. 그들은 사시사철 어떠한 경우에도 정확한 발음과 음조로 4~5시간 동안 매우 좁은 의자에 앉아서 연주할 수 있도록 혹독한 훈련을 받았다. 이에 비해 장광취엔위에서(張廣泉樂社)에서는 다양한 연령과 신분의 사람들이 자유롭게 지원할 수 있고, 장애인에게도 열려 있었다. 그리하여 오늘날까지도 장광취엔의 은덕을 입은 장애인 악사들이 그를 추모하며 제사를 지낸다. 문화혁명으로 설 곳을 잃은 지후아스 승려들은 자신들의 뛰어난 기예技藝를 사원의 생계를 유지하는 수단으로 삼아 연명하였고, 겁음악 악사들은 사회 하층에서 은밀한 활동을 이어오다 근래 들어 활동의 기지개를 펴고 있다.

필자가 외국의 불교음악을 조사하러 다닌 것은 남의 것에 대한 호기심 때문이 아니라, 전통 단절로 인해 이론과 실제가 잘 연결되지 않는 우리 범패에 대한 의문을 풀기 위해서였다. 그리하여 한·중·일의 범패 현황을 비교 조명해 보니, 천도재를 주된 절차로 삼는 한국의 재의식과 바깥채비 활동은 중국의 응문불사와 연결되는 점이 많음을 알 수 있었다. 또한 순수한 사원의례를 하는 승단이 범패로써 외부 활동을 하는 곳은 한·중·일뿐 아니라 티베트에도 없는 일이었다. 그 실상은 티베트 불교음악을 통해 좀 더 들여다보게 될 것이다.

7) 대만의 수륙법회와 화엄자모 범패

중국 문헌이나 학자들이 주장하는 수륙재 기원설을 보면, 한결같이 양나라의 무제가 금산사에서 설행한 것을 최초로 보고 있다. 그러나 오늘날 중국과 한국에서 설행되는 수륙 의례문에 담긴 의문儀文이 양나라 시기에 성립되지 않은 것이 많으므로 이러한 주장은 잘못되었다는 주장도 있다. 이와 같은 주장에도 불구하고 수륙재는 무제의 설행을 최초로 보는 것에 변함이 없다. 모든 의례는 최초 설행 이후 시간이 흐르면서 수정되고 보완되어온 과정이 있으므로 현재의 수륙의문과 일치하지 않는다고 해서 양무제의 최초 설행설을 허위로 볼 수 없다는 것이 그 이유이다.

오늘날 전해지는 수륙의문 중 시식 등의 의문은 송나라의 몽산 시식의 이후 성립된 것으로 보고 있다. 실제로 필자가 대만에서 현지조사 할 때, 전통의례에 대한 식견이 있는 스님들이 "현재 대만에서 행해지고 있는 모든 의식 중 가장 오래된 것은 몽산시식의"라고 하였다. 당대唐代의 불교의례 전통을 유지하고 있는 일본에는 수륙재가 없고 시아귀회만 행해진다. 심지어 "일본의 수륙재는 시아귀회다"라고 설명하는 곳도 있다. 이는 당대唐代의 시아귀회가 수륙재의 전신이라는 학자들의 주장과도 맞아드는 대목이다. 이는 일본의 시아귀회 편에서 다시 언급하겠다.

우리나라에 수륙의문이 들어온 때는 고려시대이고, 이후 한국 조사들에 의해 우리식으로 수정되고 첨삭되었다. 의례문 곳곳에 보이는 미세한 문장과 절차와 전반적인 윤곽에서 가장 크게 드러나는 것은 중국 수륙의문에 없는 괘불이운과 같은 절차이다. 괘불이운은 본서에 소개되어 있는 티베트의 탕카의식을 통해서 구체적인 배경을 헤아려 볼 수 있다. 마당에서 행하는 의례 전반 상황과 작법무 등, 중국에는 없는 요소들은 대부분 티베트 의례와 연결되고 있다. 이러한 현상은 고려조에 원나라를 통해서 유입된 티베트 불교문화가 그 원인이다.

오늘날 중국과 대만에서 행해지는 수륙법회는 명·청대의 주굉에 의해 재편된 의문이다. 이 외에도 대만에서 행하는 수륙법회를 보면, 수륙의문 중간중간에 보완적인 의문을 추가해서 설행하는 순서가 더러 있다. 수륙의문 중에 지문으로 표시되어 있는 내용을 보면, 대비주나 염불호念佛號와 같은 보충적 신행에서부터 삼시계념三時繫念이나 유가염구瑜伽燄口와 같은 별도의 절차를 표하고, 이에 대한 내용이 부록에 상세히 기재되어 있다. 같은 총림 내의 사찰이라도 타이페이 북부의 사원과 남부인 가오슝에서의 설단에도

나무아미타불 염불. 부
록에 실린 증명소를 하
라는 지문이 상단에 표
시되어 있다. (대만 불광
산 수륙의궤 발췌)

일부 차이가 있다. 이는 전통과 함께 각 지역이 지닌 역사와 현실
을 반영하여 설단함으로써 살아 있는 의례로서의 수희隨喜 공감을
위해서였을 것이다.

전통적으로 수륙도량의 구성을 보면 법회는 최소 7일, 길게는
49일이다. 예전 한때는 한 달이 넘도록 성대하게 행하는 불교의례
로 말미암아 국가 재정의 위기를 초래한다는 비난을 살 정도로 그
규모는 상상할 수 없을 정도로 장대하였다. 요즈음 중국과 대만의
수륙재는 대개 8일간의 일정으로 행한다. 설단과 진행방식을 보면,
내단과 외단이 복수로 편성되므로 총림 정도의 도량이 아니면 행
할 수 없는 종합의식이다. 외단에는 연중 불교의례를 모두 모아 외
호설단으로 배치하므로 그야말로 의례와 신행의 총 집결이라 할
수 있다.

필자는 2007년도에 가오슝(高雄)에 있는 불광산佛光山 총림의 본
사에서 수륙법회를 참례하였다. 수륙법회가 내단과 외단이 동시다
발적으로 설행되기 때문에 사전 공부를 하지 않으면 어디서 무엇
을 하는지 다 파악할 수 없으므로 약 3년여에 걸쳐 준비를 하였다.
중국의 의례 및 불교음악 전통에 관한 문헌, 대만의 불교전통과 범
패에 대한 연구가 그 준비 작업이었고, 마지막으로 한국에서 대만

의 불광산으로 출가한 비구 혜호 스님을 만나 사전 설명까지 들었다.

　행운이었다 할까, 2007년에 혜호 스님이 향등승(香燈僧, 의례 보조 승려)을 맡았으므로 의례에 관한 제반 자료를 비롯해 많은 도움을 얻을 수 있었다. 의례 진행은 주법스님을 중심으로 양편에 정표正表와 조표助表대사가 2명 혹은 4명, 6명이 자리하고, 의례 진행을 수반하는 향등승이 양편에서 의례 제반을 수반한다. 재장에는 수천 명의 대중이 있으므로 각 섹션마다 그들을 이끄는 리더 승려들이 있어 행주좌를 통제한다. 한국의 수륙재는 스님들에 의해서 제반 절차가 진행되므로 재자들이 마음대로 왔다 갔다 할 수 있지만, 중국의 수륙법회는 일반 신도가 의례문에 있는 찬탄 게송 범패와 염불 등을 스님들과 함께 창화하는 데다, 절차마다 줄지어 향을 올리러 나가거나 앉고 서고 장궤하는 행위가 진행 절차에 맞추어 일사불란하게 이루어진다.

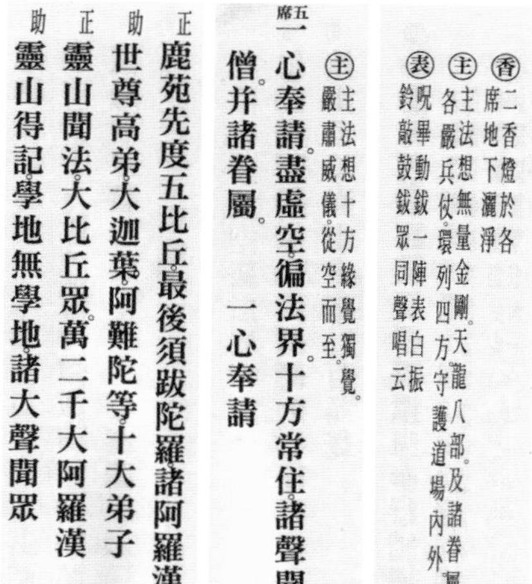

　중국이나 대만에서 수륙법회의 주법은 총림을 대표하는 승려가 맡는다. 예전에는 창립자인 성운대사가 맡았으나 2007년 무렵은 당시 총림의 대표였던 신딩허성(心定和尙)께서 맡았다. 주법의 양 옆에 배치된 정표와 조표는 수륙의문 중 승려가 독소리로 하는 표백이나 기타 의문을 주고받으며 진행하고, 향등승려는 법기를 들고 정표와 조표를 따

（수륙의문 세로 쓰기 한문）

席五
一心奉請盡虛空徧法界十方常住諸聲聞僧并諸眷屬。
一心奉請

正　鹿苑先度五比丘最後須跋陀羅諸阿羅漢
助　世尊高弟大迦葉阿難陀等十大弟子萬二千大阿羅漢
正　靈山聞法大比丘眾
助　靈山得記學地無學地諸大聲聞眾

主法　嚴肅威儀徙從空而至。想十方線覺獨覺。

香　二地香灑於各
主　呪鈴啓畢鼓勤鈸鈸眾一陣表白振唱云
主　各地嚴兵仗伏護一環量列四方守護道場內外　天龍八部及諸眷屬。

오른쪽으로부터 향등, 주법, 표백의 역할이 표시된 의문. 주법과 정·조표가 표시된 수륙의문 (대만 불광산 수륙의궤 발췌)

르며 범패의 한 구절이 끝나면 법기를 쳐서 다음 단락으로 넘어가는 곳을 지시하는 등, 의례 순서에 따라 의례의 실질적 진행을 맡았다. 대중을 리더하는 승려까지 합하면 의례 통제 승려는 약 50여 명에 달했다.

내단은 수륙법회에 초청되는 모든 불보살과 영가를 맞이하는 응접실이자 핵심 공간으로, 법당이 아닌 외부 객실에 설치하고 '수륙화'를 비롯하여 향과 꽃, 등燈을 비단으로 장엄한다. 수륙화는 초청되는 100위의 상단 불보살을 비단 위에 인물화로 그린 것인데, 한 단에 여러 불보살이 그려지므로 20여 폭의 수륙화가 해당하는 위패 앞에 설치된다. 내단에서 진행되는 절차는 결계·발부현번·청상당·공상당·불공·청하당·공하당·원만공·원만향 등이다.

내단을 외호하는 외단은 대단·약사단·법화단·정토단·능엄단·제경단·화엄단 등 대개 7~8개의 단으로 구성되는데, 각각 독립된 전각에서 송경 위주로 행해진다. 그 외 소재천小齋天, 탄생보불誕生寶佛, 삼시계념三時繫念과 유가염구瑜伽燄口는 내·외단의 모든 대중이 대웅전 앞뜰에서 행한다. 우리나라의 경우 수륙재가 행해지는 마당을 지나가는 구경꾼, 사진사나 나그네 등 누구나 마음대로 왔다 갔다 하지만 대만의 수륙법회는 의례에 등록하지 않은 사람은 좌석이 배정되지 않으므로 외부인의 접근이 허용되지 않는다.

8일간의 전체 진행을 보면, 첫째 날 저녁은 수륙법회 전야제이고, 나머지 7일이 수륙재 본 절차이다. 철저하게 재자들만 참여할 수 있는 의례이지만 내·외단의 대중이 마당에 모여 행하는 절차

불광산 수륙법회 회향
의식(불광산사 제공)

(수계식, 공불제천; 중국 토속신앙을 수용한 천제, 시식, 지옥중생 구제를
위한 유가염구)와 마지막 날의 회향에는 외부인의 참관이 가능하다.
특히 마지막 날의 소대燒臺와 회향식에는 대만 각지는 물론 전 세
계에서 온 사절단의 축하행렬이 장관을 이룬다.

　한국에서 "범패는 스님이 하는 노래"로 인식되어 있지만 대만과
중국에서의 범패는 의례에 참여한 대중이 모두 함께 노래하는 것
이다. 한편 수륙법회에서는 정표·조표에 의한 독소리 범패가 다
소 많은 편이다. 독소리로 노래하는 내용을 보면, 불보살이 오시도
록, 앉으시도록, 혹은 어떤 발원이나 청유를 여쭐 때 주법승과 정·
조표 스님이 각각 해당하는 위격에 맞추어 범패를 짓는다. 이는 수
륙의례문이 성립되던 당시의 사회적 위계질서가 의례에 반영되고

山九十一年度萬緣水陸

중화 91년(2002)에 행
해진 불광산 수륙법회

있는 현상이다. 예로부터 황제나 왕에게 직접 간할 수 있는 신하는
몇 품 이상이라는 규정이 있었다. 말하자면 신도들과 스님이 다 함
께 노래하는 범패는 주로 찬과 게송의 찬탄이나 불호佛號를 염칭하
는 염불류 기도문이고, 불보살님께 직접 인사를 하거나 청유를 할
때는 주법·정표·보표 정도의 대사大師만이 할 수 있는 것이다.

의례 설행의 주체는 스님과 신도들 모두이며, 참여 재자들은 재
장에 들어온 이후에는 의례에 충실히 따라야 하므로 의식에 대한
집중도가 매우 높다. 또한 중국 의례에는 음률이 있는 악기는 일
절 배제하고 법기타주만 수반된다. 이는 범패를 하면서 음고를 의
식하여 기도에 방해가 되지 않기 위함이다. 뿐만 아니라 의례에 춤

을 추는 작법무도 없거니와 마당과 같이 오픈된 공간에서 행하는 의례는 앞서 몇 가지 절차 외에는 없다. 각자의 자리에는 수륙의문이 구비되어 있으며, 일주일 내내 장궤하여 수륙의문을 노래하고, 앉고 서고, 절하는 것이 여간 힘든 여정이 아니다. 필자의 경험으로 3일이 지날 무렵에는 척추에 통증이 느껴지기도 하였으나 많은 대중과 함께하는 기도가 정신력과 신심증장에 엄청난 효력이 있었다.

음악적 설행을 보면, 한국에서는 상단의 범패가 화려하고 장엄하며 중·하단으로 내려갈수록 가사의 모음 장인長引이 줄어들며 간소해지는 것과 달리 중국과 대만에서는 이와 반대이다. 상단에서는 의례와 범패가 오히려 단출하고 하단 의식이 볼거리와 들을거리가 많다. 필자는 이를 "상단의 불보살은 한마디 아니 번개같이 짧은 순간의 눈빛으로도 모든 것을 알아듣고 은혜를 내리지만 근기가 낮은 중생들은 설명하고 타이르며 갖은 방법으로 구제해야 하기 때문"으로 해석하였다.

● 내단의 불단 앞에 설치된 주법대사의 법탁

●● 내단 앞에 차려져 있는 향등승의 법탁. 맨 오른쪽에 있는 것은 나무판으로 된 목판, 그 왼편은 한국의 자바라와 같은 것인데 대만에서는 이를 나오보(요발鐃鈸)라 한다. 나오보 옆에는 나무 막대 판, 인경 등, 신호로 쓰이는 법기들이 놓여 있다.

재자들이 앉는 메인 좌석, 각 좌석에 수륙의궤가 놓여 있다. 수륙 의궤 앞에는 꽃·향·등, 공양 의물을 담는 접시가 놓여 있다. 메인 좌석 외곽으로는 천여 개가 넘는 장궤 방석이 놓여 있다.
(2007. 12)

내단 수륙화와 위패

특히 지옥중생 구제를 위한 유가염구에서는 가장 화려하고 장엄한 화엄자모 범패를 노래한다. 화엄자모는 비로자나불을 주불로 모시는 사찰에서 행하는 화엄법회나 수륙재와 같이 대형 법회가 아니고는 창화할 수 없을 정도로 긴 악곡인데, 이러한 형식적 틀을 중국어로는 '투곡식套曲式'이라 한다. 투곡식의 '투套'자를 보면 갓을 쓰고 의대를 갖추어 입은 형세이듯이 이 악곡의 설행도 그와 같다. 서곡에 해당하는 기범강백, 본곡인 화엄자모, 간주곡인 화엄자모찬, 후주곡인 발원과 회향이 모음곡 형태를 이루고 있다.

이러한 세트를 다 창화하는 데 30분~1시간이 소요된다. 화엄자모 범패의 핵심은 두 번째 순서에 부르는 자모창화이다. 이 자모는 일합에 12자, 이합에 12자, 삼합에 12자의 자모를 하여 각각 세 곡을 독립하여 창화할 수 있다. 여기서 일합·이합·삼합은 실담범자의 자음 성분을 의미한다. 예를 들어 한글에서 '아야어여'와 같은 모음에 '가갸거겨'와 같이 자음을 넣어서 한 자 한 자 천천히 노래하는 것이다. 즉 '가'는 일합 자모음이라면 'ㄹㅏ'는 이합 자모음, 'ㅃㅏ'는 삼합 자모음인 것이다. 한글에는 이와 같이 복잡한 발성의 글자가 쓰이지 않지만 미세한 음정과 발성의 차이를 인식하고

중화91(2002) 수륙
내단

활용하는 인도 범어에서는 이합까지의 자모음은 흔히 쓰이고, 드물지만 삼합 자모음도 쓰인다.

　그런데 이러한 가나다라, 즉 범어 알파벳을 들고 반야바라밀문에 들어오라는 것은 무슨 원리일까? 이는 이들 자모음은 부처님께서 설하신 진실어의 근본음이므로 그 자모에 신묘력이 있어 그 소리만 듣고 따라도 지옥을 벗어나 광명의 세계로 올 수 있는 원리가 있다.*

---

*　이에 대한 상세한 내용은 필자의 『동아시아 불교의식과 음악』 혹은 『문명과 음악』에 악보와 함께 실려 있고, 실제 음악은 다음 〈윤소희 카페〉 메뉴 중 '대만불교의식음악'에 가사와 함께 로딩되어 있다.

〈불광산사 수륙재 이모저모〉

재자들을 인도하며 의례를 보좌하는 스님들. 주로 각 지부 주지스님들이 자신의 소속 신도들을 인도한다.

야단법석에 차려진 법석과 의례를 주제하는 대사의 법탁

참여 재자들이 신청한 위패들(벽면의 분홍색 종이) 앞에 차려진 시식단

불보살의 관욕이 행해지는 향탕(香湯). 커튼 안에 있는 큰 대야에는 따뜻한 물이 있고, 관욕 절차가 되면 줄지어 선 재자들이 향탕을 향해 꽃과 향을 바친다.

●
회향의식을 축하하러
온 고적대

● ●
축하행렬을 하는 신행
단체

● ● ●
마당 가운데에 위패와
공양물을 실은 용선이
있고, 양편에 정렬된 바
구니에는 벽에 붙였던
위패와 꽃 등 소대의물
이 담겨 있다.

● ● ● ●
소대의식에 쓰이는 용
선 (이상 2007. 12 필자 촬
영 및 불광산사 제공)

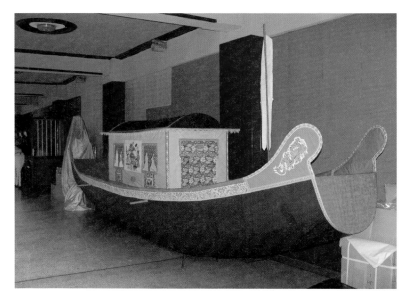

2. 중국 선禪과 토착전통의 베트남 불교와 음악

베트남에서는 대만보다 훨씬 이른 시기부터 한전漢傳 불교문화가 시작되었다. 대륙의 왕조 교체에서 물러난 사람들이 남하하여 주류문화를 형성하였기 때문이다. 그리고 그 과정에서 베트남 사람들은 중국에 동화되지 않고 자신들의 정체성을 지키기 위해 부단히 노력하여 중국과는 다른 베트남만의 고유문화를 발전시키는 가운데 인도나 동남아지역에서 유입된 남방불교 문화도 병존해왔다. 베트남은 동남아 지역 가운데 유일하게 한문을 사용해 왔고, 문묘제례악을 궁중음악으로 삼을 만큼 한전 불교문화가 번성한 곳이다. 그러나 명대 유교문화의 강세로 불교는 민간으로 밀려난 데다 공산정권 아래 종교 활동을 할 수 없는 기간이 있어 격동의 시기를 맞기도 하였다. 식민지와 외세에 의한 민족상잔의 역사를 벗어나 통일 베트남을 이룬 지금은 전국 단위의 불교연합에 의해 출가 지원자가 늘고 있으며, 출가자의 교육이 적극적이어서 혼란 가운데 희망의 서광이 비추는 곳이다.

가인을 둘러멘
여인들

1) 중국 색채의 베트남 불교역사와 문화

베트남은 동남아 국가 중 유일하게 중국 한자를 사용해 온 나라이다. 베트남 역사상 가장 번성된 문화시대를 열었던 쩐왕조(陳朝, Nhà Hậu Trần, 1225~1400)대에 '쮸놈(字喃)'문자를 만들었지만 이 문자는 한자를 응용하여 표기한 것으로 진정한 의미의 베트남 문자라고 하기에는 부족한 상태였다. 그러다 식민지배 시기인 17세기 초 프랑스 신부 알렉산더 드 로드(Alexandre de Rhodes, 1591~1660)가 라틴 알파벳을 이용하여 국어라는 뜻의 쯔꾸옥응으(ChūQuốc Ngū)를 만들어 사용한 이래 오늘날까지 그대로 사용되고 있다. 베트남어는 한자에서 비롯된 것이 많아서 한국과 비슷한 발음도 많다. 예를 들어 대한(大韓)은 따이한(Đại Hàn). 정치는 찡찌(chính trị) 등이 있다.

그러나 이들의 언어구조는 어미변화나 조사가 없어 어순에 따라 뜻이 형성된다. 예를 들어 "나는 학교에 간다"인 경우 나는(Tôi) 간

하노이에 있는 문묘 입구 (2017. 8)

다(Đi) 학교에(đến)와 같이 주어·술어·목적(혹은 보어) 순이므로 영어와 상통하는 구조이다. 알파벳으로 표기한 글자 위에 여러 성조표가 있듯이 베트남어는 매우 섬세한 성조를 구사한다. 중국 한자의 4성조에서 2성조를 더하여 6성조를 기본으로 하고, 세분해서 27성조까지 있는 모습을 보면, 발성음에 민감한 산스끄리트를 닮았다는 느낌이 들기도 한다. 이렇듯 베트남어의 발음이 어렵거니와 베트남어에 대한 필자의 지식이 일천하여 익히 알고 있는 몇몇 고유명사 외에는 모두 우리식 한자음을 사용하고자 한다.

길죽한 에스자 위에 가인(Gánh, 베트남 지게)을 올려놓은 듯한 쯔엉(山南)산맥 양 끝에 홍하 삼각주와 메콩 삼각주의 쌀 바구니가 매달려 있는 듯한 베트남 지형, 남과 북으로 길쭉하다보니 북부·중부·남부의 문화와 역사도 다르다. 북부 지역에는 대승불교, 남부에는 인도문화와 함께 태국이나 캄보디아로부터 상좌부불교가 전래되었다. 시기적으로 보면, 약 2세기 전후에 인도로부터 초기불교, 중국에서 대승불교가 전래된 이후 현재는 대승이 주종을 이루고, 상좌부는 메콩 델타 지역 일부에서 크메르족에 의해 전승되고 있다. 대승 중에서도 선종이 중심에 있고, 남부에는 정토종을 믿는 신도들이 다수 있으며, 10세기 이후 이李 왕조에 의해 불교문화가 꽃피웠다.

중국 대륙과 맞붙어 있다 보니 대륙에 전쟁이 났다 하면 이곳으로 피신 온 사람들이 원주민을 밀어내고 주류가 되었다. 그러다 보니 중국인지 베트남인지 구분이 되지 않을 정도로 중국색이 짙은 나라이다. B.C. 4세기경 참족이 살고 있던 인도차이나반도 동부에

유학의 성현을 모신 전경정학傳經正學 현판이 붙어 있다.

문교탄부文教誕敷국학조기國學肇基 홍학임현興學任賢 (2017. 8)

중국 대륙의 절강성에 있던 비엣(越, viêt)나라의 여러 부족이 들어와 통킹 지방에 터를 잡았다. 그리하여 이 지역을 중국 '월'의 남쪽 갈래라는 뜻으로 '월남'이라 이름지었다가 후에 안남安南이라 하였다. B.C. 3세기 말에 이르러 중국 광동廣東 조왕조趙王朝의 보월국甫越國에 소속되었다가 B.C. 111년에는 한漢의 지배를 받게 되었다.

중국의 베트남 지배는 10세기까지 약 천년 동안 계속되었다. 외양을 보면, 베트남의 전통 의상인 아오자이가 중국의 치빠오와 흡사하고, 내면으로 들어가 보면 유교·도교·불교가 융합되어 있다. 2017년 여름 하노이의 문묘(文廟, Văn Miếu)를 둘러보며 이들의 정신문화를 실감할 수 있었다. 문묘 입구의 건축양식이며 그 안에 설치된 전각은 전경정학에서부터 국학조기, 흥학입현에 이르기까지 충실한 한학의 표상이었다.

1970년대 초, 월남에 파병된 맹호부대·청룡부대가 베트콩을 무찌르고 왔다고 우리들은 거리로 달려 나가 환영하였다. 세월이 흘러 베트남 현지를 다녀보니 우리들의 영웅들이 베트남에 남기고온 상처와 부끄러움에 얼굴이 붉어졌다. 보트피플을 비롯한 여러 이슈 중에는 베트남 불교를 떠올리게 하는 틱낫한 스님의 프롬빌리지와 틱꽝득(釋廣德) 스님의 소신공양도 있다. 두 분 스님의 행적을 보며 처음에는 공산주의가 무섭다고 여겼으나 좀 더 알고 보니 외세의 간섭에 의한 민족 분열과 전쟁으로 인한 참상이 더 큰 원인이었고, 그 가운데에는 대한민국의 경제 부상과 그것에 숨어 있는 치부도 있었다.

① 베트남 불교 역사

베트남에 불교를 전한 최초의 사람은『이혹론理惑論』을 쓴 후한 말의 인물 모자(牟子, 165~253)로 기록되고 있다. 모자는 전란을 피해 통킹(交趾) 지방으로 이주해 불교를 전파함으로써 베트남 불교사에 최초로 기록되었지만, 이전에도 베트남에 불교가 전래된 면면이 있었으므로 실상은 문헌상에 나타나는 최초의 불교전래자라 할 수 있다. 베트남 선종의 시조로 일컬어지는 인도의 승려 비니다류지(毘尼多流支)는 베트남으로 오기 전인 574년에 중국 장안으로 들어갔다. 그러나 당시 북주北周의 불교 탄압이 있어 이를 피하여 노努로 갔다가 중국 선종의 삼조三祖인 승찬(?~606)을 만나 달마선을 배웠으며, 승찬의 권유로 광주廣州로 내려가 6년간 제지사制旨寺에 머물면서『상두정사경象頭精舍經』·『업보차별경業報差別經』을 한역한 뒤에 교주交州로 내려갔다. 이때부터 베트남 승려들에게 선禪을 가르쳤고, 580년 무렵 중선사衆善寺로 와서 본격적으로 선을 전파했다.

비니다류지에게는 300명이 넘는 베트남 제자가 있었는데, 그중에 법현法賢이 법통을 이었다. 679년에 당唐이 안남도호부安南都護部를 설치하고 베트남을 지배하는 가운데, 법현의 뒤를 이어 청변淸弁이 맥을 이었다. 이 무렵 중국 남돈선南頓禪이 베트남에 들어와 새로운 법맥을 형성하였다. 마조도일馬祖道一의 제자 백장회해(百丈懷海, ?~826)에게서 수년간 선을 공부하고 돌아온 무언통無言通은 건초사建初寺를 짓고 그곳에서 선법禪法을 선양하였다. 이후 무언통파의 법맥은 400년간 비니다류지파와 나란히 계승되다가, 비니다류지파의 선맥이 끊어진 뒤에는 무언통파가 100여년 간 베트남 선을 이끌었다. 이후 진조陳朝의 성종(聖宗, 1258~1278)대에 일어난 죽림파竹林派가 맥을 이었고, 죽림파는 중국과는 다른 베트남 고유의 선풍禪風을 일으켰다.

② 베트남 승려들의 정치 참여

근대에 들어 베트남 불교에 대한 관심은 대개 틱낫한 스님과 틱꽝득 스님이 위정자들과 대척하는 행적으로부터 시작되는 경우가 많았다. 이러한 데에는 베트남 승관제僧官制로 인해 승려가 정치에 참여해 온 전통적 배경이 있다. 당唐 지배 시대에 베트남에는 많은 구법승과 도래승의 활동이 있었다. 그중에 승가발마僧伽跋磨는 대기근을 만나 허덕이는 베트남 민중에게 음식과 의약품을 제공하고 고아를 양육해 상청常晴보살로 불렸다. 938년 베트남의 오권吳權은 당시 남중국의 지배자였던 서한군西漢軍을 물리치고 응오왕조(吳朝, NhàNgô)를 열었고, 뒤를 이어 딘 왕조(丁朝, Nhà Đinh, 968~980)와 레왕조(黎朝, NhàLe, 1428~1788) 등 빈번하게 왕조가 바뀌는 가운데도 불교의 발전은 계속되며 승관제가 확립되었다. 당시 베트남의 승려들은 중국으로 유학을 다녀오며 폭넓은 학식과 선진문물을 배워왔으므로 응오(吳, Ngô)·딘(丁, Đinh)·레(黎, Le)조의 위정자들은 이 같은 승려들의 견문과 학식, 경륜을 필요로 했고 승려들은 이들의 필요에 기꺼이 응했다.

중국과의 끊임없는 마찰과 불안정했던 혼란에서 베트남 최초의 완전한 독립국가를 이룬 것은 1009년에 리꽁우언(李公蘊,

Lý Công uẩn)에 의한 리왕조(李朝, Nhà Lý, 1009~1225) 때부터였다. 이 조는 국호를 다이비엣(大越, Đại việt)으로 칭하고, 수도를 현재의 하노이(河內, Hà Nội, 강의 안쪽이라는 뜻)인 탕롱(昇龍, Thăng Long)으로 옮긴 후 1225년까지 베트남 최장기의 왕조를 이루었다. 이공온은 송宋에 사절을 보내어 대장경을 구해오는가 하면 많은 사찰을 지으며 불교를 흥기시켰다. 이때 비니다류지파의 제12대 조사 만행萬行은 국사의 지위에 올랐고, 13대 조사 혜생惠生은 태종太宗에게 정치적 자문과 함께 선禪을 가르쳤다. 3대 왕인 성종聖宗 때는 선승 초당草堂이 중국에서 돌아와 초당파를 건립한 뒤 성종의 귀의를 받고 정치 자문을 하는 한편 후진을 양성해 무언통파와 함께 선계禪界의 주류를 형성하였다.

이조의 뒤를 이은 진조陳朝는 베트남 역사상 가장 번성한 문화시기였다. 진조陳朝는 한자를 이용해 '츄놈' 문자를 창제했으며, 이를 이용해 불경을 번역하여 불교의 대중화에 크게 기여했다. 제3대 임금 인종 때는 무언통파에서 나온 죽림파가 임제선의 전통을 계승하였다. 이 무렵 중국에는 원나라가 들어선 후 베트남의 중원을 침입했으나 베트남은 8년간의 항전으로 원을 퇴각시켰다. 이 전쟁을 담당한 인종은 훗날 출가해 죽림대사가 되었고, 무언통파 17대 조사 각충慤忠의 뒤를 이었다. 이후 죽림파는 베트남 선불교의 가장 중심적인 위치에 놓였다.

1428년 진조陳朝가 망하고 후여後黎가 들어서면서부터 불교는 쇠퇴의 길로 접어들었다. 후여는 중국 명明의 영향을 받아 유학을 숭상했다. 1461년 후여의 성종은 사찰 짓는 것을 금하고, 사령寺領

을 엄격히 제한하였다. 그러자 이전의 궁중 주도의 불교는 민중 속에서 새로운 양상으로 전개되었으며, 죽림파도 선보다 정토적 색채를 강화해 나갔다. 더불어 중국 송대에 염불과 밀교적 색채를 띠고 일어난 백련교가 도입되어 베트남의 민간신앙과 민중불교가 혼재되는 양상으로 전개되었다.

이들의 교의적 설명은 임제선을 표방하는 듯했지만 실제 신행은 정토염불이 강했다. 그리하여 베트남에는 이 무렵부터 정토신앙이 중심적 위치에 놓이게 되었다. 이후 베트남은 잦은 정변으로 막씨莫氏 → 등노鄧鶩 → 보조甫朝로 바뀌다가 응웬(阮朝, Nguyēn)으로 넘어 갔다. 전쟁과 정변으로 지치고 피폐해진 민중들 사이에는 기득권에 대한 반감과 현세에 대한 패배의식이 팽배하며 내세왕생來世往生을 희구하는 풍조가 일어났다. 그리하여 『아미타경』·『무량수경』이 번역되었고, 이로 인해 정토교가 민중 속에 깊이 뿌리내렸다. 이러한 추세는 불교가 민족주의 세력과 결합하는 계기가 되었다.

2) 베트남 불교의례와 전통 음악

① 티엔무(天姥寺)사원의 저녁예불

식민지 당시 프랑스인들의 휴양지였던 다낭과 바나산 국립공원, 그리고 베트남전 당시 최고의 격전지이자 마지막 왕조가 있었던 후에(Hue)를 둘러보던 중 틱꽝득(釋廣德, 1897~1963) 스님이 수행한 곳으로 알려진 티엔무사원을 방문하였다. 꽝득 스님은 독재정권의 불교 탄압과 미국 등 외세에 항거하여 사이공 대로에서 소신 공양을 단행하였다. 소신하기 전에 "앞으로 넘어지면 패한 것이니 그때는 해외로 망명하라. 허나 뒤로 쓰러진다면 승리하여 평화를 맞이할 것"이라고 하였는데, 소신이 다한 뒤 뒤로 넘어졌다고 설명하는 베트남 친구는 아직도 그 일이 현실인 양 상기된 표정이었다. 마지막 불길 가운데에도 심장만은 타지 않고 그대로 남아 훗날 하노이 국립은행에 보관되었고, 사원 경당에 그 사진이 모셔져 있다.

티엔무사원 사천왕과 사원 입구

티엔무사원 마당에서 바라본
정문 가운데 7층 탑, 양측에
종루와 고루가 있다.

티엔무사원 7층 탑

꽝득 스님의 소신공양은 종교 탄압을 멈추게 하고 미군이 철수하
는 데 결정적인 역할을 하였다.

티엔무사원은 1601년에 건립되었다. 사원 가까이 가자 7층 석탑
이 먼저 눈에 들어왔다. 7층탑의 모양새를 보면, 각 층을 이루는 옥
개屋蓋의 끝이 뾰족하게 솟아 있어 중국이나 한국과 다른 베트남의
특색이 느껴졌다. 19세기에 8각 7층으로 세운 이 탑은 높이가 21m
에 달하며, 화려한 탑의 조각과 구조가 베트남을 대표하는 건축물
로 손꼽힌다. 사원 입구 벽면에는 사천왕이 그려져 있는데, 전체적
인 형색과 복색은 한국과 비슷하나 얼굴은 눈썹이 짙고 순한 눈빛
이 베트남 사람을 닮았다는 생각이 들었다. 입구 양편 상단에 종루
와 고루가 설치되어 있는데, 그 형세는 중국 사원과 같은 구조이나
규모와 형세는 소박하고 아담하여 베트남의 정취를 담고 있다. 한
쪽에 운판이 있는데, 그 모양이 한국이나 중국에 비하면 매우 단순

하고 밋밋한 모양새였다.

안으로 들어서니 사각형의 넓은 마당이 있고 가운데 곧은 길 맞은편에 대웅전이 있었다. 대웅전에 들어가기에 앞서 포대화상이 있고, 대웅전에 들어서니 정면에 불상이 모셔져 있으며, 불단 앞 법탁에 대경과 목어가 설치되어 있는데, 이 또한 좌경우어(左磬右魚, 부처님의 위치에서 볼 때)에 의한 중국 법도와 같았다. 저녁예불 시간이 되자 인경소리와 함께 주법승려의 좌우로 3명씩 6명의 승려가 입당하였는데, 주황빛 법복을 입고 있었다. 다만 한 승려가 회색 법복을 입고 있었는데, 이는 중국에서도 푸젠 등지의 승단은 회색 승복을 입으므로 중국과 다르다고 할 수는 없었다. 승단이 불단 양 옆으로 서서 삼보에 절을 올린 후 예불이 시작되었는데, 법기 타주의 음색과 법도도 중국과 거의 같아 마치 중국이나 대만에와 있는 듯하였다.

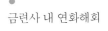
금련사 내 연화해회

●●
금련사 별당의 설단. 오른쪽부터 은약요실·덕합신원·영통막칙

다음 해에는 하노이 서북부 서호西湖 인근에 있는 금련사金蓮寺를 가게 되었다. 이 사찰은 이조(李朝, 1009~1225)의 태조 이공덕李公德이 하노이로 수도를 옮긴 후 '용이 하늘로 승천한다'는 의미로 도성 이름을 탕롱(昇龍)이라 짓고 수도의 동서남북을 지키는 4개의 사원을 건립한 데서 비롯되었다. 동쪽의 백마사당白馬社堂·서쪽의 상복사象伏祠, 남쪽의 금련사金蓮寺, 북쪽의 진무관眞武觀 중에 절 사寺 자가 붙은 사원을 방문하였다. 사원 입구 중앙에 한문으로 금련사라는 현판을 걸고, 중앙 대문의 좌우에 청허궁淸虛宮과 자비지慈悲地 문이 있고, 안으로 들어서니 가운데 커다란 전각 입구에 연화해회蓮花海會라는 현판이 있었다. 안으로 들어서니 연화회단蓮花會壇이 있고, 그곳에 천수관음상이 모셔져 있었다. 관음상 앞에는 대경과 목어가 놓여 있어 중국 사원을 보는 듯한 느낌이 들었다.

그러나 좌우에 주재일방主宰一方·홍온弘蘊·요지호월瑤池皓月·

의광범자依光梵字와 같은 단壇이 설치되어 있는가 하면 별관에는 은약요실隱約瑤基·덕합신원德合神元·영통막칙靈通莫測과 같은 단이 있어 사찰인지 사당인지 분간이 어려울 정도였다. 입구부터 곳곳의 설단에 한문으로 쓴 현판이 있고, 설단 양 옆의 주련에 한문으로 쓴 글귀들이 새겨져 있지만 이 문구를 읽을 수 있는 사람이 얼마나 될까 싶었다. 요즈음 한문을 잘 모르는 것은 한국의 젊은이들도 마찬가지지만, 자신들의 언어를 프랑스 알파벳으로 표기하는 베트남과 비교할 정도는 아니다.

② 베트남의 궁중 음악

베트남과 국경을 접한 나라는 북쪽의 중국, 서북부의 라오스, 서남부의 캄보디아다. 라오스와 캄보디아는 공산당이 정권을 잡았던 사회적 흐름에서 상통하며, 빠알리 경전에 의한 테라와다 불교문화권이라는 공통점이 있다. 좀 더 서쪽으로 가면 인도와 국경이 접해 있는 미얀마가 있고, 그 아래에 태국이 있는데, 이들 또한 빠알리 경전에 의한 문화권이다. 동남아의 문화지형을 보면 중국이나 인도 대륙과 접한 나라는 주로 불교문화가 성한 데 비해 인도네시아, 필리핀, 말레이시아와 같이 해상 이동 지역은 이슬람이나 기독교의 영향이 크다. 이러한 전반적인 흐름에 비추어 볼 때, 베트남은 유일하게 한문을 사용해 온 데다 중국의 선禪불교를 발전시킨 점에서 독특한 문화색깔을 지니고 있다.

국토의 지형이 세로로 길게 뻗어 있으므로 북부, 중부, 남부 지역은 그들이 속한 왕조도 달랐고, 외부 영향과 역사가 달라 한마디로 표현할 수 없는 문화와 음악적 성격이 있다. 이러한 가운데 오늘날까지도 그 면모가 비교적 충실히 전해지고 있는 음악을 들면 15세기 태종문황제(太宗文皇帝, 재위 1434~1442) 때의 궁중음악이다. 당시 문황제는 중국 명나라의 음악을 추종하였으므로 베트남의 궁중음악 냐낙(Nha nhạc)은 중국의 아악雅樂을 베트남식으로 발음한 것이고, 궁중 악가무 중 반부(Văn Vũ)나 보부(VõVũ)도 중국의 문무文舞와 무무武舞이며, 핫 투옹(Hat tuong)이라는 전통극 또한 중국의 영향을 받아 생겨난 것이다.

냐낙은 14세기 쩐(Tran) 왕조부터 19세기 초기 응웬(院朝, Nguyễn) 왕조까지 수백 년간 여러 왕조를 거치면서 베트남의 고유한 음악으로 정착되어 2003년에는 유네스코 인류무형문화유산으로 지정되었다. 이들의 궁중음악은 왕과 고위 관리를 위해 연주되는 다이냐(大樂, Đại nhạc)과 일반인을 위한 띠우냐(小樂, Tiểu nhạc)의 두 가지로 분류할 수 있는데, 이들은 편성되는 악기에서부터 차이가 있다. 그런가 하면 황제가 조정에 나갈 때 사용하는 트렁찌에우느악(Thuóng Triều nhạc), 궁중 잔치에 쓰이는 예낙(宴樂, Yến nhạc), 신들에게 제사 지낼 때 쓰이는 남지아오(Nam Giao) 등, 용처에 따라 다양한 장르가 있다.

베트남의 중국 지향적 문화는 중부 지역 다낭 일대에 있는 후에 왕궁에서도 실감할 수 있다. 티엔무사원에서 자동차로 잠시 달리다 터널을 하나만 지나면 금방 후에(Hue) 왕궁에 도착하게 된다. 베트남의 마지막 왕조 응우옌(阮王朝)은 줄여서 응웬(阮朝)이라고도 한다. 이 왕궁은 서산조西山朝에 의해 멸망당한 광남 완씨 중 응

우옌 아인이 살아남아서 서산조를 타도한 뒤에 건설되었다. 이 왕
조의 역사는 1558~1777년에 이르는 전기와 1802~1945년에 해
당하는 후기로 나뉘며, 현재의 베트남과 비슷한 영역을 지배한 통
일 정권이었던 점에서 의미가 크다.

후예궁 전면

　궁궐 입구에 들어서니 주황빛 지붕과 건축 모양새가 중국식인
데다 왕이 정사를 보던 전각의 이름도 북경의 자금성과 같이 태화
전太和殿이었다. 한 전각에는 역대 왕들의 초상과 위패가 차례로
걸려 있어 이 또한 중국적 생체가 물씬 느껴졌다. 그렇지만 이들이
꾸며놓은 정원의 모습을 보니 프랑스 베르사이유 궁전과 닮아 의
아했다. 이와 관련한 역사적 내막을 알아보니, 응우옌 왕조 내부의
혼란을 틈타 프랑스가 군대를 파병하여 제1차 후에 조약, 제2차 후

후에궁 열시당(閱是堂)
의 실제 모습

어전을 무대 배경으로
설치하여 연주하는 아
악단

에 조약을 맺고 베트남을 보호령에 편입시킨 이후, 프랑스령 인도
차이나 총독부의 지배하에 있었던 역사가 있었다. 그 무렵 세금과
부역, 소금, 알코올, 아편 전매 등의 착취를 당했듯이, 이들의 궁중
장식도 변화된 것이었다. 그러한 점에서 후에 정원은 경제적인 수
탈뿐 아니라 전통 문화를 파괴당하고 프랑스 문화를 강요당하는
등 전형적인 식민지 정책의 압정을 겪은 상흔을 안고 있었다.

이 무렵 저항 운동에 참여한 자의 다수는 비밀경찰에 의해 투옥
되어 사형을 당하였다. 저항을 계속해 오던 후에 왕조는 결국 1862
년 뜨득(嗣德) 황제가 프랑스에 항복함으로써 프랑스와 베트남 간
에 불평등 내용을 담은 사이공 조약이 체결되며 전쟁의 종결을 보
았지만 이들의 역사는 이때부터 본격적으로 비참한 시기로 접어들
었다. 그러다가 제2차 세계대전 중 프랑스 본국이 독일에 점령되
었고, 아시아에서는 중일 전쟁이 확대되어 가자 일본은 중화민국
으로의 물자를 차단시키기 위해 프랑스 정권과 친화 정책을 썼으
며, 그 결과 프랑스령 인도차이나에 일본군이 진주하게 되었다.

외세의 잦은 침략과 착취를 물리치고 통일 베트남을 이룬 후 전통문화 회복을 위한 노력이 활발하게 이루어졌다. 중국 본토에도 사회주의 혁명으로 전통 제례악기인 편종과 편경 제작 기술이 단절되었으므로 한국으로 와서 전통 복원을 위한 학습을 하는가 하면, 후에에서 행해지던 전통의식과 음악에 대한 복원사업도 진행하였다. 복원 과정의 기록 영상을 보면, 왕과 신하가 입은 복색이 거의 중국스타일이지만 들여다보면 많은 차이가 있다. 치빠오를 닮은 아오자이에 삿갓을 씀으로써 베트남의 향취가 물씬 풍기는 데다 왕이 타는 가마며 일산의 무늬도 베트남 고유의 색상과 형태이다.

베트남 지배층의 음악이 중국 음악을 추종한 것과 달리 민간에는 60여 소수민족에 의한 다양한 음악이 있다. 한국에도 각 지역의 민요토리가 있지만, 길쭉한 지형의 베트남에는 한국과는 비교할 수 없을 정도로 지역마다 확연히 다른 음계와 악조에 의한 음악이 있다. 이러한 다양성 중에서 보편적으로 드러나는 음계는 우리나라와 비슷한 5음계적 골격을 지니고 있다. 아래 율명 중 흰 음표 순서대로 계명창 해보면 "솔·라·도·레·미"가 되어 한국의 평조 음계와 닮았다.

베트남의 5음계

오늘날 한국의 범패도 조선조 중반기부터 완전히 민간화되어 민속적 성격이 많듯이 베트남 불교도 그러한 시절을 겪었다. 그러나 티엔무사원에서 행해지는 저녁예불을 보니 대만 불교의식과 거의 유사하여 '근래에 대만의 전통을 보고 복원한 것인가' 하는 생각마저 들었다. 그렇더라도 이들의 불교 의식과 음악에 대해서는 섣부른 판단을 할 수 없으니 이들에게는 인도와 동남아적 문화색깔이 공존하기 때문이다. 그중 하나가 고대 인도의 참파(cnhampa)왕조의 영향이다. 특히 비에트왕조는 참파왕조와 밀접한 관계를 맺고 있었다. 그중에 리낫똔(李日尊, LýNhậttòn, 재위 1054~1072)왕은 인도 참파 왕조의 노래를 채보하고 북 반주를 할 수 있었다고 한다. 그리하여 베트남의 트롱콤(trong com)을 보면 인도의 '다마루'나 남인도의 '므리당감'과 거의 유사한 악기이다. 이러한 가운데 베트남 민족은 그들만의 독창적인 문화를 일구어 왔으므로 음악과 악기의 종류가 셀 수 없이 많다.

현지에서 베트남 사람들을 만나 보면 한국에 대해 무한한 애정과 동경심을 드러내는 경우가 많다. 그들과 얘기를 나누다 보면 동남아 전역에 한류의 바람이 불었지만 그 어떤 나라보다 베트남이 한류의 감성에 깊이 동화된 나라임을 실감하게 된다. 그러나 역사 한편에는 라이따이한의 눈물과 설움이 역력하여 미안한 마음을 금할 수 없고, 아직도 분단의 혼란을 겪고 있는 우리들과 달리 통일 베트남을 이룬 이들이 부럽기도 하고 존경스럽기도 하다. 아픔과 설움뿐 아니라 불교역사의 흐름에 있어서도 닮은 점이 많은 베트남, 그 역사를 더 거슬러 가면 한반도 불교와 교류 흔적도 드문드문 발견되고 있어 '멀지만 가까운 나라'라는 생각이 든다.

3) 역사의 격동기에 저력을 보인 베트남 승가

1945년 제2차 대전 후 베트남 북부는 중국, 남부는 영국이 관할하기로 했지만 1946년에 프랑스의 개입으로 제1차 인도차이나 전쟁이 일어났다. 이때 프랑스 군이 승리하면서 1954년 제네바협정이 이루어졌다. 그리하여 베트남 북부는 호치민(Ho Chi Minh)의 정부군, 남부는 프랑스의 통솔 아래 놓였다. 1955년 베트남공화국이 성립되었으나 이듬해 군부 쿠데타가 일어났다. 이 무렵 지엠 정권은 가톨릭을 보호하고 불교를 탄압하였다. 그러자 임제종의 종장宗長 틱꽝득 스님이 불교탄압을 중지할 것을 호소해 오다 1963년 6월 11일 사이공의 판딘퐁(Phan Dinh Phung) 거리에서 가부좌를 한 채로 분신하였다. 이는 중생을 대신한 살신殺身으로 사회적 반향이 매우 컸다.

이에 비해 틱낫한 스님(1926~)에 대한 베트남 사람들의 평가는 다소 엇갈리는 측면이 있다. 1961년 미국 대학에서의 비교종교학 강의를 시작으로 1973년 노벨평화상 후보에 올랐던 틱낫한 스님은 반전운동으로 정부의 요주의 인물로 지명되면서 1973년에 프랑스로 망명하였다. 1975년 베트남 전쟁 종식과 함께 불교의 탄압이 거세게 일어났다. 공산화 이후 베트남의 불교는 정부에 의해 일체의 종교 활동이 중지되었다. 불교도들은 보트피플이 되어 외국으로 탈출했으며, 이들은 세계 각처에 흩어져 신앙생활을 하고 있다. 틱낫한 스님은 미국과 프랑스를 주 무대로 활동하면서 불교도들이 일상생활 속에서 명상적 삶을 살기를 강조하며 참여불교를

호치민에 있는 티엔허우 사원과 법당 내부

주장하고 있다.

1976년 북베트남에 의해 통일된 뒤 일부 승려들이 여러 사회문제를 고발하고 종교의 자유를 요구했다. 그 가운데 상당수는 서구로 망명을 떠났지만, 베트남에 남아 있던 저항세력들은 베트남불교연합(UBCV) 등의 반정부단체를 만들고 지하운동에 들어갔다. 1981년에 베트남 정권에 의해 이들은 반정부단체로 규정되어 모든 재산을 몰수당하고 사무실도 철거되었다. 1990년대 들어서 베트남불교연합은 베트남 사회의 인권탄압과 종교탄압을 세계에 알리기도 했다. 이 단체의 요구는, 베트남에서 종교의 자유와 인권을 보장하고, 베트남불교연합의 정치적 활동을 허용하라는 것이었다.

한국이 6.25 이후 기독교가 전 인구에 걸쳐 확산된 것과 달리, 베트남은 긴 세월 동안 프랑스를 비롯한 유럽 열강의 지배를 받았으나 오늘날 대부분의 베트남 사람들은 불교도이다. 이러한 데에는 베트남 스님들의 투철한 사회참여가 큰 역할을 하였다. 역사의 격변기를 보내며 북부·중부·남부로 나뉘어 있던 승가는 1980년에 10개 종파가 연합하여 최고협의기관을 만들어 자율적으로 불교 행정을 총괄하였다. 이러한 결과로 2006년 이후 무료진료 병원 700여 개, 165개의 학교, 16개의 유치원, 장애어린이 보육원 등이 베트남 승가회에 의해 운영되고 있다. 하노이, 호치민, 후에에 있는 3개의 불교협회에 의하면, 2006년에만 1,900명의 비구와 비구니가 교육을 마쳤고, 1,200명의 승려가 공부하고 있는 것으로 보고되었다. 또한 베트남 승가회는 8개의 대학 수준 훈련과정을 운영하고 있고, 31개의 고등학교, 100여 개의 불교초등학교를 보유하고 있다. 또한 매년 우수한 비구와 비구니를 인도·미얀마·미국·호주·중국·스리랑카·프랑스 등지로 유학을 보내고 있다.

이처럼 베트남불교가 사회주의 정권 아래서도 활발하게 활동할 수 있는 것은 승가가 중생, 곧 인민의 편에 서고자 노력했기 때문이다. 베트남이 프랑스 식민정권과 독립투쟁을 할 때 불교사원은 독립투사들의 양성소이자 피난처 역할을 했다. 남베트남과 북베트남이 분열되었을 때에 북베트남 승려들은 자진해서 군인이 되었고, 북베트남의 불교도는 남베트남의 승려 및 불교도와 신앙적인 측면에서 하나가 되었다. 나라는 분열되었지만 불교의 신앙에서는 하나가 되어 베트남 통일에 기여한 것이다.

베트남 통일 이후에는 국민의 재교육이 필요했다. 이에 베트남 남부의 사찰은 저녁때 주민들이 많이 모이는 곳을 재교육 장소로 삼아 교육 활동을 펼쳤다. 이는 베트남에 사회주의 정권이 들어섰지만, 이웃 나라 캄보디아에서처럼 대량학살이 발생하지 않은 이

사찰에서 기도하고 있는 호치민 사람들

유이기도 하다. 베트남 통일에 기여한 남부와 북부의 승려와 신도들이 살생을 반대하였고, 그에 따라 베트남 사회주의 정권에 의해 '공민부적격자'라고 판정받은 사람들이 선박을 이용해서 베트남에서 탈출할 수 있었다. 사회주의 정부에 의한 통일로 일부 남아 있는 종교와 이념의 갈등, 해외로 이주해서 사는 사람 등 아직 풀지 못한 숙제를 안고 있지만, 남북이 싸워도 불교도들은 하나가 되어 통일국가의 기반을 발휘한 점에서 본받을 것이 많다.

그러나 음악의 세계로 들어와 보면, 사회주의 국가를 떠올리게 하는 모습이 각처에서 발견된다. 베트남의 악기들을 보면, 비파·양금·월금·해금·적(대금류), 피리 등의 악기가 중국과 대동소이하다. 그중에 베트남에서만 볼 수 있는 독특한 악기를 들자면 일현금인 단톡후엔(Dan doc huyen), 일명 '단바오'를 들 수 있다. 1개의 줄로 된 이 악기의 음색을 들어보면 너무 간드러져서 우리들 감각으로는 잠시만 들어도 싫증이 날 정도이다(물론 개인의 차가 있지만). 또한 아시아 각지를 다니며 연주자들을 만나보니 베트남 사람들은

단바오

다른 악기들과 함께
연주하고 있는 단바오
연주

대개 템포가 빠르고 기교가 현란하였다. 이러한 모습은 같은 사회
주의 혁명을 겪은 중국·북한과 상통하는 모습이다.

  냉전의 시기를 지나 북한과 한국이 처음으로 만나 음악 교류를
하였을 때, 북한 사람들이 판소리의 굵은 탁음을 듣고 "노래를 왜
저렇게 하느냐?"고 하는 사람들이 있었다. 그와 달리 남한 사람들
은 고음으로 간드러지게 노래하는 북한의 노래를 듣고 가식적이거
나 영혼 없는 발성으로 느끼는 사람들이 있었다. 전통적으로 감정
을 절제하여 느린 음악을 향유해온 상류층과 달리 노동자가 속한
민속음악은 떨고 꺾는 시김새와 함께 빠르고 기교적인 음악을 즐
겨왔다. 공산화가 되지 않은 지역에는 느리고 아정한 음악이 많이
남아 있는 것에 비해 북한·중국·베트남 등의 음악이 빠르고 기교
적인 것은 사회주의 음악의 현상이기도 하다.

  음악이 지닌 이런 현상을 보면, 형체가 없어 형이상학적인 표현
에 가장 유리하다는 음악의 특징이 무색하게 느껴진다. 알고 보면,
문묘제례악과 불교의례음악도 다분히 정치적·현실적 음악이었

태국 마하사라캄에서
열린 아시아태평양 민
족음악학회에서 연주하
고 있는 베트남 연주자
들 (2008. 10)

다. 대승불교에서 의식이 장엄한 것은 의례가 사람을 무리 짓게 하
는 힘이 있기 때문이다. 즉 의례는 개인을 집단에 소속시키고, 그
관계 설정 속에서 불법을 공유하며, 남이 한 선근공덕을 기뻐하고,
함께 참여하여 체득하는 수희의 기능을 배가시키는 데 효용이 컸
기 때문이다.

　베트남도 중국·북한과 같이 사회주의 국가가 겪는 사회적·종교
적 공통점이 있기는 하나 북한이나 중국과 달리 불교의 전통과 신
행은 명맥이 단절될 정도는 아니었다. 이러한 데에는 베트남 승가
의 사회참여와 민중불교의 저력이 있었다. 베트남 역사 속 승가의
역할과 전통음악의 양상에 비추어 볼 때, 민간의 염불류 범패나 민
요와 같은 불교음악이 매우 다양할 것으로 여겨지며, 심도있는 현
지조사를 해보면 흥미로운 결과가 있을 것으로 보인다.

3. 밀교 색이 짙은 일본의 불교의례와 범패

일본은 백제와 신라로부터 불교를 전래 받았으므로 한반도 불교
문화를 토대로 하여 중국 당나라의 교파불교와 송대의 선禪불교를
받아들였다. 일본 대표 종단이라 할 수 있는 천태종과 진언종은 모
두 밀교적 성격이 짙다. 진감선사와 비슷한 시기에 당나라에 유학
했으나 진감은 선사로서의 면모가 부각되는 데 비해 천태종의 사
이초, 진언종의 구카이는 밀교가 부각된다. 이는 그들의 수학과정
에 불공不空을 비롯한 밀승으로부터의 전법에 의한 것으로 보인다.
이는 어떤 스승으로부터 배웠느냐가 중요해지는 일면도 있고, 개
방적이기보다 폐쇄적인 일본인들의 민족성과도 관련있어 보인다.
밀교에 충실한 진언종에 비해 현교적 성격이 좀 더 짙은 천태종단

우란분 축제 전야에 도
다이지(東大寺) 법당의
불을 켜고, 옥개의 문을
열자 멀리서도 불상의
모습이 보인다.
(2016. 8)

진언종 총본사 곤고부지 도량에 조성된 카레산수이(枯れ山水). 용이 구름 사이를 날고 있다.

히에이잔 엔라쿠지 천수관음상. 좌편에 전교대사 사이초, 우편에 천태대사가 모셔져 있다. (2016. 8)

은 시간이 지나면서 송나라의 선을 배워 와서 선종으로 분파해 나간 사람들도 많다. 천태종에서 갈라져 나온 이들 종단의 신행 면면을 보면 임제종臨濟宗과 조동종曹洞宗, 황벽종黃檗宗이 한국과 상통하는 점이 많다.

진언종 사이다이지(西大寺)를 본사로 하는 진언종다이고지파眞言宗醍醐寺派 묘주인(明壽院)에 청면금강青面金剛을 주불로 모신 불단 앞에 밀의작법을 위한 예반과 갖가지 법구들이 진설되어 있다.(2019. 8)

조동종 대본산 에헤이지(永平寺)

일본 임제종 대본산 겐닌지(建仁寺)

1) 일본의 의례 법도

한국에서 음력 8월 보름에 추석을 보내는 것과 달리 일본은 양력 8월 15일을 추석과 같은 공휴일로 지정하여 오봉(盂蘭盆) 세가키에(施餓鬼會)를 한다. 한국 사람들이 한가위를 맞아 성묘를 가는 데 비해 일본 사람들은 이날을 맞아 집안에 모셔둔 조령祖靈맞이 마끼(나뭇가지)를 사찰에 들고 와 새것으로 바꾸어가며 조상님을 위한 제사를 올리고 성묘를 다닌다. 일본은 7~8세기 무렵 받아들인 당나라의 의례전통을 이어오는 데 비해 중국과 한국은 송대에 완성된 수륙재를 지내므로, 일본의 오봉·세가키를 통해 수륙재의 전개 과정을 알 수 있으리라는 생각에 수년 전부터 이에 대해 조사해 왔다.

2019년에는 법상종의 나라 야쿠시지(藥師寺), 정토종의 교토 쇼조케인(淸淨華院), 천태종의 산젠인(三千院)과 엔라쿠지(延曆寺), 진언종으로 청면금강青面金剛을 모시고 있는 교토 묘주인(明壽院), 남녀호랭개교로 알려진 일연종의 오사카 신뇨지(眞如寺)를 조사하기로 계획을 잡고 있던 무렵, 세상은 화이트리스트와 무역 제재로 노재팬 캠페인이 한창이었다. 거기다 태풍 프란시스코와 크로사까지 온다 하더니 출발이 임박해서는 크로사가 일본으로 방향을 틀자 "태풍아 쎄게 불어서 일본을 날려버려라"는 인터넷 댓글이 태풍보다 더 요란했다.

그동안 각 종파와 사찰, 지역과 날짜에 맞추어 연구대상을 조율하느라 진땀을 흘려 온 데다 무형의 연구 대상은 행해지는 날짜와 시간이 아니면 체험이 불가능하기에 계획대로 공항으로 갔다. 8월 12일 아침, 공항버스가 인천으로 다가갈수록 시커먼 하늘과 흔들리는 나뭇가지가 불안하였으나 아침 비행기 몇 대 정도는 이륙할 수 있는 상황이었다. 비행기가 땅에 내릴 수나 있을지, 계곡을 끼고 있는 사찰을 다니다 태풍에 떠내려가지나 않을지, 공항에서 즉

석 보험을 하나 들어놓고 비행기를 탔다.

간사이공항에 내렸는데 햇볕이 너무도 맑아 눈을 뜰 수 없을 지경이었다. 이렇게 날이 좋은데 태풍은 무슨. 일기예보를 비웃으며 나라로 가는 기차를 탔다. 법상종 야쿠시지는 13~15일까지 3일간 오봉·세가키를 하였다. 의례에 참례해 보니 기존의 근행집에 도사 導師를 비롯해 8인의 스님이 의례를 주제하였고, 우란분 송경을 비롯해 대부분의 절차를 승려와 신도가 함께하였다. 의례 중에 수차례의 쇼묘(범패)가 있었고, 신도들이 함께 노래하는 범패는 근행집에 그림보가 실려 있었다. 시아귀작법은 마지막 날에만 행해졌는데 이때 오여래 다라니와 공양절차가 있었고, 작법이 끝날 무렵에는 두 승려가 재단에 차려졌던 음식의 일부를 들고 밖으로 나갔는데, 이러한 모습은 한국의 수륙재 하단시식 절차와 유사하였다.

의식은 식당에서 행해졌는데 그곳은 한국의 보재루와 같은 곳이었다. 야쿠시지에는 눈여겨볼 만한 도량구조가 많았는데 그중에 특히 주목되는 것은 강당이었다. 이곳은 미륵여래가 가운데 모셔져 있고, 그 앞의 양편으로 강사 논의대와 독사讀師 논의대가 있어 당대唐代의 강경의식講經儀式을 연상시켰다. 논석 양편에는 소종과 경판이 있어 설법 강의가 의례화되어 있음을 짐작할 수 있었다. 필자는 음악이 전공인지라 일본의 법상종에 대해서 그다지 잘 모르지만 도량 배치와 전각의 구조, 의례

청정수 공양을 하고 있는 야쿠시지 신도들

와 설행을 통해 법상종은 현교라는 느낌을 받았다.

　14일에는 천태종 총본산 엔랴쿠지를 갔는데, 여기는 8월 13~16
일까지 오봉·세가키를 하고, 다음날에 사이초 탄신일 법회를 성대
하게 행하였다. 엔랴쿠지 근본중당에 천년이 넘도록 켜져 있는 법
등이 있다기에 그것을 보려고 몇 년 전에 왔었다. 그때 수십 명의
스님이 화려한 예복을 입고 장엄한 의식을 행하고 있었는데, 알고
보니 그것이 전교대사 사이초의 탄신법회였다. 그 모습이 얼마나

●
나라 야쿠시지 오봉 시
아귀회가 열린 식당

● ●
공양의례를 마치고 도
사(주지) 스님이 강설
하는 사이에 대중스님
이 우란분 기도첩을 관
觀하고 있는 식당 내부
(모든 불화들이 스크린 영
상이다)

● ● ●
야쿠시지 식당의 불단
맞은편에 차려진 만령
단(萬靈壇)에 오여래 번
이 걸려 있다. (2019. 8)

장관이었는지 옷자락에 캠코드를 숨기고 촬영을 하였는데, 여기에 실은 사진이 그때의 한 컷이다.

일본에서 의례를 촬영하기 위해서는 적어도 두어달 전부터 협조문을 보내어 까다로운 심사 과정을 거쳐야 한다. 그렇지 않으면 의례장을 나갈 때 촬영장비를 점검하여 촬영된 내용은 그 자리에서 삭제를 당하게 된다. 고야산의 모 사찰에서 그러한 경험을 한 적이 있는지라 잽싸게 캠코더와 카메라를 감추고 하산을 하였다. 내려오다 10월에 동경국립극장 개장 50주년을 기념하는 엔라쿠지와 곤고부지의 쇼묘 공연 포스터를 보게 되어 10월에 공연을 보러 도쿄에 다녀왔다. 그때도 일체의 촬영이 허락되지 않아 어떠한 자료도 구할 수가 없었다. 나중에 알고 보니 엔라쿠지는 판매를 위한 의례 동영상은 제작하지 않는다는 방침이 있었다.

국립극장 사무국을 찾아가서 공연 콘텐츠를 입수하기 위한 수차례의 논의를 하여 극장으로부터 자료 제공 허가는 받았지만 출연했던 승단의 초상권 사용에 허가를 받아와야 한다는 조건이 있었다. 그리하여 몇달 전부터 엔라쿠지와 곤고부지에 서신과 협조문을 주고받고 있었다. 어디에, 어떻게, 어떤 목적으로 그 자료를 쓸 것인지, 지금까지 나의 연구 성과와 내용은 어떤 것인지 등 많은 자료를 요청하였고, 그에 대한 자료를 보내느라 수십만 원의 우편료를 썼지만 도무지 허가서 발부를 해 주지 않아 엔라쿠지 사무국을 직접 방문하기로 하였다.

그렇게 하여 엔라쿠지를 가는 그날, 입국하던 날의 반짝이던 하늘과 바람은 그야말로 태풍전야의 고요였다. 비옷을 입고, 촬영장비와 노트북이 든 배낭에다 스님들께 공양 올릴 선물 세트를 비닐로 겹겹이 싸서 아침 일찍이 숙소를 나섰다. 교토역에서 17번 버스로 한 시간 반, 그리고 가파른 등반 열차를 타고, 다시 케이블카를 갈아타고, 산정에 올라 다시 셔틀버스로 산 고개를 넘었다. 그렇게 하여 엔라쿠지 총무부에 당도하니 스님을 포함하여 수십 명의 직원이 업무를 보고 있었으나 서신을 보내오던 주사스님이 출타 중이었다. 태풍 예보가 연달아 있었으므로 도착 날짜를 확정 할 수 없었던 탓에 일이 어긋난 것이다.

어찌됐든 반드시 주사스님을 만나겠다고 하자 외국인 담당 스님이 부랴부랴 주사스님에게 연락을 하여 외부 일을 중단하고 들어오겠다는 전갈이 왔다. 구사일생의 한숨을 쉬며 공양 올릴 것을 내려놓고 몇 년 전 돌아가신 아버지를 위해 입재 등록을 하였다. 접수를 받는 스님께서 기도에 올릴 봉투에다 나와 아버지 성함까지 가타가나로 한 번 더 적었다. 그렇게 등록을 마치고 의식이 행해지는 아미타당으로 발길을 옮겼다.

의례가 시작되기까지 시간의 여유가 많은지라 마당에 있는 수금 소리를 들으러 갔다. 수많은 사람들이 엔라쿠지를 다녀가지만 아미타당 수금굴이 있는 줄 아는 사람은 찾아보기 어려울 정도로 수금굴은 한 귀퉁이에 슬쩍 놓여 있는 작은 바위이다. 그렇지만 그것을 알고 보면, 수금 옆에 모래로 빚어놓은 카레산수이(枯れ山水)까지 있어 바위틈에서 떨어지는 물방울 소리가 카레산수이의 물결을 타고 퍼져나가는 묘음의 신비를 얻게

엔라쿠지의 수금굴(水琴窟)

우란분 세가키에(施餓鬼
會)가 행해진 엔라쿠지
아미타당 (2016. 8)

된다. 몇 년 만에 수금에 귀를 대 보니 태풍이 온다고 으스스한 데도 물방울 소리는 적막하고도 청아하기 그지없어 수청묘음수금굴(守淸妙音水琴窟)이라는 이름이 그냥 이름이 아니었다.

한참 후 인경소리와 함께 우란분 의식이 시작되었다. 그날 엔라쿠지의 오봉 재차는 중죄가타衆罪伽陀·삼례三禮·칠불통계게七佛通戒偈·사봉청四奉請·아미타경阿彌陀經·후패後唄·별회향別回向으로 진행되었다. 그런데 회향 축원문 중에 나와 아버지의 이름을 부르는 듯한 발음이 일본어 사이에 들렸다. 대개 밀종 사찰에서는 재자들의 이름을 부르며 축원하는 것을 들어보지 못했는지라 긴가민가 하였다.

의례를 마치고 나오니 주사主事스님이 기다리고 있다며 내빈실로 안내하였다. 조금 전 아미타당에서 축원문을 낭송하던 그 도사導師스님이었다. 알고 보니 나를 위해 특별히 축원을 하였던 것이었다. 그제서야 가슴이 콩닥거리며 설레었지만 애써 마음을 가라

전교대사 사이초 탄신 법요를 마치고 퇴당하는 스님들 (2016. 8)

앉히며 준비해 온 연구 계획서를 꺼내서 서론·본론·결론과 세부 항목까지 설명을 하였다. 그러자 자료들을 일제히 복사하여 보관하겠단다. 그렇게 한참을 얘기가 오간 끝에 마침내 "허락하겠노라"는 약속을 얻었을 뿐만 아니라 앞으로 더 많은 자료를 제공해 주겠다는 약속까지 받았다. 뛸 듯이 기쁜 마음에 구름 위를 나는 듯이 사무실을 나섰다.

하산 길을 걷는데 시커먼 구름으로 뒤덮인 산길은 밤과 같았고, 태풍에 부러진 나뭇가지가 여기저기 널브러져 있었으며, 우여곡절 끝에 간신히 하산할 수 있었다. 연구 콘텐츠를 위해 그간에 치른 역경과 비용이 만만찮았고, 앞으로의 연구 과정은 더더욱 첩첩산중이지만 그래도 한 고비를 넘긴 희열감에 힘든 줄을 몰랐다. 의례에 대해 이토록 까다롭고 치밀한 일본 사람들에 비해 여유롭고 인간적이며 흥이 있는 우리네 의례 현장을 떠올려 보면 일본과 한국인의 성향이 확실히 다름을 느끼게 된다. 그렇다 하더라도 의례의 진정성에 있어서는 돌아보게 되는 점이 많다. 재장을 둘러싸고 있는 카메라군단, 의례인지 퍼포먼스인지, 신행인지 예술인지, 종교인지 민속인지, 문화재가 목적인지 의례가 목적인지, 우리네 의례는 어디에 와 있는가? 생각해보지 않을 수 없는 일본 사찰의 간간한 절차였다.

2) 삼사·삼색 일본 수륙재 시아귀회

일본은 총본산에서부터 세세한 지류에 이르기까지 종파적 성격이 다르기에 이들의 범패를 연구하다가는 일생 국물도 못 건지겠다 싶어 "모르는 것이 약이다"라는 생각도 했었다. 그래도 도무지 버틸 수 없는 궁금증에 살짝이나마 그들의 세계를 엿보는 심정으로 조사를 해보니 사찰마다 선명히 드러나는 종지여서 '이렇게 잘 보일 줄 알았으면 진작 와볼 걸' 하였다. 2016년에 고야산을 시작으로 나라와 교토를 조사한 데 이어, 이번에는 나라, 교토, 오사카, 아스카까지 다녀보았다. 이 중 세 사찰의 오봉·세가키를 소개해보겠다.

　묘주인(明壽院)과 같이 작은 사찰을 한국에서 찾아내기는 불가능한 일이지만, 이 사찰의 주지스님을 교토 예술대학의 쇼묘 강의에서 만난 적이 있기에 찾아올 수 있었다. 묘주인은 8월 16일 아침 8시에 의례를 시작하여 9시, 10시, 11시, 4회에 걸쳐 모두 같은 의례를 반복하였는데, 이는 작은 절의 공간과 신도들의 편의를 위함이었다. 신도들 중에는 자신의 집에 모셔두었던 조상 위패와 마끼(소

청면금강 깃발이 걸린
후시미 묘주인. 우란분
시아귀회에 참례하기
위해 신도들이 북적이
고 있다.(2019. 8)

나무 모양의 나뭇가지)를 들고 와 종무소에 반납을 하면 그것을 영단
에 올리고 새로이 위패를 받아갔다. 이러한 사람들은 대개 나이가
좀 있는 사람들이었고, 의례만 참례하는 사람들도 많았다.

교토의 후시미(伏見)역 인근 작은 골목에 있는 이 사찰을 찾기 위
하여 구글 지도를 따라 간신히 왔는데 복견경신당伏見庚申堂이라
쓰인 붉은 깃발이 걸려 있어 한참을 헤매었다. 나중에서야 벽에 붙
은 '묘주인(明壽院)'이 눈에 들어와 안으로 들어가 보니, 불단에 모
셔진 상이 부처님이 아니어서 신사인지 사찰인지 헷갈렸다. 나중
에 알고 보니 이 사찰의 본산은 나라에 있는 진언율종 서다이지(西
大寺)였고, 진언종다이고지파(眞言宗醍醐寺派)였다. 주불로 청면금
강青面金剛을 모시고 있어 일대에서는 후시미고우신도(伏見庚申堂)
로 더 많이 알려져 있었다.

묘주인의 우란분 시아귀회는 3인의 승려가 진행하는 것으로 규

모가 아주 작은 편이었다. 의례의 면면은 고야산 곤고부지와 거의 유사하였고, 천태 본산 엔랴쿠지와 교토의 산젠인과도 같은 맥락이었다. 승려가 제반 의례를 행하고, 설행 중에는 수인작법이 차지하는 비중이 컸다. 묘주인 신도들은 의례 중에 향반을 돌리며 향분을 뿌리는 것이 전부였다. 같은 진언종 계열인 고야산 곤고부지에서는 불단 맞은편에 향반을 배치하여 재자들이 차례로 나가 분을 뿌리고 절하며 들어오는 것이 전부였다. 처음에 고야산과 비예산을 다니며 보았을 때는 '일본의 사찰의례는 다 이러려니' 하였는데, 그렇지 않은 사찰을 보고서야 그것이 밀종의례의 특징임을 알게 되었다.

16일 저녁에는 교토 어소御所와 교엔(御苑) 인근에 있는 정토종 대본사 쇼조케인(清淨華院) 의례를 참례하였다. 이곳은 오후 6시에 우란분, 오후 7시에 시아귀회를 행하고, 의례를 마치면 법당회랑에서 오쿠리비(五山送り火)를 보는 순서였다. 쇼조케인에 대한 정보를 안 지가 얼마 안 되었으므로 촬영 협조를 요청할 시간이 모자라 촬영은 아예 할 수 없는 형편이었다. 그리하여 "이 사찰에서 아버지를 위해 기도하는 것을 어머니가 꼭 보고 싶어하신다"고 사정을 하였다. 그렇다면 의례에 방해가 되지 않도록 조심스럽게 촬영을 하라는 다짐을 받고 촬영을 하게 되었다. 그제서야 알았다. 연구를 하기 위해서 협조를 구하기보다 효심과 신심에 호소하는 것이 훨씬 수월하다는 것을.

저녁 무렵이 되자 공양등을 마당에 진열하기 시작하였다. 손이 필요하면 거들겠다고 하니 배치하는 순서가 있어 안 된다고 하였

●
우란분 기도 중 염주를
돌리고 있는 쇼조케인
신도들

● ●
시주자와 각각의 염원
을 적은 쇼조케인 공양
등

● ● ●
쇼조케인 대웅전 앞에
불 밝힌 공양등
(2019. 8)

다. 그렇다면 이 등을 나도 하나 사면 안 될까 했더니 등마다 직접
붓으로 적는 데 30분 이상 걸리므로 아무나 금방 살 수 있는 것이
아니라고 하였다. 그러고 보니 등에는 시주자의 이름과 그들이 원
하는 기도문이 쓰여 있었다.

저녁 6시가 되어 오봉의식을 하는데 지금까지 보아오던 사찰과
확연히 달랐다. 불단 앞의 예반에 공양물을 진설하고, 맞은편에 삼
계만령영단을 설치하며, 우란분경을 강설하는 것은 같지만 의례

절차마다 나무아미타불 염불로써 이어갔다. 뿐만 아니라 공덕을 배양하는 재차에는 재자들이 불단 앞으로 나가 커다란 염주를 함께 돌리며 한참을 염불하였다. 필자에게 이들 염불의식 보다 더 크게 와 닿았던 것이 있었으니 정토종 특유의 민요조 범패였다. 만약 아무 말 없이 그 범패를 들려준다면 민요라고 하지 범패라고 여기지 않을 곡태였다.

7시 의례에서도 염불 절차는 마찬가지인 가운데 시아귀작법이 추가되었다. 한국의 수륙재차 중에 하단에 많은 진언이 행해지는데, 이들 의례에서 시아귀작법에 오여래 다라니와 수인작법을 하는 것이 상통하였다. 그런데 도사導師스님이 수인을 할 때 옷자락으로 손을 감추고 하였다. 이러한 모습은 묘주인 스님도 마찬가지여서 연유가 무엇일까 생각해 보니, 인도의 힌두사제들이 염주를 돌릴 때 옷자락이나 천을 덮어 가리던 것이 떠올랐다. 보자기나 옷자락으로 수인이나 염주를 가리고 작법하는 것은 신성함을 쉽게 드러내지 않으려는 의도가 있었던 것이다.

쇼조케인의 시아귀작법을 마친 후 오쿠리비(送り火)까지 보고 숙소로 돌아오니 자정이 가까워 오고 있었다. 다음날 오사카 북부 산골에 있는 신뇨지를 가야 하는지라 짐을 챙겨 JR기차를 타고 오사카 숙소에 도착하니 숙소에서는 "노쇼 손님이라 여겼다"며 접어두었던 키를 성급히 찾아 주었다. 새벽부터 묘주인과 쇼조케인까지 두 탕을 뛰었으니 만신창이가 되었는데도 다음날 낯선 길을 행여 잘못 들세라 얼마나 걱정을 하였던지 꿈속에서도 구글 지도에서 오사카 교통편을 검색하느라 정신이 없었다.

얼떨결에 눈을 떠서 컵라면과 물로 허기를 채우고 일찌감치 숙소를 나와 지하철, 국철, 지방철을 갈아탄 뒤에 시골 버스 정류장에서 버스를 기다리는데 참으로 막막하였다. 마침 어떤 사람이 있길래 여기가 내가 타야 하는 버스 정류장이 맞느냐고 물었더니, 그 사람이 한때 한국에서 교환학생으로 공부한 적이 있는 사람이었다. 그렇게 해서 약 45분을 같이 기다렸는데, 만약 거기에 아무도 없었다면 얼마나 불안하였을까. 버스에서 내려서는 들판과 산길을 걸어야 하는데, 거기부터는 신뇨지로 가는 일행들이 있어 '이제는 살았다' 하는 심정으로 들판이며 하늘이 눈에 들어왔다.

니치렌(日蓮)대사의 사리를 봉안하고 있는 오사카 신뇨지(眞如寺)는 17일 오전 10시, 오후 1시, 2차례에 걸쳐 오봉·세가키를 하고, 그날 저녁부터 밤 10시까지 니치렌 대탑을 중심으로 법화경 독경법회가 열렸다. 신뇨지 입구에 들어설 무렵에는 10시 의례의 마지막 순행을 하고 있었는데, 승려와 신도들의 음성이 논둑길에서도 들릴 정도로 열성적인 분위기였다.

신뇨지에는 촬영을 위한 협조문을 보냈으나 "우리 사찰은 귀 학자께서 연구하려는 역사적 사료나 율조적 목적을 두고 의례를 하지 않으므로 연구할 대상이 못 된다"는 답이 왔었다. 그리하여 이곳에서도 촬영은 포기하고 갔었다. 그러나 8월 뙤약볕에 둘러메고 온 촬영장비가 억울하여 "우리 어머니가 아버지를 위해 기도하는 모습을 꼭 보고 싶어 하신다"는 효심의 비법을 한 번 더 발휘하였다. 사정사정 한 뒤에 "의례에 방해가 되지 않아야 한다"는 약속을 단단히 하고서 뒷자리에 숨듯이 촬영을 하였다.

의례를 마치고 나서는 긴자(琴座, 한국의 어장과 같음)스님의 걱정
이 태산이었다. "내가 오늘 범패도 부족하였으니 어머니 외에는 절
대 보여주어서는 안 된다"고 하셨다. 그리고 귀국하여 보니 "촬영
때문에 기도에 방해가 됐다는 사람들이 있었다"며 "다음에는 절대
촬영 불가"라는 메일이 와 있었기에 "정말 죄송하다"는 사과문을
보냈다.

신뇨지는 개식사로 시작하여 도량게, 삼보례, 공양, 주원呪願을
할 동안 도사가 쇄정의식을 하고, 이어서 개경게, 방편품, 제바품훈
독提婆品訓讀을 할 동안 일반 쇄수를 하고, 진언을 외며 바라와 법
구를 타주(呪讀鐃鈸)하는데, 뇨鐃와 발鈸은 한국의 자바라와 거의
유사하나 바라가 마주치는 잔향을 최대한 확대하여 화려한 음향이
발산되었다. 이어서 불단을 돌며 염송하는 행도行道에 이어서 보탑
게, 회향, 사서四誓 후에 봉송, 마침 인사(挨拶, あいさつ), 패식사로
종료하였다. 일본의 사찰은 대개 긴 회랑이 연결되어 있어 개식사

신뇨지 우란분에서 의
례를 집전하고 있는 스
님들. 왼편에 법구를 들
고 있는 승려가 긴자(金
座)이다.

와 폐식사 사이에 승단과 보조사들의 입당 행렬이 길게 이어진다. 이러한 과정에 의례를 시작하는 결계, 정화, 그리고 회향을 염원하는 범패나 염불이 따른다.

신뇨지는 지금껏 다닌 그 어느 사찰보다 승려와 신도들의 신심의 열기가 대단하였다. 대부분의 사찰에서는 조상 위패를 예반에 동그랗게 펼쳐 담아 올리는 데 비해 신뇨지는 법당 삼면에 판을 만들어 붙이고, 의례 중에 두 승려가 일일이 정수를 뿌리며 축원하였다. 이러한 과정 중에 귀중한 증언을 들었으니 법상종인 나라 야쿠시지는 고야산高野山, 일연종인 오사카 신뇨지는 히메이잔(比叡山)이 자신들 쇼묘의 원류라고 하였다.

3) 세기의 공연, 덴다이쇼묘(天台聲明)와 신곤쇼묘(眞言聲明)

No재팬에, 방사능 공포에, 태풍까지 불어닥치는 데도 일본을 들락거리니 "하필 왜 이때에, 사람들 앞에 말도 못 꺼낼 일을 하고 다니냐?"고 가족들의 핀잔이 여간 아니었다. 우리네 범패 전승에 관한 조사를 하면서 '왜색불교'라는 말들을 많이 들었기에, 나도 모르게 일본 불교에 대한 반감이 있었던 데다, 그간 영어·중국어·산스끄리뜨어까지 외국어 공부에 지쳐온 터라 더 이상 일본어까지 짐을 지고 싶지도 않았다. 그러나 연구를 하면 할수록 일본이 원형적인 모습을 많이 지니고 있음을 알게 되어 도무지 더 이상 버틸 수가 없었다.

발생 지역보다 전달 받은 쪽이 원형을 많이 지니고 있는 디아스

포라현상은 음악에도 마찬가지이므로 최종 전달 지역인 일본에 그 원형이 많은 것은 세계 보편적 현상이다. 그래도 일본까지 손을 뻗치고 싶지 않아 버텨 오던 어느 날, 교토예술대학에서 외국인들을 위한 일본 전통음악과 쇼묘 강연을 한다는 연락이 왔다. 강의 신청서에 관심 분야를 적는 항이 있기에 쇼묘에 관심이 있고 강의를 마치면 고야산을 다녀오고 싶다고 적었다. 그렇게 하여 강의 등록을 마쳤는데 며칠 후에 주최측에서 메일이 왔다.

8월 11일에 고야산 진언종 총본산 곤고부지에서 오봉을 한다는 것이다. 그때만 하더라도 일본 사찰의 까다로운 심의절차를 몰랐던지라 "그곳 의례를 촬영하기 위해서 고야산을 먼저 가겠다"고 하였더니, 촬영을 하려면 촬영 허가서를 받아야 한다며 곤고부지 촬영허가 양식을 보내왔다. 양식을 보니 어떤 목적, 어떤 내용, 어떤 장소에서 자료를 활용할 것인지 빽빽한 항목이 있어 숨이 막혔다. 그렇게 해서 촬영 허가를 얻게 되었는데, 나중에 알고 보니 학교 조교가 고야산을 직접 오가며 추진한 결과였다.

아침 일찍 곤고부지에 당도하니 종무실장 야수다 쿠겐 스님이 촬영 완장을 들고 나를 맞았다. 의례가 시작되려면 시간이 있으니 사원 안내를 하겠다며 사원 곳곳에 대해 설명해 주었다. 그때 보았던 곤고부지 내당은 그야말로 박물관이었다. 그중에 지금도 잊을 수 없는 것은 구름 위를 나는 용을 그린 카레산수이(枯れ山水)였다. 우란분 의식은 30분 정도로 간단한 것이었고 이틀 뒤 오쿠노인 만등공양이 있었는데, 그 해가 기네스북에 등록되는 해여서 그야말로 온 세계 사람들이 모여들었다. 그러나 필자에게 인상적이었던

고야산 오쿠노인 추모도 소대 행렬

2016. 10. 29. 행해진 쇼묘 공연 포스터

고야산의 풍속은 따로 있었으니, 만등공양이 있기 며칠 전부터 여기저기서 검은 승의에 게다를 신고 왼손에 등불, 오른손에 석장을 들고 오쿠노인(奧の院)으로 가는 행렬이었다.

대개 한두 사람, 많으면 세 사람인데, 어린 승려까지 네댓 명의 행렬이 있어 그들을 따라가 보았다. 인도引導스님이 석장을 들고 그 뒤를 초등학생부터 대학생 정도로 보이는 승려들이 보자기를 들고 총총이 진언을 외며 걸었다. 일본 최고의 명당으로 꼽히는 오쿠노인 추모도追慕道에는 노부나가, 토요토미 히데요시, 다케다 신겐, 센 히메 등 일본사에 등장하는 유명인부터 일반인에 이르기까지 약 20만기의 묘가 있다. 행렬을 이끄는 인도스님은 중요한 곳은 일일이 설명을 하였고, 설명이 끝나면 다 함께 다라니를 외며 기도를 하는지라 오쿠노인에 도착하는 데 한나절이 걸렸다.

다음날, 내가 묵었던 렝게인(蓮花院)의 행렬도 따라가 보니 만령단(三界萬靈壇)에 올려두었던 위패와 마끼, 공양물을 보자기에 싸서는 주지스님 혼자서 소대터로 갔다. 스님은 중간에 어떤 비석 앞에 멈추어 기도를 했는데, 그 비석은 렝게인에 적을 올린 영령들의 합동묘비였다. 그러고 보니 고야산의 각 사찰마다 그들 사찰 영가들을 위한 묘역이 있었다. 조령祖靈을 맞아들이는 등불이며 재상 차리는 법도까지 볼거리 가득한 고야산

개장50주년 기념 현판
을 내건 동경국립극장

일정을 마치고 도쿄예술대학의 특강도 마친 다음날 엔라쿠지를 갔
는데, 바로 그날 사이초대사 탄신법회와 동경국립극장 개장50주년
쇼묘공연 포스터를 보았다.

　아무리 세기의 공연이라도 그것을 보러 비행기를 타고 간다는
것이 여간 부담스런 여정이 아니었으나 귀국한 뒤 내 손은 이미 국
립극장 홈페이지 예매 코너에 접속하고 있었다. 그런데 외국에서
표를 구할 수 있는 결제시스템이 없었다. "에라 잘됐다. 이제 마음
을 접자"했는데 결국은 그 공연장을 가게 되었으니, 그 사연을 간
단히 말하기 어렵다. 공연이 있기 하루 전에 동경에 도착하여 황실
주변 호텔에 짐을 풀고는 건너편에 있는 국립극장 사무국을 찾아
촬영 가능성을 타진해 보았으나 예상했던 대로 불가능이었다. 그
후로 이 자료를 구하기 위해 극장 영상실, 곤고부지, 엔라쿠지와
연락을 해오다 2019년 태풍을 뚫고 다녀옴으로써 드디어 그 자료

를 확보하게 되었다.

2016년 10월 29일 곤고부지는 문답이 있는 시카호요(四箇法要, 범패·산화·범음·석장)를, 엔라쿠지는 가가쿠(雅樂)가 있는 시카호요를 했는데, 두 본산의 위의가 막상막하였다. 곤고부지는 문답을 하는 두 승려가 엎드려 팔씨름 하듯이 겨루는 모습이 특이하였다. 문답을 왜 팔씨름 하듯이 하느냐고 생각하겠지만 옛날 강론 문답은 그랬다. 우선 당나라의 강경의식을 보면, 한 스님이 발의하여 논을 펴면 다른 스님이 큰 소리로 "난~ 하며 반론을 폈다"는 대목이 있다.

이와 비슷한 정황을 티베트 라싸에 있는 쎄라사원에서도 보았다. 중국과 일본 그 어디에도 의식무용이 없는데 한국에만 있으니 이것이 하늘에서 떨어진 것인지 문화적 흐름이 있는 것인지 궁금하던 중에, 티베트에는 무용만으로 의식을 하는 '참'이 있다는 소

홍법대사 구카이(空海) 초상과 불탁 양쪽으로 태장계만다라와 금강계만다라로 장식된 고야산 곤고부지(金剛峰寺) 공연 모습 (이하 곤고부지 공연 사진은 동영상 캡쳐)

문을 듣고 조사를 갔던 그때, 쎄라사원의 강원 스님들이 오후 한 때가 되니 마당 곳곳에서 그날 학습한 경에 대해서 논쟁을 펼치는 것을 보았던 것이다. 한 스님이 나무 그루터기에 앉아 뭐라뭐라 하면 그 논을 듣던 스님들 중 한 사람이 손바닥을 세게 내리치며 반론을 펼치는데, 마치 한판 싸움을 하듯 사방이 시끌시끌하였다.

엔라쿠지는 궁중 음악에 쓰이는 가가쿠 악기를 수반하여 화려한 의례 설행을 선보였다. 곤고부지와 엔라쿠지 두 사찰이 모두 황실과 막역한 관계를 지니고 있었지만, 도성에 있는 엔라쿠지는 황실 의례와 직접적인 관련이 있었으므로 그들 의례는 마치 궁중 잔치를 보는 듯이 화려하였다. 여기에는 엔라쿠지에 있는 법의法儀음률 연구부와 천태아악회天台雅樂會에 이르기까지 체계적인 전승과 교육시스템이 뒷받침하고 있다.

음악전문가로써 이 공연을 보면서 부러웠던 것은 동경국립극장의 음향과 조명, 절차의 모든 부분을 자막으로 띄우는 치밀한 기술이었다. 뒤늦게 표를 구하느라 2층 끝줄 구석에 앉아 있었는데, 수십 명 스님의 쇼묘 성음이 깨끗하고 고르게 구석진 좌석까지 전달되는 음향이 한결같이 가까이서 듣는 육성과 같았다. 범패나 쇼묘는 모음을 늘여 지으므로 그 가사를 알아듣기가 어려운데, 각 소절마다 정확하게 한 줄씩 자막이 넘어갔다. 자막은 감상을 방해하지 않도록 무대 양편의 검은 전광판에 정갈하고 정확하게 표시되어서, 이를 연구하기에 매우 좋겠다는 생각에 더더욱 그 기록 영상을 탐내어 왔다.

공연 일정은 오후 1시에 곤고부지, 오후 4시에 엔라쿠지가 배정

곤고부지 문답의식

되어 저녁이 되어서야 끝이 났다. 곤고부지는 정찬庭讚, 여래패如來唄·어영공표백御影供表白, 산화散華, 대양對揚, 범음梵音, 창례唱禮, 오대원五大願. 호립도사표백呼立導師表白, 원인문답猿引問答, 삼조석장三條錫杖, 불명佛名, 후찬後讚, 칭명례稱名禮 순으로 행했고, 이를 행한 승단 구성은 도사導師, 정두正頭, 패패唄, 산화散華, 원인문遠引問, 원인답遠引答, 한국의 어장 격인 석장錫杖, 후찬 솔로(後讚唄), 칭명례 솔로(稱名例)에 각 1인의 승려들이 배치되었고, 합송하는 승려가 14인, 취나사吹螺師 2인, 반주승伴僧 1인, 고실자故實者 2인, 승임承任 4인, 이방裏方 4인으로 총 50명이었다.

엔라쿠지는 총례總禮, 패닉唄匿, 산화散華, 대양對揚, 도사입당導師入堂, 표백表白, 범음梵音, 삼조석장三條錫杖, 개경게開經偈, 송경誦經, 보호寶号, 후패後唄로 진행되었고, 승단은 도사導師, 도석장都錫杖, 대양對揚, 독창 범음에 각 1인, 산화를 주재하는 4인, 석장(범패) 합송에 25인, 생황 3인, 피리 3인, 젓대 3인에 대고와 세요고를 비롯한 법구타주, 의례복과 기타 채비를 위한 승려까지 약 50인이었다.

　나폴레옹이 이집트를 침공할 때 이집트인 도굴
꾼들과 결투를 해 가며 그들의 유물을 지키고 카
이로에 박물관을 지어 그 유물을 보존하고, 수천
년 전 파피루스 문자를 해독해냈던 사람들은 프
랑스 학자들이었다. 정치와 학문의 성질은 이런
것이다. 피아彼我를 넘어서 진실의 가치를 향해
매진하였던 학자들이 많았다. 특히 불교문화는

●
전교대사 사이초(最澄)
초상과 불탁 양편에 가
가쿠 악기들이 배열된
히에이잔 엔라쿠지 공
연 모습

●●
사이초대사 앞에서 발
음發音하고 있는 석장사
錫杖師

한국에서 자생적으로 생긴 것이 아니어서 오늘에 이르기까지 그
맥락을 읽지 않으면 내가 들여다보는 것이 대체 무엇인지를 알 수
없는 경우가 많다. 영국의 고고학자 하워드 카터가 어느 날 이집트
유적을 답사하느라 말을 타고 가다 낙마를 하였는데 바로 그곳이
파라오의 지하 묘지로 통하는 입구여서 엄청난 고고학 자료를 발
굴하게 되었다. 현지조사를 다니다 보면 어느 순간 나를 잡아당기
는 때가 있으니, 사이초대사의 탄신법회와 동경국립극장 포스터가
바로 그런 것이었다.

●
쇼묘 공연을 보기 위해
전세 버스로 온 관객들

●●
공연을 마친 후 산화에
쓰인 지화를 가져가는
관객들

4) 일본 쇼묘의 산실 산젠인의 시아귀회

교토 시내에서 북쪽으로 올라오는 것은 엔라쿠지(延曆寺)나 산젠
인(三千院)이나 같은 길이지만 엔라쿠지는 오쓰시, 산젠인은 교토
부에 있다. 흔히들 엔라쿠지를 교토에 있는 것으로 생각하지만, 엔
라쿠지는 등반열차, 케이블카, 산정 버스를 타고 산을 넘는 사이에
오쓰시 경계로 접어든다. 그에 비해 산젠인은 북쪽으로 곧바로 올
라가므로 행정구역은 교토부 그대로이다. 교토역에서 17번 버스를
타면 한 시간 30분 정도에 엔라쿠지로 갈 수 있는 야세스테이션(八
瀨驛前)이고, 거기서 10분 정도 더 가면 17번 버스의 종점 오하라역
에 도착하고, 맞은편 산길 계곡을 따라 올라가면 산젠인에 이른다.
　산젠인이 있는 오하라(大原)는 약 천년 전부터 교잔(魚山)이라 불
리는 일본 범패의 발상지이다. 그리하여 이곳에 있는 산젠인은 '교
잔 산젠인(漁山三千院)'으로 표기한다. 산젠인의 가람 배치를 보면
이 사원이 어산·범패의 산실임을 더욱 실감하게 된다. 이 사원의

양쪽으로 흐르는 두 개의 계곡이 있으니, 말하자면 쌍계 사이에 산
젠인이 있어 하동 쌍계사의 지형과 비슷하다. 계곡 양편으로 여러
암자가 있는데, 오른쪽 계곡을 따라 오르다 보면 사찰 입구에 어산
교가 있어 범어사를 떠올리게 된다.

　예로부터 범패승을 많이 배출해 온 부산 금정산 범어사의 이름
은 부처님을 상징하는 '금'자에 우물 '정'자이며, 하늘 물고기가 노
닐었던 전설을 따라 범어사라 하는데, 중국의 조식이 어산 범패를
창제할 때의 설화를 연상시킨다. 이름부터 예사롭지 않은 범어사
에는 한국 최초로 범패로써 문화재가 된 보성寶聲 용운 스님이 있
었고, 그 스승 대산 스님의 어산은 더욱 장엄하고 여법하였다니 그
당시 녹음기가 없었던 것이 참으로 안타깝다. 그러한 범어사 입구
에 어산교가 있고, 대웅전을 향해 조금 더 올라가면 어산계공덕비
가 있다. 일제의 사찰령으로 염불원이 폐지되자 부전스님들끼리

왕생극락원의 아미타삼
존불상 (2019. 7)

모여 어산강습과 의례 활동을 했는데, '회會'라고 하면 사람들이 많
이 모일까봐 일제의 허락이 떨어지지 않으니 소규모인 '계契'로 하
였다. 계원스님들이 어산 활동을 하여 사찰 불사와 민족불교를 위
한 포교당 건립을 위해 보시한 금액이 막대하였으므로 어산교 옆
에 공덕비를 세운 것이다.

　일본 산젠인의 어산교를 지나 산등성을 따라 오르면 왼편 계곡
은 율천律川, 오른편 계곡은 여천呂川인데, 이들 쌍계의 천川을 빼
면 범패의 '율려'가 된다. 양천兩川 주변에는 덴다이쇼묘(天台聲明)
의 노장들이 주석하는 암자들이 둘러싸고 있다. 산젠인 일대에 운
집해 있는 이들 문중은 가지이 몬제키(梶井門跡) 혹은 나시모토 몬
제키(梨本門跡)라 부르며 천태종 5대 문적 중 하나이다. 창건 유래
를 보면, 천태종을 창시한 사이초(最澄, 767~822)대사가 히에이잔
(比叡山) 엔라쿠지(延曆寺)를 건립하기 전 초암(草庵)을 지은 데서

시작되었다.

이 사찰은 예로부터 황자나 황족이 주지를 맡아 온 궁문적宮門跡이므로 가람을 들어서는 문이 어전문御殿門이다. 일찍이 염불 성인에 의한 정토 신앙의 성지였으므로 어전문에는 '왕생극락원'이라는 현판이 하나 더 붙어 있다. 986년 천태정토를 설파하며 『왕생요집』을 저술한 에신소즈(惠心僧都) 겐신(源信)이 부모의 보재를 위해 건립하였고, 국보로 지정된 아미타삼존상이 모셔져 있다. 아미타여래상 후면에는 도명존자부터 허공장보살에 이르기까지 13불보살이 둘러져 있는데, 이는 황실 영령이 입적한 뒤 32년간 행해지는 추모의례와도 연결된다.

이러한 배경을 보면 오봉과 세가키도 여기서 행해야겠지만 워낙 오래된 건물이라 현재는 보존과 참배만 가능하고, 의례는 본당인 신덴(宸殿)에서 이루어진다. 신덴의 마루 앞에는 관상식 정원이 있어 사람들은 마루에 걸터앉아 여여로이 시간을 보낸다. 신덴과 극락원 사이에는 중국 남북조시대의 시인 사령운謝靈雲의 산수청음유(山水淸音有)로부터 명명된 지천 회유식 정원이 있어 오래된 삼나무와 이끼들이 고색창연한 풍취를 자아낸다. 필자가 방문한 8월은 수국이 만발하여 파스텔 꽃색과 향기가 어우러져 그야말로 천상의 정원인 듯하였다.

우란분 시아귀회 법요가 행해지는 공간을 표시한 방

매년 양력 7월 15일에 행하는 산젠인의 오

봉·세가키를 칭할 때 법회에 준하여서는 "우란분시아귀회법요盂蘭盆施餓鬼會法要", 쇼묘에 준하여서는 "광명공 구조 석장光明供九條錫杖"이라 하였다. 2019년은 레이와 원년(令和 元年)으로 황실 위의를 모신 산젠인으로서는 더욱 특별한 해였다. 의례는 9시의 묘참으로부터 시작되었다. 묘참을 마친 참례자들은 객전에서 차를 마시며 의례를 기다렸는데, 정갈하고 품위있는 재자들의 모습이 일반신도들과는 달랐다. 너무도 정숙하여 숨소리조차 들리지 않는 객전의 분위기에 압도되어 차를 마시면서도 '어떻게 하면 이 숨 막히는 고요를 뚫고 촬영을 할 것인가' 하는 생각만이 가득하였다. 산젠인은 일찍부터 촬영협조 서신을 보내 허가를 얻은 상태였으므로 카메라를 숨기지는 않아도 되지만 정밀한 분위기에 압도당하는 것은 어쩔 수 없었다.

오전 10시 반 무렵 첫 번째 타종을 하며 참례자들을 신덴으로 인도하였고, 15분 후에 제2 타종을 하자 집전 승려들이 의례를 위한 예복(裝束)을 갖추어 입고 회랑에서 일렬로 섰다. 11시에 세 번째 타종을 하자 법요가 시작됨을 알리는 개식지사開式之辭가 들려왔고, 찬두讚頭 승려가 예찬의 음音을 발發하자 이어서 대중 승려가 합송을 하며 입당행렬이 시작되었다. 여기서 우리는 범패를 시작하는 것을 '선창'이라 하지 않고 '발음發音'이라 하는 것을 귀담아 둘 필요가 있다.

필자는 한국의 각 지역을 다니며 승려들의 범패 전승에 관한 조사를 한 적이 있다. 그때 '범음 범패'라는 말을 여러 번 들었다. 그래서 '범음'은 무엇이고, '범패'는 무엇이냐고 물어보면 여기에 대

오여래번과 공양물이
차려진 산젠인 삼계만
령단

해서 정확한 대답을 해주는 스님이 없었고, 간혹 대답을 하되 물을
때마다 내용이 달라 신빙성이 없었다. 이러한 여러 의문을 풀기 위
해서 팔리어 송경과 산스끄리뜨어를 배우고, 힌두사제들의 사브다
비드야(聲明)까지 파고들면서 뭔가 가닥이 잡혀 가고 있는 중에 일
본 쇼묘(聲明)와 석장의 용어들을 통해서 그 실마리를 잡은 듯하여
여간 보람스러운 것이 아니었다.

　찬두讚頭나 석장사가 '발음' 하면 대중스님들이 합송으로 따르는
데, 의례집에는 이 부분에 '동음'이라 표시하고 있다. 의례 승단은
도사導師를 맡은 주지스님, 송경을 이끄는 시경사始經師, 석장범패
를 이끄는 석장사錫杖師, 독창 범패를 하는 찬두, 도사의 의례문 절
주를 맺는 뇨사鐃師, 범패의 절주를 가늠하는 발사鈸師, 범패 합송
2인, 이렇게 8명이 예반의 양편으로 앉고, 예반 맞은편에 의례의
시작과 끝을 알리거나 의물을 올리거나 기타 의례를 수반하는 승

려 3인과 한국의 증명법사에 해당하는 승려 2인까지 총 15명의 승려가 의례를 주제하였다. 합송을 할 때는 8인의 승려들이 일제히 균일한 선율을 짓는데 조금도 어긋남이 없었다. 이는 문중의 모든 스님들이 엔라쿠지 강원을 통하여 쇼묘를 학습하기 때문이다.

10명이 넘는 승려가 함께하는 의례에서 누구 한 사람 중간에 지시를 하거나 눈짓을 보내는 일 없이 진행되는데, 거기에는 사전에 차제次第와 각각의 소임이 명확하게 짜여져 있기 때문이다. 의례 순서를 간단히 보면, 입당과 함께 도량청정과 결계의 가사를 담고 있는 예찬禮讚에 이어서 행도찬行道讚, 사지찬(四智讚: 大円境智·平等性智·妙観察智·成所作智)을 노래하며, 입당한 후 예반을 돌며 순행한다. 각각의 자리에 앉아서 착좌찬着座讚을 노래한 데 이어 석장 범패를 노래하는 동안에 도사는 염주·금강저·수인으로 작법을 한다. 4언 절구의 가사가 아홉 부분을 이루고 있는 구조석장은 석장사가 세 번 석장을 흔들며 시작하여 각 조의 마무리에는 두 번씩, 마지막에 세 번을 흔들어 맺었다. 이러한 모습은 한국의 궁중악무

불탁을 돌며 산화散華의 식을 하고 있는 승려들

에서 집박을 맡은 악사가 춤의 절주를 지휘하는 것과 유사하였다.

　의례가 진행되는 동안 재자들은 자리에 앉아서 의례를 지켜보기만 하였다. 이러한 모습은 법상종 야쿠시지(藥師寺)의 신도들이 송경과 기도, 쇼묘까지 함께 하거나 정토종 쇼조케인에서 대중이 나무아미타불 염불을 함께 하는 것, 일연종의 신뇨지 재자齋者들이 법화경 송경과 남묘호랭게쿄를 합송하는 것과 확연이 다른 모습이었다. 그러한 점에서 한국의 재의식에서 신도들의 역할이 없는 것은 밀교적 영향이 아닌가 하는 생각이 든다. 거기에다 마당에 괘불을 내어 걸고 나팔을 불며 커다란 북을 두드리는 가운데 의식무를 추는 것은 티베트 방식이지 중국이나 일본과는 확연히 다른 모습이어서, 필자는 진작부터 우리네 의례 방식을 텍스트(의례문)에만 의존할 것이 아니라 행위적 관점에서 살펴보아야 함을 주장해 왔는데, 일본의 불교의례를 보면서 그간의 생각에 더욱 확신이 들었다.

산젠인의 재자들 복색과 자태에서 황가의 기품이 느껴진다.

　산젠인에서 우란분 세가키 회향을 마치고 나면 교토 시내에서는 기온 마쯔리(祇園祇園祭)가 행해진다. 산젠인 시아귀 회향과 기온 마쯔리가 연결되는 일정이라 무언가 연관이 있을 것이라는 생각이 들어 알아보니, 예로부터 '기온'은 귀신들이 드나드는 길목이었다고 한다. 그리하여 이곳에서 장사를 하는 사람들이 귀신들에게 공양을 하던 것이 오늘날 기온 마쯔리였다. 그리하여 두 풍속을 연결해 보니, 황실에서는 사원에서 여법하게 스님들께 공양을 한 후 시아귀작법을 하였고, 민가에서는 귀신(萬靈)에게 공양한 뒤 잔치를 하였다.

천태 총본산 엔라쿠지는 사이초에 의해 시작되었지만 천태 쇼묘의 본격적인 교육과 연마는 엔닌 스님으로부터 시작되었다. 엔닌은 『입당구법순례행기』에서 산동적산원의 신라 사람들이 노래하는 범패 중 한낮에 하는 신라풍 범패가 일본의 것과 같았다고 하였다. 아마도 그와 같은 선율은 당풍이 유입되기 전 신라와 백제로부터 전승해 온 선율이었을 것이다. 국경이 바뀌어도 강물은 흘러가듯이 노래는 왕조가 바뀌어도 불리운다. 그러한 점에서 엔닌 이전의 신라풍 율조가 어딘가에 남아 있을 것이라는 생각을 지울 수 없다. 이번 여름에 여러 사찰을 다니며 들었던 선율 중 신라풍 범패와 연결되는 율조를 골라 본다면 민요조의 범패를 하였던 정토종 쇼조케인의 범패가 가장 가능성이 높다.

한국의 진감 선사와 엔닌 스님의 당풍 범패 전래를 비교해 보면, 진감 선사는 830년에 귀국한 이후 상주 남장사에 머물다 하동 쌍계사로 옮겨와 본격적으로 당풍 범패를 가르쳐 신라 전역에 전파되었다. 진감 선사가 귀국한 시기는 신라 말기였으므로 고려시대에 더욱 활발하게 전승되었을 테지만 고려 후기에 원나라를 통하여 티베트 불교가 들어와 변화를 겪었고, 조선시대에는 억불로 인하여 범음성이 약화되었으며, 일제의 사찰령으로 염불원이 폐지되었다. 그러자 범패를 담당하던 승려들의 설자리가 없어지며 세속화 내지는 예술화의 과정을 거쳤고, 오늘날 쌍계사에는 범패 전승의 맥이 연결되지 않고 있다.

이에 비해 엔닌은 848년 3월에 제자들과 함께 귀국하여 6월에 전등대법사위傳燈大法師位를 받고, 7월에 내공봉십선사內供奉十禪師에 보임되었으며, 854년 4월에 천태좌주天台座主, 864년 정월 14일에 입적, 866년 7월에 자각대사慈覺大師의 시호를 받았다. 일본도 가마쿠라시대에 송의 불교 전통을 배워오기도 했지만 엔닌 스님이 전한 당풍 범패는 엔라쿠지를 통하여 지금까지 계승되고 있다. 엔닌이 당나라에서 신라인의 범패를 들었던 때는 839년이므로 진감과 엔닌은 동시대에 당나라의 범패를 배웠는데, 오늘날 한국과 일본은 완전히 별개의 범음성을 전승하고 있는 듯이 보인다. 그러나 이번에 산젠인의 구조석장을 채보해 보니 서로 연결되는 코드가 전혀 없는 것은 아니었다.

●
7월 15일 저녁에 행해지는 기온 마쯔리 가마. 가마 위에 대형 마쯔리가 꽂혀 있고, 쌀알 모양의 등은 공양과 풍요를 나타내고 있어 사찰 오봉·세가키와 상통하고 있다.

●●
기온 마쯔리에서 기념품을 판매하는 아이들 (2019. 7)

5) 덴다이쇼묘의 상징 구조석장九條錫杖

일본의 양대 종파인 천태종의 종조 사이초와 진언종의 종조 구카이는 802년에 입당구법환학생(入唐求法還学生)으로 선발되어 804년에 함께 당나라로 가서 수학하였다. 당시 당나라에는 종파불교와 선불교뿐 아니라 밀교 전법이 왕성하였다. 이러한 구법 여정 중에 사이초는 순효順暁로부터, 구카이(空海, 774~835)는 불공(不空, 705~774)의 제자 혜과慧果로부터 밀교를 전수하였다.

이렇듯 양대 종조가 밀교 법맥이 강하므로 오늘날 일본 사찰에서 행해지는 의식을 보면 수인과 염주를 굴릴 때도 법의나 법포를 가려 행하고, 면수구결面授口訣에 의한 전승을 계율로 삼는 종단에서는 속인에게 쇼묘의 이치를 설명해 주지 않으므로 일반 학자는 아예 호기심도 생기지 않을 만큼 일반인들과 거리가 있다. 그러므로 일본 쇼묘 문헌은 대개 승려에 의해 이루어진 것이다. 그런데다 일본은 단가檀家를 관리하는 승가 풍토가 제각각이므로 그에 수반되는 쇼묘도 각각 다르다.

그러나 이들의 역사를 거슬러 보면, 교잔 오하라에서 엔닌이 가르친 쇼묘에서 분파해 간 것이므로 서로 연결되는 맥락이 있다. 일례로 신란의 증손자이자 혼간지(本願寺) 진종성명真宗声明의 3세인 카쿠뇨(覚如)는 『보은강식報恩講式』을 집필하며 삼례三礼 · 여래패如来唄 · 육종회향六種回向 · 가타伽陀를 실었는데, 이것은 오하라류 쇼묘에서 유래한 것이라 하였고, 2019년 필자의 조사에서도 나라 야쿠시지는 고야산, 일련종인 오사카신뇨지는 히에이잔이 자신들 쇼묘의 원류라고 하였다.

일본 쇼묘(声明)의 역사는 크게 세 시기로 요약할 수 있다. 구법승이 도래하기 전 백제와 신라로부터 유입된 초기, 엔닌 귀국 후 당풍 범패 전래와 각 종파를 통한 정착기, 근대 이후 창작 찬불가와 현대불교음악 시기이다. 한국 범패 역사에서 당풍 범패 이전에 고풍(범어 범패)과 향풍이 있었지만 당풍 범패 유입 이후 이전 범패의 존재감이 사라졌듯이, 일본에서도 구법승의 귀국 이후부터 백제와 신라 범패의 존재감이 사라졌다. 따라서 오늘날 일본의 쇼묘는 엔닌(円仁, 794~864) 이후의 당풍 범패를 실질적인 시작으로 보고 있으며, 그 중심에 덴다이쇼묘(天台声明)가 있다.

① 일본 범패의 시작 덴다이쇼묘

덴다이쇼묘를 최초로 전래한 사람은 종조 사이초(最澄, 767~822)이지만 실질적 전래자는 사이초의 제자 엔닌(円仁, 794~864)이다. 이어서 안넨(安然, 841~915)의 『실담장悉曇蔵』을 통한 의례율조와 범음 정립, 절대음감을 지녔던 죠조(浄蔵, 891~964)의 쇼묘 악곡에 대한 음률적 정리로 인해 쇼묘의 음악적 수준이 상승되었다. 이후 료닌(良忍, 1073~1132)에 의하여 야마시로 교잔 오하라(山城 魚山大原)에서 쇼묘가 집대성되었고, 교잔오하라가 덴다이쇼묘의 근본도량이 되었다.

덴다이쇼묘의 발전과 정비의 시기였던 가마쿠라(鎌倉, 1192~1333)시대에는 단치(湛智, 1163~1237?)의 아악이론을 바탕으로 쇼묘의 선법·박자·악곡구성을 정립한 『성명용심집声明用心

集』이 발간되었다. 또한 도다이지(東大寺)의 승려였던 교넨(凝然, 1240~1321)은 『성명원류기声明源流記』를 저술하며 료닌(良忍)·라이쵸(頼澄)·겐쵸(玄澄)·모로나가(師長)로 이어지는 계맥을 정리한 데 이어 단치나 슈카이의 악리에 기초한 『음곡비요초音曲秘要抄』를 펴냈다.

교토 도성에서 황실과 막역한 관계 속에 형성된 덴다이쇼묘는 궁중 아악과의 합주를 적극적으로 시도하여 어참법강御懺法講에서의 츠케가쿠(附楽, 궁중 악가무)를 행하거나 삼십이상三十二相과 산긴쵸큐라쿠(散吟打球楽)와 합주도 이루어졌다. 이 무렵 아악곡 15곡에 아미타여래의 정토를 찬탄하는 가사를 붙인 '극락성가極楽声歌'를 합주곡으로 연주하였으며, 극락정토를 찬탄하는 가사를 사이바라(催馬楽)의 선율에 얹은 번안곡(替え歌) 영창詠唱이 성행하였다.

전국시대부터 에도 초기는 전란의 시기였다. 이러한 가운데 분메이 8년(文明, 1476)에는 오닌의 란(応仁の乱)으로 황거皇居가 불타는 상황을 겪으면서도 황실에서는 오하라 교잔 죠로쿠도(丈六堂)와 고하나조노인(後花園院)에서 세이키(聖忌) 7회 법회와 어참법강御懺法講을 행했을 정도로 불교의례와 쇼묘는 황실 존속의 의지처였다. 19세기 접어들어서 가쿠슈(覚秀, 1817~1883)에 의해 덴다이쇼묘의 자료집성인 『어산총서魚山叢書』194권과 『성명조자사声明調子事』가 저술된 데 이어 20세기에 나카야마 겐유(中山玄雄, 1902~1977)가 스승의 선업을 총괄 정립하여 저술한 『어산성명전집魚山声明全集』·『천태상용법의집天台常用法儀集』·『천태법식작법

집天台法式作法集』까지 끊임없이 쇼묘에 관한 악리와 제반 법도가
정비되어 왔다.

② 종파불교와 덴다이쇼묘

오늘날 일본 각 종파의 쇼묘를 들어보면 차이가 크지만 이들 종파
의 초기 단계에는 그다지 차이가 없었다. 일례로 신란의 증손자이
자 혼간지 신슈쇼모(真宗声明)의 3세인 카쿠뇨(覚如)는 『보은강식
報恩講式』에 삼례三礼·여래패如来唄·육종회향六種回向·가타伽陀를
실었으며 "오하라류 덴다이쇼묘에서 유래한 것"이라고 하였다. 분
메이(文明) 5년에는 혼간지 8세 렌뇨(蓮如)가 쇼신게 와산(正信偈和
讚)을 담은 『근행본勤行本』을 개판하고, 『진동고실전래초真宗故実伝
来鈔』를 펴냈는데, 이때 "류겐(龍玄)을 오하라 교잔(大原魚山)에 파
견해 와산(和讚)의 악보를 습득하였다"는 기록이 전한다.

  종파에 따라 쇼묘의 용어와 행법에도 차이가 있는 일본 쇼묘
를 간단히 말하기는 불가능하다. 이러한 중에 종파와 지파를 아우
르는 큰 갈래는 범찬梵讚·한찬漢讚·화찬和讚이다. 범찬은 불보살
의 덕을 찬탄하는 범어로 된 찬인데, 의례문에서는 이들 가사가 한
문으로 음사되어 있다. 한중일 모두 범어로 된 진언·다라니와 같
은 범어범패가 있으나 찬탄의 뜻을 노래하는 범찬은 일본에만 있
다. '한찬'은 한문 가사로 된 쇼묘의 전반적인 것을 지칭하는 것으
로 한국의 홑소리, 짓소리와 같이 의례문과 게송 율조를 총칭하고,
협의의 한찬은 '사지찬한어四智讚漢語' '길경한어찬吉慶漢語讚' 등과
같이 일정한 시형을 지닌 찬가이다. 화찬은 일본에서 창작된 범패

를 지칭하는 것으로 주로 종조나 종파 및 사원을 찬탄하는 내용이다. 특히 화찬범패가 많은 종파는 민중 신앙을 지향하는 정토종이다. 정토종에서는 의례 중에 민요조의 찬讚과 염불조를 적극적으로 활용한다. 한편, 일본어 가사로 된 것으로 에이가(詠歌)가 있는데, 이는 포교용 찬불가로써 범패의 장르에 들지는 않으나 일본 사람들에게 인기있는 불교성악 장르이다.

③ 일본의 용상방 착정差定

한국 사찰에서 큰 재를 지낼 때면 각 부분을 맡은 승려의 이름을 용상방에 표시하여 걸어둔다. 이러한 역할이 일본에서는 더욱 철저히 지켜진다. 그들은 종파에 따라 신행 양상, 의례 절차, 설행 방식, 직계와 의례 역할에 따라 승려의 장속裝束이 다르듯 쇼묘의 용어와 실행 방법에도 차이가 있다. 이러한 데에는 각 지파마다 자신들의 고유성을 살리기 위해서 의도적으로 차이를 두는 경우가 많다. 몇 가지 예를 들면, 의례 설행을 총괄하는 스님을 정토종 쇼조케인(淸淨華院)에서는 이나維那, 일연종日蓮宗 신뇨지(眞如寺)는 긴자(金座), 진언종은 쇼토(正頭), 천태종은 샤쿠조시(錫杖師)와 바이노쿠(唄匿)라 하였다. 또한 이들의 역할에도 작지만 차이가 있어 병치해서 설명하기도 어렵다.

2019년 7월 15일 산젠인의 우란분 시아귀회의 착정(差定, 한국의 용상방)은 크게 두 부분으로 구성되었다. 예반禮盤의 좌우에서 쇼묘와 송경을 하는 8인의 어산단, 의례 전반을 관망하며 설행을 관리하는 회행사會行事 5인에 의례를 주제하는 인도引導스님과 인도

스님을 보좌하는 내리(內裏)까지 15인으로 짜여졌다. 인도는 사찰 주지나 총림의 수좌스님이 맡고, 한국의 증명법사와 같은 회행사의 예하에는 의례 절차에 필요한 의물과 법구 등 의례 진행을 수반하는 행사行事가 2인, 승단 및 대중의 등퇴장과 개폐회식에 이르는 제반 과정을 진행하는 승임僧任이 2인이었다.

　어산단은 송경을 선창하는 시경사始經師, 석장범패를 이끌어 가는 석장사錫杖師, 특정 쇼묘를 선창하는 찬두讚頭, 인도引導의 작법 및 의례문 절주를 짚어주는 뇨사鐃師, 쇼묘의 절주를 짚어 주는 발사鈸師, 울력소리를 하는 동음승同音僧으로 구성되었다. 시경사는 법랍이 높은 사람이 맡으며 석장사와 찬두는 쇼묘의 성음에 내공을 갖춘 사람이 맡는다. 법기 타주에 있어서는 인도의 작법 절주를 짚어주는 뇨사의 비중이 컸으며, 발사는 쇼묘의 전반적인 반주를 맡았다.

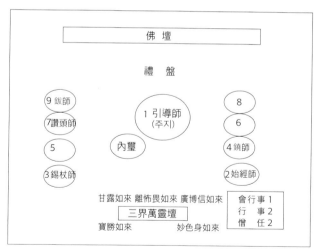

산젠인 설단과 차정差定의 배치도

④ 일본 쇼묘의 악리

일본은 한국과 마찬가지로 중국의 율정과 악론樂理을 받아들였지만 실제 음악과의 괴리가 생겨나면서 일본식 음계이론을 재정립하였다. 선법은 료쿄쿠(呂曲)·리츠쿄쿠(律曲)·쥬쿄쿠(中曲)의 세 종류가 있다. 궁중악의 음계·선법·조시(調子)의 세 원리는 쇼묘에 그대로 적용되었다. 이에 대하여 엔라쿠지에서 쇼묘를 강의하는 한 스님의 설명을 들어보니, "로쿄쿠는 서양음악의 단조와 연결되며 나머지 리츠쿄쿠와 쥬쿄쿠는 장조와 연결된다"고 하였다. 이와 달리 고야산 진언종의 쇼묘는 '료쿄쿠'와 '리츠쿄쿠'에 각각 2종류 그리고 쥬쿄쿠 한 가지, 이렇게 총 다섯 가지 악조를 쓰고 있었다. 실제로 승려들 사이에서는 이치코쓰조(一越調)~반시키조(般涉調)와 같은 고전 용어는 거의 쓰지 않고 약칭을 쓰며 율명도 약자 부호를 사용하였다.

일본에는 일찌감치 쇼묘의 선율을 나타내는 악보 하카세(博士, 네우마)가 쓰여 왔다. 이는 "나라 시대 때 당나라에서 들어온 것을 그대로 활용하고 있다"는 것이 일본 승려들의 공통된 설명이었다. 하카세의 실제 용례를 보니 종파에 따라 차이가 있었다. 이를 증명하듯, 고야산 진언종 승려에게 천태종의 하카세를 보여주니 "잘 모르겠다"고 하였다. 이러한 데에는 종파와 지파에 따라 각각 다른 쇼묘 전통을 계승해 온 일본 특유의 승풍이 자리하고 있다.

일본 쇼묘의 양대 산맥을 이루는 천태종의 종조 사이초(最澄, 767~822)와 진언종의 종조 구카이(空海, 774~835)는 같은 시기에 당나라를 다녀왔다. 그러나 궁중 아악과 병행하여 화려한 선율을 구사한 천태종은 선율의 장식음과 음악적 변화가 좀 더 많이 이루어진 데 비해 고야산 진언종은 범패의 종교적 목적과 성악적 기량에 집중함으로서 하카세의 복잡성이 천태종에 비해 덜한 편이었다.

　종파를 넘어 공통된 특징을 보이는 하카세는 가마쿠라 이전, 5음 표시에 중점을 둔 것, 선율 표시에 중점을 둔 것 등 3종이 쓰여 오다 현재는 각 종파에서 자체적으로 수정 보완한 개량형 하카세를 쓰고 있었다. 그러나 실제 악보(하카세)와 실창에서의 선율에 차이가 있는 경우도 있어 학습과정에서 의례문에 임의로 표시해 가며 익히는 것을 여러 승려들의 의례문에서 확인한 바 있다.

　각 종파에서 펴내는 의례문은 기본적인 조시만을 표시한 하카세와 시김새를 상세히 표시한 하카세본 등 단계별 버전이 있다. 〈사진 1〉은 진언종 의례문 중 가장 기본적인 표시를 한 하카세이다. 이 하카세에서 초중初重·이중二重·삼중三重을 표시하고 있는데, 이는 음역을 나타내는 것으로 대금의 저취·평취·역취와 같다. 각각의

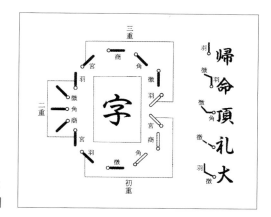

〈사진 1〉 고야산
진언종의 하카세

율명 중에 흰색으로 표시한 것은 사람의 목소리로 낼 수 없는 음을 나타내고 있다.

⑤ 덴다이쇼묘를 대표하는 구조석장

석장범패는 엔닌이 당나라에서 귀국한 후 제자들에게 가르친 데서 시작되었다. 진언종에서도 구조석장九條錫杖을 노래하지만 전반적인 맥락이 동일한 가운데 종파의 교지를 드러내는 내용에서 차이가 있다. 석장범패의 종류는 선율과 가사에 따라 4가지가 있다. 엔닌이 당나라에서 배워 와서 가르친 것은 장음長音 구조석장이었고, 절음切音은 선율을 좀 더 짧게 짓는 것이었다. 그러한데도 제1조부터 일곱 조를 짓는 데 거의 30분이 소요되었다. 이러한 점에 미루어 장음 석장을 창화하는 데 얼마나 긴 시간이 소요되는지 짐작해 볼 수 있다. 옛 기록에 도다이지 어참법회에서 범패를 한 스님이 만 명에 이르렀다는 기록과 같이, 종일 혹은 수일간에 걸쳐 이루어지는 법요가 아니고는 장음 구조석장은 듣기 어려울 것으로 보인다. 구조석장의 또 하나의 종류는 가사에 의한 것으로 삼조석장과 구조석장이 있다. 삼조석장의 가사는 구조석장의 1·2·9조와 거의 동일하지만 선율은 다르다.

삼조석장三條錫杖 : 제1~제2구 찬두 Solo, 제3~제8구 동음 합송 (구조석장 1장과 같음)

手執錫杖 當願衆生 設大施会 示如實道 供養三寶 設大施会 示
수 집 석 장 당 원 중 생 설 대 시 회 시 여 실 도 공 양 삼 보 설 대 시 회 시
如實道 供養三寶
여 실 도 공 양 삼 보

석장곡錫杖曲은 지정된 부분에서 석장을 흔드는 작법이 있다. 초장과 종장은 3번, 중간의 각 장에는 2번씩 흔드는데, 이는 단순히 흔드는 것이 아니라 엄격한 법도가 있다. 우란분이나 시아귀회와 같은 작은 법요에서는 한 손으로 잡히는 작은 석장을 쓰지만 시카호요(四箇法要)와 같은 대형 법요에서는 남자의 키보다 큰 대석장 大錫杖을 양손으로 흔들어 장엄성을 드러낸다. 대석장 작법은 엔라쿠지(延曆寺)의 동탑서곡東塔西谷에서만 설행되는 것으로 석장 작법을 전수를 받은 사람이 아니면 석장을 잡는 것조차 허락되지 않는다. 이 외에도 석장 작법에는 두석장兜錫杖과 도석장都錫杖 등 교학적 의미와 쇼묘 영역에서 중요한 의미가 있다.

각 종단에서는 간단한 출음 표시를 한 과송본課誦本과 상세한 하카세를 표시한 승려 전용 의문집을 사용하고 있었다. 〈사진 2〉는 『태종과송台宗課誦』 중 제1조의 시작 부분과 제9조의 시작 부분을 제시하였다. 각 자(字)에는 해당 음고가 짧은 선으로 표시되어 있고, 한 단락(條)에는 삼진三振 혹은 이진二振으로 석장 작법을 표시하고 있다. 제1행의 세 번째 구 설대시회設大施会 가사 앞에는 동同이라 표시되어 있는데, 이는 대중 합창을 지시하는 약자이다. 제9조의 시작 부분 과거제불 過去諸佛 가사 위에는 차단치음此段徵音이라는 표시가 있는데, 이는 변조가 되는 지점을 나타낸다. 이와 같이 『과송본』에서

〈사진 2〉『과송본』에 표시된 하카세
구조석장 제9조와 제1조의 시작 부분

본 곡의 여러 정보를 읽을 수 있지만, 이러한 표시로는 실창(實唱)에 있어서 동음(同音, 대중 합송)으로 여러 승려가 균일한 음을 내기는 불가능하다. 그러므로 어산단 승려들은 보다 상세한 하카세가 표시된 〈사진 3〉과 같은 의례문을 사용하고 있었다.

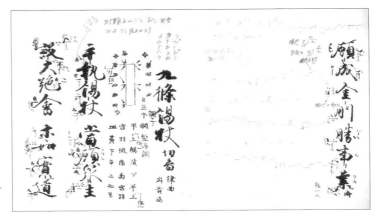

〈사진 3〉 승려 전용 하카세

〈사진 3〉의 의례문은 산젠인(三千院)의 한 스님이 자신의 의례집에 하카세와 조시(調子) 등의 내용을 표시하여 필자에게 설명해 보인 자료이다. 위 의례문을 보면 구조석장의 제목 아래 기리고에(切音)·리츠쿄쿠(律曲)·슈톤고(出音高)·반시키조(般涉調)라는 표시가 있어 의문을 어떤 선율로 지어야 할지 상세하게 알려준다. 의례와 쇼묘의 관계를 보면, 잇카호요(一箇法要)의 뇨라이바이(如来唄)'를 단음으로 하고, 시카호요(四箇法要)에서의 뇨라이바이는 길게 짓는다. 천태종(天台宗)에는 잇카호요(一箇法要)와 시카호요(四箇法要)가 있다. 잇가호요에는 바이(唄)만을 부르는 데 비해 시카호요(四箇法要)는 바이(唄)·산게(散華)·본논(梵音)·샤쿠조(錫杖)의 4가지 범패

를 모두 갖추어 설행한다.

일본 의례 역사 중 시카호요의 가장 장중하면서도 오래된 기록은 도다이지(東大寺)의 대불개안회大仏開眼会이다. 도다이지는 나라시대의 사찰로, 당나라 구법승이 귀국하기 이전 신라 불교의 영향이 크다. 일본 사람들이 "시카호요는 당풍 범패 전래 이후의 것이므로 한반도 범패와 무관하다"고 일러준다고 해서 그들 말만 들을 것이 아니라 우리 역사와 관련하여 객관적인 사실 조명이 필요하다.

승려들 중에는 "천태종에서는 시카호요를 하고, 진언종에는 니카호요(二箇法要)를 한다"는 사람도 있었다. 그러나 동경국립국장에서 천태종의 엔라쿠지와 진언종의 곤고부지 공연을 보니 두 사찰 모두 '시카호요'라고 표기하고 있었다. 그렇다고 앞서 설명한 승려가 잘못 안내한 것도 아니었다. 그것은 일반적으로 행해지고 있는 것을 일러준 것이었다. 이러한 양상을 통해서 천태종은 좀더 규모가 큰 의례를 행하고 고야산은 다소 단출한 의례 면모를 짐작할 수 있다. 이는 천태종이 궁중의례를 수행하면서 규모가 크고 화려해진 일면을 짐작하게 하는 대목이기도 하다.

의례의 외양뿐 아니라 쇼묘 실창에도 여러 가지 차이가 있다. 덴다이쇼묘에서는 죠인(長音)이 기리고에(切声)와 단음短音과 대칭되는 용어이지만, 진언종의 지산파智山派·풍산파豊山派의 오회五悔·구방편九方便의 악리에서는 박절적拍節的인 창법을 말하기도 한다. 그런가 하면 논의論儀와 같은 의례에서 간단한 선율이 붙어 있는 구句를 '도리아게(取り上ゲ; 문서를 취하다)'라고 하며, 복창할 때에

그 선율을 간략하게 거의 억양 없이 읽는 것을 '기리고에로 채택하다(切声で取り上げる)'라고 하는 경우도 있었다.

⑥ 천태종의 교의를 충실히 담고 있는 구조석장 가사

구조석장 가사는 4언 절구로써, 1조에서 3조까지는 법회를 여는 개회 발원, 4조부터 5조까지는 자비 발원, 6조부터 8조까지는 참회와 권선, 마지막은 제불 공경 및 찬탄으로 맺고 있다. 『태종과송台宗課誦』에 수록된 가사를 내용별로 정돈해 보면 다음과 같다.

〈표5〉 구조석장의 가사와 내용

第1~3條
手執錫杖 當願衆生 設大施会 示如實道 供養三寶 設大施会 示如實道 供養三寶 (三振)
以淸淨心 供養三寶 發淸淨心 供養三寶 願淸淨心 供養三寶 (二振)
當願衆生 作天人師 虛空滿願 度苦衆生 法界圍繞 供養三寶 直遇諸仏 速證菩提 (二振)

第4~5條
當願衆生 眞諦修習 大慈大悲 一切衆生 俗諦修習 大慈大悲 一切衆生 一乘修習 大慈大悲 一切衆生 恭敬供養 仏法法寶 僧寶一體三寶 (二振)
當願衆生 檀波羅密 大慈大悲 一切衆生 戶羅波羅密 大慈大悲 一切衆生 羼提波羅密 大慈大悲 一切衆生 毘梨耶波羅密 大慈大悲 一切衆生 禪那波羅密 大慈大悲 一切衆生 般若波羅密 大慈大悲 一切衆生 (二振)

第6~8條
當願衆生 十方一切 無量衆生 聞錫杖聲 懈怠者精進 破戒者持戒 不信者令信 慳貪者布施 瞋恚者慈悲 遇癡者智慧 驕慢者恭敬 放漫者攝心 具修萬行 速證菩提 (二振)
當願衆生 十方一切 邪魔外道 魍魎鬼神 毒獸毒龍 毒蟲之類 聞錫杖聲 摧伏毒害 發菩提心 具修萬行 速證菩提 (二振)
當願衆生 十方一切 地獄餓鬼畜生 八難之處 受苦衆生 聞錫杖聲 速得解脫 惑癡二障 百八煩惱 發菩提心 具修萬行 速證菩提 (二振)

過擧諸仏 執持錫杖 己成仏, 現在諸仏 執持錫杖 現成仏,
未來諸仏 執持錫杖 當成仏
故我稽首 執持錫杖 供養三寶, 故我稽首 執持錫杖 供養三寶 (三振)

산젠인 시아귀회施餓鬼会에서는 7~8조의 가사는 건너 뛰어 제9
조로 넘어가 창화하였다. 이들 창송에 소요된 시간은 1조를 부르
는데 약 7분 37초였고, 이하의 악장도 가사의 길이에 의해서 창송
시간이 달라질 뿐 선율 자체의 템포가 변하지는 않았다. 한국의 범
패가 상·중·하단으로 가면서 점차 빨라지는 율적 패턴이 있는 것
과 대조적인 모습이었다.

⑦ 의례에서의 구조석장

산젠인 시아귀회에서 구조석장을 창화하는 것을 보니, 제1조의 가
사 중 2구 "수집석장 당원중생手執錫杖 當願衆生"의 가사를 석장사
가 선창하고, 동음同音이라 표시된 부분부터 대중승이 합송하였다.
이때 석장사와 동음승의 선율은 하카세(악보)에 표시된 음을 정확
하게 내므로 여러 사람이 함께 노래해도 어긋나는 부분이 없었다.
어산단 8인이 무박절의 멜리스마 선율을 동음으로 노래하는데 한
치의 어긋남이 없는 것은, 이들이 모두 같은 강원에서 익히는 교육
체계가 있는 데다 연중 의례나 큰 행사는 산젠인에 모여서 행하기
에 가능한 일이다. 선율을 맺을 때는 마지막 구句인 공양삼보供養三
寶의 시작부터 석장을 세 번 흔들어 매듭짓고, 이어서 석장사의 솔
로로 제2조를 시작하였다.

제1조에서 석장사가 두 구(8자)를 선창하던 것과 달리 제2조부터는 "이청정심以淸淨心의 한 구(4자)만을 선창하고 동음(합송)창화가 이어졌다. 제2조의 마지막 구절인 공양삼보供養三寶에서는 마지막의 '보寶'에 이르러 석장을 두 번 흔들었다. 이러한 방식은 이후 계속되는 악장에서도 마찬가지였다. 중반에 접어든 "고아계수집지석장 공양삼보故我稽首 執持錫杖 供養三寶"는 두 번 반복되는데, 이 대목의 첫 행의 종지에서는 저음으로 내려가 공경·공양의 예를 표현하였다. 이는 영남범패 중 불보佛寶에 대한 지극한 공경을 드러내는 '지심신례'에서 최저음의 선율을 구사하는 대목을 연상시켰다. 마지막 종결구는 집지석장의 중간부터 석장을 흔들기 시작하여 공양삼보까지 세 번 흔들어 대단원의 막을 내렸다.

⑧ 궁중악과 한 길을 걸어온 덴다이쇼묘

전통적으로 황실 행사를 맡아온 천태종이므로 엔라쿠지에는 아악단이 있다. 어참법회와 같이 천황이 참석하는 의례에는 다이코(大鼓)를 비롯한 궁중 아악기가 수반되어 화려하고 장대한 분위기가 연출된다. 그러나 우란분 시아귀회와 같은 사찰 내 의례에서는 석장의 지휘에 바찌(鈸)와 뇨鐃가 수반되었다. 의례 전반에 수반되는 법구를 보면, 인도引導스님이 의례의 시작과 맺음에 쓰는 케(磬)를 비롯해 법령·금강저·염주 등이 쓰였다. 삼계만령단三界萬靈檀에서 묘색신여래를 비롯한 오여래 염불 때에는 바찌(鈸)와 뇨鐃가 염불의 절주를 잡아주었다. 그러나 구조석장에는 석장사의 석장 작법만이 수반되었다. 석장을 일진一振할 때마다 짧은 타점 세 번 후

길게 흔드는 방식으로 세 번(三振) 혹은 두 번(二振) 반복하였다.

구조석장 쇼묘를 창화하는 데 소요된 시간은 30분 정도였다. 시아귀회 전체 의례가 1시간 20분 가량이었던 것에 비추어 보면 구조석장은 의례 전반에 걸쳐 창화된 것이다. 이렇듯 의례 전반에 걸쳐 구조석장이 창화되므로 의례의 타이틀에서 구조석장이라는 부제목을 표시하였다. 창송 과정을 보면 제1조를 시작하여 제7조~제8조를 건너뛰고 제9조를 하였으므로 총 7조를 창화하는데 소요된 시간이다. 석장쇼묘가 창화되는 동안 인도스님은 의례문을 염송하고, 수인과 법구로 작법을 하였다.

종파의 구분이 거의 없는 데다 문화재 활동으로 개방적인 한국 의례 현실과 달리 일본의 불교의례는 철저하게 종교적 성역聖域이 지켜지고 있다. 또한 한 종파 내에서도 지파에 따라 쇼묘의 전승 라인이 다르므로 대형 법회가 열리면 특정 악곡은 각 파트를 분배

어산단 승려들에게 의물儀物과 의문儀文을 배당하고 있다. 뒷모습의 스님이 석장사錫杖師, 맞은편 신도들 앞에 앉아 있는 스님이 뇨사鐃師이다.

하여 연창할 정도이다. 이처럼 각 종파와 지파에 따라 쇼묘의 용어와 악리의 실상이 달라 일본의 쇼묘에 대한 연구는 그야말로 난맥 중의 난맥이다. 그러나 우리네 잃어버린 전통의 모습을 그들의 의례에서 추정해 낼 수 있는 가능성이 있기에 반드시 관심을 가지고 연구해야 할 대상이다.

인도스님이 의례를 주제하는 케(磬)

● 발鈸. 한국의 자바라와 같은 법구이나 모양과 타법에 차이가 있다.

●● 의례집(왼쪽)과 뇨(鐃 오른쪽). 뇨는 실타래를 말아서 치므로 부드러운 소리를 낸다. 인도스님이 의례문을 낭송할 때 단락을 짚어주는 등 석장사 다음으로 비중이 크다. (2019. 7)

1) 티베트 사원의 정월 의례
깐수성 샤허현 라브랑스

대만, 중국, 일본을 다니며 범패와 응문불사, 창작·예술음악까지 다양한 불교음악의 양상을 보았지만 그 어디에도 한국처럼 의례 중에 작법무를 추는 경우는 없었다. 혹자들은 중국에도 불교무용이 많다고 하겠지만 불교음악과 범패가 다르듯이 의례무와 일반 불교춤은 다르다. 중국의 양무제가 "궁중무를 불교무용으로 삼았다"는 기록이 있지만 그것은 불교무용이지 작법무는 아니다.

인도부터 한국에 이르는 여러 루트를 조사해 본 결과 티베트에 의식무儀式舞가 있음을 알게 되었다. 그래서 라싸대학의 한 지인을 통해 알아보니 "요즈음은 '참'의식이 중단되었으므로 그것을 볼 수가 없다"고 하였다. 그리하여 자료만이라도 구하고자 2007년 여름에 티베트 일대를 둘러보았다. 언제라도 '참'이 행해지면 알려달라는 부탁을 해 놓고 귀국을 하였다. 바로 그해 겨울, "올해는 참 설행을 허가해 준다"는 연락이 왔다.

'참'이 열린다는 발표에 현지에서 소식을 전해주던 친구도 신이 났다. 티베트 최초사원인 삼예를 비롯하여 뫼주린사원 닝마파의 '체쥬참', 샤카파의 도데참에 대한 일정까지 정리해서 메일을 보내왔다. 그리하여 각 분야의 전문가들로 탐사팀으로 꾸려 출발하였다. 미리 도착하여 라싸와 체탕 융부라캉 등 주요 유적을 먼저 둘러보며 고산증에 적응해 가고 있었다. 그러던 중에 급한 연락이 왔다. "참을 불허한다"는 통보였다.

이럴 거면 좀 미리 알려줬어야지. 나중에 알고 보니 미리 통지를 하면 그에 대한 반발 움직임이 있을 수 있어 날짜가 임박해서 발표가 된 것이었다. 부랴부랴 일정을 변경하여 샤허현으로 촬영지를 옮기게 되었으니, 그때가 양력으로 2월 7일, 티베트력으로는 정월이 막 시작되던 무렵이었다. 라싸에서 칭장열차를 타고서 촬영 장비며 급하게 꾸린 짐꾸러미를 바라보니 전쟁터에서 피난 가는 심정이 이럴까 싶었다. 불안하고 황망한 나그네의 심정과는 달리 창밖은 어찌 그리 무심하고 평온한지 참으로 야속하였다.

한참을 멍하니 차창을 보고 있는데, 저만치 들판에 오체투지를 하며 라싸를 향해 오고 있는 순례객이 있었다. 한 달 아니 몇 달을 자갈길, 흙탕길 위에 삼보일배를 하며 와서 정월의례에 참례하고 돌아가는 순례자였다. 중국과의 충돌이 점차 잠잠해지고 다소 평안해져 '참'의례를 할 수 있게 되었으니 차창 너머로 심심찮게 오체투지 순례자들이 보였다. 춥고 매서운 겨울 들판을 오체투지하며 오는 사이에 머리는 산발이요 옷은 덤불인지 흙인지 분간이 안 될 정도였다. 그나저나 저들이 조만간 "의례가 취소되었다"는 소식을 듣게 될 텐데, 그들의 심정을 생각하니 우리들의 어긋난 스케줄과는 비교가 안 되는 참혹한 심정에 만감이 교차하였다.

지난 여름에는 조캉사원 인근 게스트하우스에 머물렀다. 그때 아침마다 한 손에는 염주 한 손에는 마니차를 돌리며 꼬라(도량 순행)를 도는 사람들을 보았다. 이른 아침 차를 타고 교외로 나가다 보면 동서남북에서 조캉사원을 향해 염주와 마니차를 돌리며 걸어오는 사람들이 마치 도시의 지하철역에서 메트로폴리탄을 향해 빽

제3장

티 베 트 불 교
의례와 악가무

라싸 조캉사원 대웅전 위에
조성된 법륜

투뵈의 전성기에는 몽골, 중국 대륙, 네팔, 인도 북부에 걸쳐 티베트 영토가 확장되었다. 서북 아시아 고산지대의 대부분 지역에서는 티베트 불교를 신봉하고 있으므로 중국 불교와 대칭을 이룰 정도로 티베트 불교문화가 확산되어 있다.

1. 티베트 본토와 중국령 티베트사원의 불교의례

티베트의 호법 의식 '참'은 티베트 불교를 대표할 수 있을 만큼 화려하고 장엄한 의례이다. 민족적 의례 성격이 강하므로 중국 정부의 통제를 받고 있는 오늘날 티베트 본토에서는 설행할 수 없는 형편이어서 깐수성 고산지대 라브랑스의 참을 촬영하고, 라싸에서 행해지는 불교교화 창극 아체라모, 라싸 인근 즈쿵사원 조장의 실제 모습을 담았다.

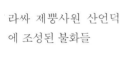

라싸 제뿡사원 산언덕에 조성된 불화들

빽이 모여오는 사람들과도 같았다. 그런 날들이 하루의 예외도, 어떤 지역의 차이도 없었으니 "대체 종교의 힘이 무엇일까?" 하는 생각이 들었다. 매일의 순례가 이 정도이니 설날에 행해지는 대대적인 '참 의식'에서 민중 봉기가 발생하는 사태에 대해 중국 공안이 느끼는 공포감(?)을 짐작할 만도 하였다.

하루 밤을 칭창열차에서 보내고 다음날 이른 아침에 칭하이역에 내리니 북경 세미나에서 룸메이트였던 칭하이 방송국의 만당리에(满当烈) PD와 촬영팀, 역시 북경에서 만났던 칭하이 사범대학의 두어런 교수 등이 제자들과 함께 피난민을 맞이하듯 우리 일행을 맞았다. 따뜻한 차와 음식을 나누며 앞으로 보게 될 샤허의 라브랑스에 대한 얘기를 들으면서 그간 얼어붙었던 마음이 다소 누그러졌다. 식사를 마치고 눈 덮인 들판, 무슬림들의 마을 등 곳곳을 지나며 하루 종일 걸려 샤허 마을 어귀에 도착했을 무렵에는 어둑어둑 해가 저물고 있었다.

컴컴해진 들판과 달리 시내로 접어들자 곳곳에 켜진 불빛 사이로 오가는 사람들의 모습에 눈이 휘둥그레졌다. 여인들은 머리에 족두리를 두른 듯 뒤로 넘긴 띠에는 어마어마한 장식이 달려 있다. 사찰에 보시를 얼마나 하는가, 아내의 장식이 얼마나 크고 화려한가로 티베트 남자들의 능력을 가늠한다니 그 장식들이 예사로운 것이 아니었다. 남자들은 비단으로 장식한 두터운 가죽 코트를 입었는데 허리에는 장검裝劍까지 차고 한껏 멋을 냈는지라 거리가 온통 거대한 패션쇼장과 같았다. 이것이 바로 티베트 사람들의 정월 풍경일 텐데, 이들의 도성 라싸는 외국 관광객들의 평범한 일상

설날을 맞은 라브랑 여인들, 머리와 허리에 어마어마한 장식을 하고 있다.

으로 방치되어 있었으니 떠나온 나그네의 가슴도 미어졌다.

　티베트 영토는 아시아 대륙 서북부 전역에 걸쳐 있었으므로 현재의 중국 지도에 표시된 티베트자치구는 한정된 행정구역일 뿐이다. 해발 3~4천 미터의 고원, 광활한 초원과 비옥한 토지로 이루어진 라브랑은 티베트 자치구에서 벗어난 지리적 여건으로 회족, 한족, 티베트족이 혼재되어 있어 중국 공안의 위압이 다소 덜한 가운데 티베트 고유의 문화와 전통을 이어오는 인구가 지배적이라 '작은 티베트'로 불리우고 있다.

　초대 활불 라마인 아왕쵄쥐에 의해 1710년에 창건된 라브랑스는 티베트어 '라장'을 음역한 이름으로 '부처의 궁'이라는 뜻을 지니고 있다. 본래 이름은 '라장자시키'였으나 줄여서 '라브랑스(拉卜楞寺)'로 불렸으며, 세월이 흐르면서 라브랑사원이 관할하는 지역 이름이 되었다. 라브랑스는 겔룩파의 6대 사원 중의 하나로, 티

라브랑의 멋쟁이 남자들

보검을 내 보이는 사람

베트 본토를 제외한 지역의 사원 중 가장 큰 규모의 총림이다. 6개의 승원으로 구성된 총림에서는 의학·음악·경전 등 제반 교육이 이루어지고 있었다. 창건 당시에는 4,000여 명의 승려가 수학하였으나 2008년 2월 당시에는 약 1,500여 명의 승려가 거주하고 있었다.

2008년 라브랑스의 신년의례는 티베트력 정월 초삼일부터 시작하여 정월 17일까지 보름간 행해졌다. 초삼일부터 닷새 동안은 불공을 드리는데, 불공 중의 송경은 경전의 단락마다 북과 작은 자바라인 '솜샬'과 '실냠'을 치고, 의식용 나팔인 '걀링'을 불었다. 닷새 동안의 기도를 마치면 다음날 방생을 하고, 그 다음날은 거대한 탕카의식이 이루어진다. 이러한 의례 순서에는 참회와 자비를 실천한 이후라야 부처를 만날 수 있다는 메시지가 담겨 있다.

열흘간의 기도를 마친 다음날 수십 명의 승려가 탕카를 메고 산언덕으로 올라가 펼치고 라브랑스의 총법태(法台) 라마의 주재로 염송과 축원을 하는 의식이 이루어졌다. 이때 전 세계에서 모여든 수천 명의 관중들로 온 고을이 들썩였다. 탕카로써 부처를 만난 다음날 불법을 수호하기 위해 온종일 참무를 추고, 보름날에는 수요우화공등회酥油花展供燈會가 열렸다. '수요우화'는 "야크버터로 불보살을 조각한 화환"을 의미하는 티베트어를 한자로 음사한 것이다. 이 행사는 한국에 연등회로 알려져 있으나 실제로 보니 대경당을 비롯해 여섯 승원의 주불主佛을 야크버터로 조각하여 걸고 등불을 밝히며 찬탄과 기도를 바치는 의식이었다.

각 승원의 주불은 석가모니불, 비로자나불, 미륵불, 약사불, 호법

라브랑스 마당에서 신
년법회를 열고 있는 스
님들. 높은 단 위의 가
운데에 총법태 라마가
있다.

신, 그리고 티베트에 불교를 전한 파드마삼바바와 겔룩파의 개조
開祖인 쫑카파로 구성되었다. 낮에는 이 공등회를 위한 송경의식과
법회를 열고, 법당에서는 망자의 이름이 적힌 하얀 지첩을 읽어내
려 가며 천도의식을 행하기도 하였다. 저녁이 되어 보름달이 뜨고
화려하게 장식된 야크화환에 등불이 켜지자 모여드는 군중들의 모
습이 마치 불빛을 향해 몰려드는 나방같아 보였다. 승려들은 보름
달을 향해 염송하느라 요란하였고, 마지막 날은 미륵행렬이 이루
어졌다. 이러한 의례를 겉으로만 보면 너무도 많은 구경꾼들이 몰
려다녀서 전쟁터 같기도 하고 주술이나 푸닥거리 같기도 하지만,
그 내밀한 의도를 살펴보면 과거·현재·미래에 이르는 불교적 사
상이 잘 배열되어 있어 의례를 접하는 수천 명의 관중들이 모두 각
각의 공덕과 인연에 따라 이 환상적 드라마의 주인공이 되게 하는
마력을 지니고 있었다.

법회에 모여든 사람들

귀국한 직후에 중국 정부와의 충돌이 폭발하였다는 소식이 들려
왔다. 봉기의 도화선에는 잔뜩 기대하였던 '참'의례가 무산된 것에
대한 반감도 적잖이 작용하였다. 지난 여름 라싸에서 묵었던 바로
그 게스트하우스 앞에서 봉기가 시작되어 수많은 승려와 시민들이
희생되었고, 수천 명의 시위자들이 운집한 라브랑스 마당에는 군
의 탱크까지 밀려들었다는 뉴스도 있었다.

티베트의 도성인 라싸에서 한족들은 번듯한 점포에서 물건을 팔
고, 그 땅의 주인인 티베트 사람들은 난전에서 장사하는 모습을 보
았다. 1달러짜리 목걸이며 기념품을 팔던 그 사람들이 어찌 되었
는지, 설빔을 차려입고 탕카를 향해 모여들던 라브랑 사람들이 탱
크 앞에서 어찌 되었는지, 검은 흑포 사이로 눈빛을 마주치며 설레
었던 스님들과 해골 탈을 쓰고 앙증맞게 춤추던 동자승들, 눈이 얼

어붙은 언덕에서 맨살이 보이는 승복을 입고 탕카를 펴던 스님들은 어찌 되었는지. 아무리 애를 써도 닿을 길이 없어 마치 가위 눌린 듯한 나날을 보내야 했던 그때의 심정을 십여 년이 흐른 지금에야 글로 써 볼 엄두를 내어본다.

2) 티베트의 탕카의식과 한국의 괘불이운

2008년 티베트 봉기에 "불교의식을 못하게 한 것도 중요 원인 중 하나였다"는 말에 과대한 해석이라고 생각하는 사람들도 있을 것이다. 그래서 시간을 잠시 거꾸로 돌려보면, 우리도 일제 강점기에 총림의 염불원 폐지를 당했던 적이 있다. 염불원이 폐지되자 범어사의 부전스님들은 '어산회'를 만들었다. 그랬더니 '회'는 사람이 많이 모인다고 당국에서 불허하였다. 그리하여 소모임을 표방한 '어산계'를 만들었는데, 훗날 이 조그만 모임이 엄청난 일을 해냈다.

　당시 범어사는 성월스님 지도하에 민족불교운동을 펼치고 있었다. 이때 동참한 많은 공덕자들의 이름이 커다란 바위에 빼곡이 새겨져 있고, 어산계공덕비는 따로이 세워 보시 금액과 불사 항목을 세세히 적어 두었다. 필자는 영남범패의 전승 과정을 조사하다 이 비석을 발견하였는데, 그 전에 수없이 범어사를 드나들었어도 길목에 세워진 이 비석을 보지 못했던 것이 의아하였다. 비석을 보니 화폐단위도 요즈음과 달라 그 금액을 현 시세로 환산하기까지 두 편의 논문을 쓰게 되었다. 이러한 과정에 의례가 사찰경제와 홍법

에 미치는 위력이 얼마나 큰지를 실감하였으므로 티베트 불교의
례와 사회적 관계에 대해서도 나름의 척도를 지닐 수 있었고, 후일
이에 대해서 현지인에게 물어보니 그것이 사실이었다.

2007년 여름, 티베트력 7월 그믐 한밤중에 플래시를 켜고 데뿡
사원 뒷산 언덕을 오르는데 주변이 온통 유럽사람들이었다. 여행
중에 정보나 준비할 장비가 궁금하면 유럽 친구들에게 물어보면
정답을 얻는 경우가 많다. 그만큼 여행에 있어서는 앞서가는 그들,
유목민의 후예들이다. 휴대용 플래시를 비추며 간신히 산길을 오
르는 필자와 달리 그들은 플래시 달린 모자를 쓰고 양손으로 스틱
을 짚으니 달팽이가 원숭이를 보는 듯하였다. 산언덕이 무에 그리
힘드냐고 하겠지만, 이 말은 티베트를 안 가본 사람이 하는 말이
다. 해발 300~400m에서 숨 쉬던 사람들이 3천·5천m의 티베트에
서는 누구나 달팽이가 되어야 한다.

고산증을 감내하며 오르던 낯선 산행은 올라가면 갈수록 숨이
가파오고, 머리가 아파왔다. 다행히 산턱 곳곳에 약초를 태우는 향
기가 연기와 함께 자욱하게 퍼져와 나그네의 시름을 달래주기도
하였다. 그나저나 아침에 탕카를 건다는데 왜 이렇게 일찍이 올라
야 하는가 다소 의문이 들었는데, 오르고 나서야 그 이유를 알았
다. 너무도 많은 사람들이 모여들므로 늦게 가서는 탕카를 제대로
볼 수가 없기 때문이었다.

얼마나 많은 사람들이 모였는지 마치 월드컵 때 보았던 '붉은 악
마'와도 같았다. 서로 좋은 자리에서 보려고 자리다툼을 하는 웃지
못 할 상황도 있어 "부처님을 뵈러 왔는데 자리 때문에 싸우다니"

하고 속으로 웃기도 하였다. 기다림이라는 것이 본래 시간이 길게 느껴지는 법, 올라가서도 몇 시간은 기다린 듯하였다. 동이 틀 무렵 스님들이 탕카를 둘러메고 올라와 펼치는데 왜 그렇게 눈물이 나는지. 내가 생각해도 이상한 일이었다. 오르는 길에 숨이 차서 힘이 들었고, 일찍 오른 덕분에 탕카가 잘 보이는 자리에 있었던 것이 전부였고, 스님들은 다만 탕카를 펼쳤을 뿐 그 앞에서는 별다른 의식도 없었다. 그런데도 귀국하고서도 한동안 그날의 설레임이 사라지지 않고 나를 상기시켰다. 정말 신기한 경험이었다.

라싸의 데뿡사원에서 탕카의식을 본 바로 그 겨울, 라브랑스에서 탕카의식을 또 보게 되었으니 탕카 속 부처님이 나를 끌어당기시나 싶었다. 라브랑스의 탕카는 평지의 언덕에 걸므로 데뿡과 같이 등산을 하지 않아도 되니 일단 걱정 하나는 덜었다. 이른 아침에 사원 앞으로 가니 이미 온 들판에 사람들이 개미떼같이 모여 있었다. 언제나 그렇듯 어떤 의식이 있기 전에 군중은 몇 시간 전부터 모여들기 시작하는 것이다. 언제쯤에나 탕카를 보게 되려나 하고 시린 손발을 견디느라 연신 발을 동동 구르며 폴짝 뛰기를 하였다. 입김을 호호 불며 여기저기 라브랑 사람들의 설빔 구경에 한껏 재미를 들이고 있는데, 어느 순간 군중들이 우르르 한 곳으로 몰려가기에 이유도 모른 채 따라갔다.

탕카가 오려나 했는데 어마무시한 호랑이를 앞세운 기마단이 나타났다. 마치 불빛을 향해 날아드는 불나방과도 같이 맹렬히 달려가는 호위군단의 뒤에는 탕카를 멘 승려들이 끝없이 이어졌다. 탕카를 향한 군중의 모여듦이 얼마나 맹렬하였던지 "물렀거라!"고

탕카를 뒤따르며 호위하고 있는 호랑이 대원들

탕카를 호위하고 있는 기마병들

고함치는 승려들의 기세가 폭군과도 같았다. 호랑이 안에 있는 두 사람은 달려드는 사람들을 향해 여지없이 앞발 차기, 뒷발 차기를 하였다. '자비로운 부처님 모신 법당 앞에 눈을 부라린 사천왕은 봤어도 발길질이라니 너무한 거 아냐?' 싶기도 했지만, 이런저런 생각을 할 겨를도 없이 군중의 틈에 이미 휩쓸려버린 터라 내 몸은 그냥 급류에 휘말려 가고 있었다. 나는 그냥 그랬다. 티베트 사람들처럼 탕카에 손이 닿기만 해도 앓던 병이 낫는다거나, 탕카 가까이만 가도 가피를 입는다거나 하는 것과는 거리가 먼 21세기 선진국 스마트한 엘리트였다. 뭐 소박한 탐욕이 하나 있다면 촬영팀이 놓치기 일쑤인 악기나 춤과 같은 장면을 내 카메라에 담으려는 정도랄까.

저만치 녹색 칠을 한 법고와 바라를 든 승려가 보이기에 카메라 잡은 손을 내미는 순간 알 수 없는 펀치 하나가 나의 패딩을 강타하였다. 엉겁결에 뒤로 밀쳐졌다 몸을 가누면서 '에구, 호랑이 발길질에 카메라 떨어뜨리지 않아 천만다행'이라며 안도하였다. 문제는 나중에 일행을 만나고서였다. "괜찮아요?" 다들 물었다. "뭐가요?" "아까 맞았잖아요." "봤어요?" "여기까지 픽~ 소리가 들렸어요." "그렇게 세게 치던가요?" 맞아 놓고도 어떻게 됐었던지를 몰랐던 그날의 탕카 이운이 나에게는 쪽팔리는 난리판의 순간이 되어 버렸다.

저 멀리 언덕을 오르는 탕카를 바라보니 마치 산을 오르는 누런 용의 몸통에 빨간 개미들이 따닥따닥 달라붙어 오르는 형상과도 같았다. 외지의 구경꾼은 그저 아득히 멀리서, 도대체 뭘 하느

탕카를 메고 언덕을 올라 펼치고 있는 스님들

라 그토록 긴 시간이 걸리는지도 모른 채 우두커니 바라보는 것이 전부였다. 동이 틀 무렵부터 시작된 난리통은 아침 해가 하얗게 다 바래진 후에야 탕카대에 이르렀다. 수십 명의 빨간 개미들(?)이 따닥따닥 달라붙어 줄을 당기자 황금빛으로 덮인 불보살의 모습이 서서히 드러나기 시작했고, 내 심장은 여지없이 바운스! 바운스! 건어물녀라는 핀잔을 들을 정도로 감성 발산에 인색한 내가 이상하게 탕카 앞에서는 무장해제가 되어 버리니 이런 이벤트를 만든 티베트 스님들은 퍼포먼스의 천재들이 틀림없었다.

탕카 속 불보살의 모습이 드러나자 의례가 시작되었다. 그러나 너무도 멀리 떨어져 있는 외지인에게는 도무지 그곳에서 무슨 일이 일어나고 있는지를 알 수가 없었으니, 그것이 티베트 밀교의 불친절한(?) 신비의 세계이기도 하였다. 접근초차 허락되지 않는 그

의식은 망원렌즈로 찍힌 화면을 보고서야 어린 동자승의 춤이 있었고, 법태 라마가 드릴부(dril~bu, 한국의 요령)를 흔들며 기도와 축원을 행한 의례가 있었음을 간신히 짐작할 수 있었다.

라브랑스의 탕카, 펼쳐진 탕카 가운데 흰 가탁(수건)이 늘어져 있다.

　망원렌즈로 화면을 당기면서 놀라움을 금치 못했던 장면이 또하나 있었으니, 그 스님들 가운데 어깨까지만 오는 법복에 맨살을 드러낸 스님들이 군데군데 보이는 것이었다. 눈이 꽁꽁 얼어붙은 동토凍土에서 맨살이라니. 이러한 놀라움은 다음날 행해진 호법의식에서도 있었다. 점심시간도 없이 계속되는 의례를 촬영하다 군중을 뚫고 화장실 다녀오기가 얼마나 힘이 들었던지 하마터면 큰사고를 칠 뻔하였다. 그런데 스님들은 종일 부동자세로 북을 치고 나팔을 불고 있으니 '티베트 스님들은 이미 부처가 되었거나 돌멩이가 된 것이 분명하다'는 생각을 하였다.

●
탕카 앞에서 타주하고
있는 어린 스님들

●●
탕카를 향해 의례를 주
재하고 있는 스님들과
작법무를 추고 있는 동
자승들

펼쳐진 라브랑스 탕카의 화룡점정은 탕카 가운데 드리운 가탁(흰 수건)이다. 가탁을 둘러싼 티베트 문화의 많은 이야깃거리가 있지만 이는 다른 지면을 빌려야겠다. 탕카 양편에는 일산을 든 스님들이 있는데 아직 어린 스님들의 얼굴에는 개구진 표정이 역력하다. 이 스님들이 들고 있는 법기들을 보면, 오색 리본을 단 쵸스-릉가(chos-rnga)의 북면에는 길상을 의미하는 녹색 칠을 하였다. 티베트에는 이 외에도 한국의 자바라와 같은 솜살(shom~shal), 혼자서는 들 수도 없을 정도로 큰 둥첸(dung chen) 등, 웅장한 금속성 음향으로 의례의 위엄을 드러낸다. 라싸에서는 나팔을 만드는 곳에 다녀오기도 했는데, 그때 듣기로 티베트에서 가장 나팔을 잘 부는 어떤 스님은 한 시간 동안 소리를 끊이지 않고 불 수 있다고 하였다.

그나저나 탕카를 향한 민중의 환희심을 우리네 재 도량에 도입한 사람이 누구였을까? 중국에도 없고, 한국의 초기 의례문에도 없는 괘불이운이 언제 누구에 의해서 한국 수륙재에 이입되기 시작했을까? 혹자는 우리 괘불이 티베트에 영향을 준 것이라고 할지 모르겠다. 그러나 티베트에서 행해지는 탕카의식을 보면 고유하고 방대한 영역이 있어 그러한 주장을 할 수 없게 된다. 필자가 티베트에 온 것은 중국에 없는 작법무를 확인하기 위해서였다. 그런데 막상 티베트에 와보니 관심사였던 작법무보다 탕카가 우리네 괘불이운으로 들어와 있는 점에 더 많은 생각을 하게 되었다. 따지고 보면 작법무는 사정에 따라 있어도 되고 없어도 되는 것으로 의례문이나 지문에도 없지만 괘불이운은 의례문에 절차가 기입되어 있다.

3) 호법 퍼레이드 희금강喜金剛

티베트어로 '춤추다'라는 어원을 지닌 '참'은 우리말 '춤'과 닮아 어감부터가 예사롭지 않다. 주지하는 바와 같이 '참'의 유래는 티베트의 최초사원 '삼예'에서 파드마삼바바가 불법에 저항하는 세력을 물리치기 위해 음혈을 뿌려가며 호법무를 추었던 것이 그 기원이다. 티베트 사람들은 이를 참(Cham) 혹은 체츄(Tse~Chu)라고 부르는데, 중국화되어 온 요즈음은 '파우회이(法舞會)'의 진강우(金剛舞)로 서술된다.

라브랑스의 대위덕금강 호법 탕카

라브랑스의 정월 '참'이 행해지는 날 새벽, 촬영을 위해 일찌감치 도착해 보니 마당에 그려진 하얀 동그라미가 눈에 들어왔다. 큰 동그라미 안에 중간 동그라미, 그 안에 또 작은 작은 동그라미는 그날 행해질 춤의 동선이었다. 둥근 동선은 동서남북과 그 사이의 간방을 더한 8방에 하늘과 땅을 합한 우주 전체를 아우르는 시방十方의 의미이자 원융의 우주관을 지닌 티베트 사람들의 의식구조이기도 하다. 라싸의 도시 구조를 보면 큰 원 링꼬르 → 중간 원 바꼬르 → 작은 원 낭꼬르로 배치되는데, 그 중심에 조캉사원이 있다. 그리하여 매일 아침 사방의 사람들이 조캉사원으로 모여들어 꼬라를 돌고서 하루를 시작한다.

우리나라에서 행해지는 종묘제례악과 문묘제례악에 정재(呈才)가 있다. 황제를 위해 8명씩 8줄 64명의 팔일무, 왕을 위해 6명씩 6줄 36명의 6일무는 정사각형으로 배치하여 춤추므로 중국과 티베트 사람들의 의식구조와 차이를 드러낸다. 무엇보다 출가 수행자들이 추는 티베트의 참무와 달리 중국의 일무佾舞는 치세治世를 위한 악정樂政과 지배자를 위해 세속 예인藝人이 춘다는 점에서 근본적으로 다르다. 중국 정재는 사각 배치에 보는 이를 위한 퍼포먼스라는 점에서 오히려 서구 공연예술과 더 친연성이 있어 보인다. 이와 달리 티베트의 참무와 창극 '아체라모'는 가운데서 공연을 하고 그 주변을 빙 둘러앉아 구경을 한다. 이는 한국의 마당놀이와도 닮았다.

라브랑스 대경당 앞마당의 둥그런 동선을 바라보며 이 생각 저 생각 하는 사이에 근 한 시간은 족히 흘렀는가 싶을 즈음, 저만치

의물대 위에 해골이 장
식되어 있다.

다그닥다그닥 말발굽 소리와 함께 깃발이 보이기 시작하였다. 탕
카의식이라면 군중이 와르르 달려가겠지만 이 의례가 어떻게 진행
될지를 훤히 알고 있는 사람들은 춤의 동선이 그려진 마당에 얌전
히 앉아서 기다렸다. 그러니 오늘만큼은 호랑이 탈을 쓴 호위무사
의 발길질에 채일 일은 없을 것 같다.

호위병 뒤에 탕카가 따랐던 것과 달리 참 의식에서는 붉은 술을
늘어뜨린 모자에 화려한 복식을 갖추어 입은 사람들이 열을 지어
등장하였다. 성장盛裝을 한 사람들은 신도 회장, 고위 공산당원, 성
장省長, 경찰서장 등, 이 지역을 대표하는 각계각층의 인물들이었
다. 티베트 본토에서 가난과 비루함에 짓눌려 있던 사람들을 보아
오다가 가죽 위에 화려한 비단 장식을 한 그들의 자태에 눈이 휘둥

그레졌다. 그러나 그 뒤에 유유히 나타나는 승단의 모습을 보니 지금까지의 등장은 그야말로 화려한 퍼레이드의 서막에 불과했다.

갖가지 상징을 담은 기수 군단에 이어 그 유명한 나팔부대가 등장하였다. 선봉에는 우

●
성장을 하고 의례를 지켜보고 있는 마을 유지들

●●
호법 행렬을 이끄는 의장대

리네 고적대장과 같이 휘장을 늘어뜨린 봉을 들었는데, 그 규모와 장엄함이 거대한 바위가 걸어오는 듯하였다. 겔룩파를 상징하는 노란 수술이 달린 법모에 짙은 자주색 법복의 어깨는 힘이 잔뜩 들어가 있고, 한 손에는 주황빛 보석을 박은 은장 봉에 깃발이 드리웠고, 다른 한 손으로는 걀링을 불고 있다. 또 어떤 스님은 어른의 키보다 큰 장대를 들고 있어 누구라도 얼씬거리면 금새 휘두를 듯이 서슬이 퍼랬다. 그 뒤를 따르는 '둥첸'은 앞에서 줄을 걸어서 한 사람이 들고, 취구는 뒤에 오는 스님이 부는데, 그러한 둥첸 4대가 배치되니 주변을 호위하는 승단의 움직임이 만만찮았다.

이어서 타주 군단이 등장하는데 녹색의 룽가 북면에는 적·청·

황·녹의 태극문양이 있고, 뒷면에는 '참'의식에 등장할 호법신들의 얼굴이 그려져 있다. 수십 명의 승려가 두드리는 룽가 법고의 채는 둥그런 곡선으로 되어 있는 데다 채 끝에 부드러운 솜이 있어 타점이 명료하면서도 주변의 소리와 잘 어우러졌다. 법고 옆에는 한국의 자바라와 비슷한 '솜샬'을 든 승려가 있다. 우리네 자바라가 완만한 원뿔의 둥근 판인 데 비해 솜샬은 가운데가 불룩 나와 있어 마주치면 그 울림이 움푹한 곡면을 울려서 나오므로 한국의 자바라보다 깊고 두터운 음색을 발산하였다.

취주단의 뒤에는 '참'의식에 쓰이는 의물儀物이 등장하는데, 무엇보다 눈에 띄는 것은 높이 솟은 망루와 같은 삼각대 위에 장식된 해골이다. 이 해골은 굵은 막대를 엮은 가마 위에 의물을 싣고, 그 위에 우뚝 세운 깃대에 휘장을 드리우고 사방의 승려가 들고 나가는 것이 마치 한국의 재장에서 시련을 들고 오는 모양새와 같았으나 그 무게와 크기가 비할 수 없이 크고 높았다.

각각의 역할을 맡은 구성원이 차례로 등장하여 법석의 틀이 잡

법구를 타주하며 행렬
하는 승려들

무승들의 등퇴장을 지
시하는 춰나사들

히고 한동안 적막이 흐르며 태풍 전야와 같은 고요가 얼마나 흘렀
을까? 2층 회랑에 법태 라마가 등장하였다. 그러자 악대의 웅장
한 음향이 예포처럼 울려 퍼지는 가운데 환희에 찬 군중의 예가 온
마당을 가득 메웠다. 기마단의 등장부터 착좌에 이르는 이 과정을
'희금강喜金剛'이라 하는데, 이러한 과정이 이른 아침부터 오전 10
시까지 약 두 시간이 넘게 소요될 정도로 의례 못지않은 환희심을
불러일으켰다.

대경당 앞에는 야크를 그린 탕카가 드리워졌는데, 그것은 라브
랑스의 호법신 '대위덕금강'이었다. 야크는 티베트 사람들의 삶에
서 없어서는 안 될 중요한 존재이다. 법당에 불을 밝힐 때는 야크
버터, 밥상에는 우유와 고기, 양떼를 몰 때는 야크를 타고 몰이를
한다. 티베트 최초의 궁전 융브라캉을 올라갈 때 말이나 야크를 타
고 올라가는 옵션이 있었다. 그때 야크가 말보다 비쌌다. 야크의
등이 말보다 넓고 푹신하기 때문이다. 쏜살같이 달려서 적을 무찌
르거나 먼 길을 가야 하는 목적이라면 말이 적절하겠지만 양떼를

모는 데는 야크가 훨씬 유용하므로 티베트 사람이 있는 곳에는 항시 야크가 있다. 생활 속 유익함이 호법신으로 승화되는 것은 세계 곳곳에서 발견되는 문화양상이기도 하다.

대위덕금강 탕카에는 그날 행해질 의례의 상징이 빼곡히 담겨 있다. 야크는 구슬 장식이 있는 푸른 빛깔의 성장盛裝을 하였는데, 이는 라브랑스 호법무의 차림새와 같은 복색이다. 야크의 옷자락 사이에는 또 다른 동물과 여러 캐릭터들이 그려져 있는데, 이들 중에는 악귀와 외도外道도 있다. 이들을 무찌르는 야크의 이마에는 뿔이 솟아 있고. 오른팔에 해골, 왼손에는 밧줄을 들고 있는데, 이 또한 당일 행해질 호법무의 의물이다. 탕카 의식에서도 보았듯이 야크 그림의 가운데는 가탁이 드리워져 있다. 이는 축복과 길상의 상징인 동시에 야크에 대한 감사의 표시이기도 하다.

'참'의식에 출임出任한 구성원의 배치를 보면, 대경당의 왼편(사진으로는 오른편)에는 의례를 집전할 승단, 오른편(사진으로는 왼편)

동자승들의 호법무(흰 횟가루로 표시한 동선이 보인다)

에는 의례를 호위하는 각 분야의 사람들과 의물이 있고, 맞은편에는 걀링을 부는 4명의 나승喇僧이 서 있다. 의례를 이끌어갈 승단을 보면, 증명법사와도 같은 승려가 붉은 의자에 앉아 있고(메인 사진 왼편), 오른편에 푸른색 비단을 덮은 법탁 앞에 의례를 지휘하는 집법사執法司가 있다. 그 뒤에는 '참무'를 반주할 승려들이 있는데, 앞줄에는 '솜샬'을 든 승려들이 있다. 한국으로 치면 영남지역에서는 광쇠, 서울지역에서는 징을 타주하며 의례를 이끌어가듯 솜샬은 춤 동작과 법구 타주를 이끌어간다. 솜샬 뒤에 있는 수십 명의 법고 군단은 솜샬의 타주에 맞추어 합주한다. 대경당의 정면에 서 있는 4명의 나승은 '캉둥'을 불며 무승舞僧들의 등·퇴장을 지휘한다.

희금강 절차가 종료되고 푸른 법탁 앞에 앉은 승려가 솜샬을 치자 법고타주와 함께 네 사람의 나승喇僧이 일제히 걀링을 불었다. 그러자 정면의 대경당에서 아주 쪼그만 인형 두 개가 나타났다. 다시 법기를 치자 그 인형이 폴짝 하고 한 걸음 앞으로 나와서 멈추면 다시 법기를 치고, 그렇게 서서히 깡충깡충 한 걸음씩 마당으로 나오며 움직이는 것을 보니 인형이 아니었다. 해골 탈과 색동 옷, 손톱이 삐죽한 장갑에 흰 버선과 구두를 신은 이 캐릭터는 너무도 귀여운 해골 요정이라 마치 현실을 벗어나 어떤 환상의 세계를 보는 듯하였다. 지휘승의 지시를 받아 법기가 울리자 또 두 명이 등장하였다. 네 명의 동자승은 두 명씩 짝을 지어 춤을 추었다. 해골 탈에 색동옷을 입고 추는 그 동작이 귀엽고 앙증맞아 마치 한국의 꼭두각시춤을 보는 듯하였다. 동자승들이 추는 이 캐릭터는 티베트의 호법신들 중에 가장 지위가 낮은 호법신들이다. 이어서 사슴과 야크 등 동물의 탈을 쓴 호법신들과 검은 모자와 흑포를 두르고 추는 샤낙이 등장하는데, 이 춤은 한국의 작법무·처용무와도 비교할 내용이 많다. 이에 대해서는 뒤에서 좀 더 자세히 살펴보도록 하겠다.

4) 호법 금강무 '참'

동자승들이 퇴장하고 본격적인 참의식으로 접어들었다. 4사람의 나승이 캉링을 불자 동물의 탈을 쓴 두 사람의 무승舞僧이 대경당 앞으로 등장하였다. 이들은 호법 영웅들인데 중국식으로는 '화우(华吾)'라고 한다. 화우는 두 명씩 짝을 지어 캉링과 법고의 타주에 맞추어 한 계단 한 계단을 느리고 무거운 스텝으로 내려왔다. 마당에 나와서 춤을 추는데 둥첸의 소리와 같이 절제되고 중후한 동작은 춤이라기보다 호법 위의威儀를 드러내는 몸짓이라고 하는 것이 어울렸다.

똑같은 동작으로 두 명씩 짝을 지어 청·적·녹·황(갈색에 가까움)의 순으로 8명의 무승이 등장하는데, 오른손에는 금강저, 왼손에는 호법진언과 해골을 상징하는 의물을 손가락에 걸고 있다. 이어 뿔 달린 짐승을 상징한 수사슴과 수소가 등장하고 마지막으로 암수 한 쌍의 야크로 분한 대위덕금강이 등장하였다. 뿔이 달린 숫야크는 구슬 장식을 덧입은 푸른색 법의에 오른손에는 해골 막대, 왼손에는 악귀를 잡아들이는 포승줄을 든 모습이 탕카 속 모습과 같다. 암야크는 정수리에 오색 술을 꽂았다. 2층 회랑에서 지켜보고

●
녹색 탈을 쓴 화우

●●
법태 라마가 내린 가탁
을 두른 암야크

●●●
숫야크 대위덕금강
(217쪽 탕카 참조)

있던 총법태 라마가 가탁을 내렸는데, 이를 받아든 것은 암야크였
다. 가탁을 받아든 암 야크 대위덕금강은 가탁에 대한 답례로 한참
동안 독무를 추었다. 이때 양손을 허리에 갖다 대고 무릎을 굽혔다
일어나는 동작이 한국의 처용무와 흡사하였다. 이어서 12명의 화
우들이 한참 동안 군무를 추고 난 후 퇴장하였다.

이어서 그 유명한 샤낙의 순서가 되었다. 동자승과 화우들이 2
명씩 짝을 지어 등장하는 것과 달리 샤낙승들은 으뜸 샤낙의 지휘
를 받으며 20명이 동시에 등장하니 군중의 감탄사가 터져 나왔다.
이들을 리드하는 으뜸 샤낙은 한 발짝 한 발짝 뒷걸음질하며 금강
저와 호법 의물을 내밀어 보이며 지휘하는데, 그 모습이 내 눈에는
BTS 멤버 일곱을 합친 것보다 더 멋있었다. 붉고 푸른 비단 무늬와

두루마기 위에 덧댄 구슬이 찰랑거리는 소리와 함께 21명이 춤추며 흰 동선을 한 바퀴 돈 뒤 2층 회랑을 향해 섰다. 그러자 총법태라마가 으뜸 샤낙을 향해 가탁을 내렸다. 그 모습은 마치 예포를 쏘듯이 말로 형언할 수 없는 영예로움을 느끼게 하였다. 가탁을 수受한 으뜸 샤낙은 한참 동안 화답의 독무를 추었다.

으뜸 샤낙의 지휘를 받으며 등장하고 있는 샤낙 군단

  샤낙춤의 '샤'는 티베트어 모자, '낙'은 검은색에서 유래한 이름이다. 이 춤은 895년 무렵 불교를 탄압하던 왕을 활로 쏘아 죽임으로써 왕정이 종식되고 불국의 역사가 시작된 데서 유래하였다. 당시 왕을 쏘아 죽인 라롱은 검은 옷과 흑포를 두르고 어둠에 숨어 있었으므로 그것이 샤낙춤의 복색과 의장儀裝이 되었고, 라롱은 불교 수호신으로 승화되었다. 샤낙 의상은 얼핏 보면 20명이 모두 같은 색상으로 보이지만 자세히 보면 바탕색이 청·적·녹·황·흑으로 차이가 있으며 흑모에는 호법을 상징하는 만다라가 그려져 있다.

으뜸 샤낙의 독무에 이어서 21명의 샤낙이 큰 원으로 그려진 동선을 돌며 한참 동안 군무를 추었다. 이어서 퇴장했던 12명의 화우들이 다시 등장하여 샤낙과 함께 링꼬르·바꼬르·낭꼬르의 3원을 빽빽이 채워 춤을 추었다. 흑·백·3색·4색·5색에 갖가지 비의秘意를 담은 의상과 의물을 들고 꼬르를 돌며 춤추는 모습이 마치 만다라가 살아 움직이는 듯하였다. 만약 그 해의 봉기와 학살이 없었더라면 반드시 드론을 들고 재촬영하러 갔을 것이다.

이어서 악대의 타주와 송경 및 호법 불공의식이 시작되었다. 한 승려가 원으로 둘러서 있는 무승들의 가운데에 놓인 법탁 위의 의물을 으뜸 샤낙에게 건네자 으뜸 샤낙은 이를 번갈아 받아들고 춤을 추었다. 호법 불공의식을 마치자 의례를 주제하던 집법사執法司가 퇴장하고, 샤낙을 비롯한 호법신들의 군무가 시작되었다. 이때 온 마당이 나팔소리, 북소리, 롤모소리, 수십 명의 승려가 추는 발디딤과 샤낙의 옷에 걸친 구슬 소리 사이에 굵은 저음의 범음성이 울려나는데, 그때의 범패는 선율이라기보다 짐승의 으르렁거림에 가까웠다. 수많은 북과 자바라(롤모), 둥첸, 걍링이 일제히 울리는 가운데 어우러지는 범음성과 춤의 위용이 얼마나 장대한지 마당이며 하늘이며 대경당의 지붕까지 진동하는 듯하였다.

군무가 끝나고 승단과 대중이 사원문 밖으로 소대행렬을 하였다. 이때 사람들이 한꺼번에 움직이니 다시금 호랑이와 기마단이 나타났다. 타주가 계속되는 가운데 의물을 소대하고, 몇 명의 승려가 광

장 밖에 설치되었던 '랑카부(符)'를 광장 오른쪽 측면에 놓여 있는 끓는 기름 솥에 넣고 태운 후 꺼냈는데, 이는 모든 악령을 다 소멸했음을 상징한다. 마지막으로 총법태 라마가 공양한 '도마'를 불더미에 던져 엄청난 폭음을 내며 요괴와 잡귀들을 물리쳤음을 알렸다. 그러자 마을과 산등성이에서 마을 사람들이 폭죽을 터트리느라 온 산이 연기로 자욱하였다. 이러한 일련의 의식을 중국식으로 보면 소대燒臺라 하겠지만 밀교적 관점에서는 외호마일 것이다.

대경당 앞에서 군무를 추고 있는 모습. 2층 회랑 가운데 법석에서 총범태 라마가 내려다보고 있다.

소대의식을 마친 승단은 다시 대경당 앞에 모여서 삼십여 분 간 마무리 군무를 춘 후에 대단원의 막을 내렸다. 그런데 승단이 퇴장하기 무섭게 진귀한 장면이 벌어졌다. 사람들이 춤의 동선을 표시해둔 횟가루를 긁어 담느라고 한바탕 난리를 피운 것이다. 참무를 추느라 발디딤을 놓았던 횟가루를 신령스러운 것으로 여겨 한 줌이라도 더 긁어가려는 티베트 사람들의 모습에서 참무에 대한 신앙심을 엿볼 수 있었다. 호법 영웅에 갖가지 동물이 등장하는 것도 이들의 동물 숭배사상이 습합된 것이다.

소대 행렬을 보면 으뜸 샤낙과 암야크만 가탁을 법의에 걸치고 있어 두 호법영웅의 위의를 실감하게 된다. 용맹의 호법 수컷 야크는 탕카 속에서 가탁을 걸치고 있기도 하지만 우유와 부드러운 고기에 새끼까지 낳는 암 야크가 가탁을 받는 것은 많은 생각을 하게 하였다. 사람을 칭할 때는 남녀라고 하지만 동물을 칭할 때는 암수(雌雄)라고 하듯이, 생명의 진화에 유용한 것이 숭배받는 인류 문화의 보편적 현상이 참 의식에 녹아 있었던 것이다. 더 깊이 들어가면, 인간이 아름답다고 여기는 근원에도 생존의 유리함이 있다. 필자는 각 민족의 음악적 취향에도 이런 현상이 있음을 『문명과 음악』을 통해 예시한 바 있다.

티베트 참무와 비교되는 한국의 처용무는 고려시대의 불교적 궁중악무로 전승되어 온 것이다. 조선조에 이르러 궁중의 악무가 불교 색깔을 탈색하면서 처용무는 오방처용무로 전환되었다. 궁중 악무가 정비되던 세종 대에 아악 정비를 담당한 박연과 신료들은 유교와 사대주의를 추종하였지만 세종과 맹사성은 향악적 주체성을 강조하며 불곡 창제에 많은 공을 들였다. 성종대에는 모든 악정이 유교적으로 정착되었지만 이때 편찬된 『악학궤범』에는 처용무·학무鶴舞·연화대무蓮花臺舞를 합설合設해서 연행한 기록이 있으니, 고려시대의 유습과 세종과 세조의 호불(好佛) 의지가 반영된 것이다.

오늘날 한국의 처용무 탈을 보면 한국의 여느 탈과 달리 우락부

소대의식을 준비하고 있는 승려들

소대행렬을 하고 있는 호법 영웅들. 으뜸 샤낙(왼편 뒤쪽에 흑모를 쓴 무승)과 암야크 대위덕금강(오른편 두번 째)은 총법태 라마로부터 하사받은 가탁을 목에 걸고 있다.(이상 라브랑스의 모든 사진 2008. 1~2)

락한 모습인데, 이는 티베트의 화우탈과 닮았고, 화우탈의 머리에 꽂혀 있는 해골과 처용탈에 꽂혀 있는 복숭아가 악귀를 쫓는 상징성을 지니고 있음도 같다. 현행 처용무에서 양손을 들고 어르고 드는 동작, 발을 들고 휘젓는 동작, 양손을 앞으로 내미는 동작은 일반적인 궁중무용의 춤사위와 확연히 다르다. 그런데 이러한 동작이 금강저와 해골을 들고 앞으로 손을 내밀거나 두 손을 허리에 대고 무릎을 굽혔다 펴는 것이 라브랑스의 참무와 흡사하여 깜짝 놀랐다. 한국의 궁중무용은 모두 여성들이 추는 데 비해 처용무는 남성이 춘다. 이는 비구승의 춤과 연결된다. 무엇보다 옛 문헌을 보면 악귀를 쫓는 나례춤으로 처용무를 추었다는 기록이 있어 춤의 목적과 상징성도 티베트 호법무와 연결된다.

한국의 작법무에 대한 의문을 품고 티베트를 가게 되었는데, 결과적으로 우리네 작법무는 의례문에 지문指文이 없는 비본질적 요소라는 점을 확인하게 되었다. 우리네 작법무와 달리 티베트의 참의식은 모든 절차와 구성요소가 춤을 위해 구비된다. 그러므로 참무는 참의례의 본질이다. 이와 달리 우리네 작법무에 관한 사료史料와 기록을 조사해 보면 영산재 이전의 그 어디에도 작법무가 있었다는 기록은 없다.

고려 광종 대에 들어온 수륙의궤는 조선왕조를 위해 희생된 고려 왕씨와 흉흉해진 민심을 수습하고자 국행으로 설행하였다. 그러다 보니 왕의 행렬이 시련으로 들어와 있다. 괘불을 내어 걸어 설단하는 것, 나팔을 불어 분위기를 고조시키는 것, 마당이라는 오픈된 공간에서 의례를 행하며 작법무를 추는 것도 원본 텍스트와 다른 양상이다. 그런가 하면 통불교를 추구하고 있는 오늘날 중국과 대만은 사부대중이 다 함께 범패를 노래하는 데 비해 밀교적 의례를 하는 티베트는 모든 절차를 승려들이 전담하고 대중은 감응하기만 한다. 그러한 점에서 한국의 불교의례를 스님이 전담하는 것 또한 티베트문화와 밀교방식에 더 가까워 한국 불교의례와 문화의 정체성에 대해 많은 생각을 하게 된다.

5) 불교 교화 창극 아체라모

한국의 판소리와 티베트의 아체라모

지구상의 어느 곳 어느 나라든지 그들의 민간 설화들이 있다. 서양에 신데렐라가 있다면 한국에는 콩쥐팥쥐가 있고, 인도에 라마와 시타가 있다면 한국에는 이도령과 춘향이 있다. 이런 현상을 보면, 인간이 느끼는 삶의 애환과 추구하는 이상향이 비슷함을 느끼게 된다. 그러나 이들의 공연 양상은 발레와 한국 춤과 같이 확연히 다른 모습을 보인다. 이러한 데에는 기후와 생활환경이 작용한다. 그러한 측면에서 유목이 주된 생활수단인 티베트와 정착 농경 사회인 한국의 춤과 노래, 말씨의 친연성이 높은 것이 참 이상하지만 거기에 불교가 있다면 "아하, 맞네" 하게 된다.

우리나라 판소리는 현재 춘향가·적벽가·심청가·흥보가·별주부전의 다섯 마당이지만 예전에는 장화홍련전, 베비장전, 장끼전, 변강쇠가, 무숙이타령, 옹고집전, 강릉매화타령을 포함하여 12마당이었고, 이 외에도 숙영낭자전, 이춘풍전과 같은 여러 이야기들이 있었다. 그런데 창唱이 전승되지 않는 것들의 내용을 보면 귀신, 증오, 성적 노골성, 해학과 골계 등 조선시대의 사회적 덕목과 부합되지 않는 것들이다. 반면 충·효·의로 사회적 이상과 맞았던 다섯 마당은 인기를 누렸다.

한국에 판소리가 있듯이 티베트에는 아체라모가 있다. 선녀와 나무꾼과 같은 선녀와 롭쌍 왕자의 사랑, 보시 공덕을 주제로 하는 '치미갱등 태자의 보시행', 모진 고생 끝에 어머니를 만나게 되는 '빼마원빠 소년의 모험', 별주부전과 유사한 '돈둡과 돈위 형제의 우애', 장화홍련을 연상시키는 '쯔와쌍모 선녀와 남매', 농노를 주인공으로 하는 찬란한 빛 속의 남싸 처녀, 수지니마의 출가 수행기 '여승 수지니마의 일생'과 같은 설화적 이야기가 있는가 하면 역사적 사실을 근거로 하는 '문선공주의 출가'까지 여덟 마당이다.

불교 교화극 아체라모의 창시자 탕돈게보

네팔과 서부 티베트의 갈림길인 라쩨 인근의 '충 리오치'에서 태어난 탕돈게보 스님(1385~1464)은 창딩사원의 니마쌍게 스승에게서 불학·의술·공예 등을 연마하였으며, 불교창극 '아체라모'로 티베트 사람들의 사랑을 한몸에 받는 대승보살이 되었다. 그는 민간 설화에 춤과 노래, 재담을 더한 아체라모를 각색하여 홍법감화의 홍행 대박에 막대한 수익을 올려 취약 지역 곳곳에 다리를 놓아 일거삼득의 쾌거를 이루었다. 그리하여 요즈음도 티베트 사원에 가면 흰 머리에 흰 수염을 한 탕돈게보가 없는 곳이 없는 데다, 흰 가탁이 잔뜩 걸려 있어 티베트 사람들에게서 탕돈게보의 위상을 실감하게 된다.

안거에 들었던 스님들이 해제를 맞아 공부의 증거로 탕카를 내어 거는 데뿡사원의 탕카의식을 앞서 소개한 바 있으나 탕카의식 후에 펼쳐지는 아체라모 창극축제에 대해서는 소개하지 못했다. 달라이라마가 티베트에 있던 당시에는 탕카의식 다음날 달라이라마의 여름궁전 노블링카 앞마당에서 달라이라마와 국가의 주요 인사들이 배석한 가운데 아체라모의 막이 열렸다. 첫날 첫 순서는 탕돈게보가 직접 창단한 총게마을의 극단이 공연하는데, 이 마을은 역대 달라이라마 중 가장 추앙받는 제5대 달라이라마의 고향인 데다 아체라모 명인을 가장 많이 배출해 온 예향으로 유명하다. 이어 전국에서 온 각 마을의 극단이 한 달 내내 공연을 펼쳤으나, 요즈음은 주인 없는 궁전 앞에서 하루 내지 며칠 간 간략하게 행하는 데다 연극이 진행되는 내내 총을 둘러멘 공안이 무대 주변을 감시하는 것을 보았다.

2007년 7월 초하루 이른 아침, 아체라모가 공연되는 노블링카

2007년 쇼툰축제 때 라싸의 노블링카에서 공연하고 있는 아체라모. 가운데 탕돈게보의 탕카와 공양단이 차려져 있다.(2007. 7)

탕돈게보가 공연을 지켜보고 있는 모습을 연출하고 있다. 아체라모에는 수시로 "하하" 하고 웃는 소리를 내는데 이는 탕돈게보가 아체라모를 만들 때 배우들과 함께 웃어가며 연습하던 모습을 흉내 내는 것이다.

광장에 가보니 사방에 먹거리와 기념품을 파는 포장마차들이 즐비하였다. 가족 단위로 모여든 사람들은 대바구니에 먹을 것을 담아 와서 피크닉을 즐겼다. 아체라모는 마당 한가운데에 천막을 치고 중앙에 탕돈게보 탕카를 걸고 그 주변에 배우들이 둘러서서 공연을 하며, 관중들은 무대를 둥그렇게 둘러 앉아 구경을 하였다. 라브랑스의 '참'의식에서 무승舞僧들의 동선과 같이 아체라모도 탕카, 배우, 관객이 삼원인 데다 공연의 전개도 시작판·이야기판·끝판의 3장 구성이라 티베트의 삼원三圓 꼬라를 연상시켰다. 여인을 뜻하는 '아체'와 선녀를 뜻하는 '라모'가 합쳐진 아체라모는 선녀의 역할이 중요하다. 예전에는 아체라모 극단이 모두 남성으로 구성되었으므로 선녀춤도 남성이 추었으나 요즈음은 전통을 고수하는 백면극단 외에서는 여성들이 맡고 있다.

아체라모의 공연방식

북과 롤모(바라)를 든 두 사람이 마당으로 나와 공연이 시작됨을 알리는데, 이들은 배우의 등퇴장을 비롯해 창극 전반을 지휘하며 이끌어 간다. 서막에 해당하는 '자루와 온빠의 장'은 온빠뙨이 땅을 정화하는 것으로 시작하는데, 이는 '참'의식을 시작할 때 샤낙승들이 마당을 돌며 정화와 결계의 춤을 추는 것과 같다. 온빠뙨은 티베트에서 하층민에 속하는 신분이지만 아체라모에서는 선녀와 쌍벽을 이루는 중요한 역할을 맡고 있어 만민을 평등하게 여긴 탕돈게보의 정신이 느껴지기도 한다.

아체라모의 시작과 종료까지 모든 부분이 불교의례로부터 아이

디어를 차용하고 있다. 온빠뙨이 오색 천으로 엮은 자루로 마당을
쓸 듯이 빙빙 돌며 춤추고 나면 '자루첸비'가 등장하는데, 이 또한
참의식과 연관이 있다. 중국령에 있던 라브랑스의 참에서는 이 부
분이 생략되었지만 인도령에 있는 헤미스곰파와 캄파카곰파는 샤
낙춤으로 도량을 정화한 뒤에 놋쇠 가면을 쓴 다키니가 축복의 춤
을 추었다. 아체라모의 축복 순서인 자루첸비는 왕자 혹은 장로가
맡고 있어 민간 창극의 성격이 느껴진다. 자루첸비의 축사가 끝나
면 오색 모자와 긴 드레스를 입은 선녀가 노래하며 춤추는데 이것
을 '라모 뒤까'라고 한다.

　이어서 본 마당인 '슝'은 줄거리가 워낙 길어서 종일 이야기가
전개된다. 출연진을 보면 이야기 속 인물들과 더불어 야크를 비롯
한 민속적 캐릭터들이 다양하다. 슝이 진행될 때 장면 전환이나 시

공연의 시작을 알리는
고수들 (2007. 8)

남성이 추는 백면극단
의 라모뒤까 (2008. 1)

공간을 건너뛸 때는 선녀와 온빠뛴이 백댄서처럼 둘러서서 나레이터 역할을 하기도 하고 춤을 추며 분위기를 돋우기도 한다. 한국의 판소리에 아니리가 있듯이 아체라모에도 배우들이 관객들과 재담을 주고받는 장면이 종종 연출된다. 아체라모가 티베트 사람들의 혼을 쏙 빼도록 재미있는 요인은 바로 이런 유희성에 있다.

끝판인 '따시텐진'은 축복과 회향의 마당이다. 예전에는 달라이 라마와 정부 각료와 고승들이 배우들에게 가탁을 걸어주었지만 요즈음은 지역 유지들이 대신하고 있다. 권주가와 함께 술잔을 받은 사람은 시주금을 내놓으므로 배우들은 객석 사이를 돌며 모금을 하였다. 술잔과 함께 끊임없이 가탁을 걸어주므로 배우들은 목에 가득한 가탁을 탕돈게보 탕카가 걸려 있는 장대 앞에 내려놓고 다시 가탁을 받는 진풍경이 벌어졌다. 총게마을 극단이 전국을 순회한 후 아체라모 극단이 방방곡곡에 생긴 것을 보면 탕돈게보의 문화포교 아이디어에 탄복을 금할 수가 없다.

창극은 휴식 시간 없이 종일 계속되었는데, 오른손으로는 마니차, 왼손으로는 염주를 돌리며 중얼중얼 염불을 외며 감상하고 있는 사람들의 모습이 인상적이었다. 관객들은 바구니에 들고 온 도시락과 차를 마시는 등 느슨한 분위기였지만 쉬는 시간이 없을 줄 모르고 아무런 준비를 못한 필자는 카메라에 매달려 물 한 모금 못 마시는 신세가 되었다. 그런데 언제부터인가 사방에서 사탕도 주고 견과도 줘서 주머니가 불룩해지더니 마침내 보리떡과 차까지 수북이 모였다. 어떤 사람은 차를 따라 고개를 끄덕이며 권하는데 그 모습이 마치 우리네 시골 할머니 할아버지 같았다.

마을마다 있는 아체라모 극단의 전통

그리고 다시 티베트에 갔을 때는 겨울이었다. 라싸 대학의 게치 교수와 총게현 벤뒈마을의 빠샹(巴桑) 선생과 함께 각 지역의 창극단을 방문하였다. 그 가운데 네동현에서는 마을 사람들이 루캉(르와데링)사원 마당에서 둥글게 원을 그리며 춤을 추었는데, 그 모습이 한국의 강강술래와 같았다. 차이점이라면 한국은 뛰면서 원을 그리는데 티베트 사람들은 발끝으로 바닥을 치며 마치 탭댄스를 추는 듯하였다.

오늘날 티베트의 아체라모는 유네스코 지정 중국문화재로 등재되어 있다. 예전에는 마을 이름을 딴 극단 이

● 총게 마을 백면극단의 온빠뙨

●● 네동현 황면극단의 온빠뙨

●● 2007년 공연에서 남면극단의 복색. 온빠뙨의 색동 문양이 우리네 전통 복색과 같다.

라싸의 냥러(娘热)에 있는 줴무룽(藍面)극단의 시연 모습

이동 극단이 마을을 순회하고 있다.
(2008. 1~2)

름이었지만 요즈음은 온빠뙨 가면의 색깔에 따라 백면·황면·남면 극단으로 불리고 있어 티베트 사람들은 영 어색해 하였다. 근래에 유튜브에 올라와 있는 아체라모를 보니 '라모 뒤까' 춤을 마치 마스게임을 하듯이 공연하는 것도 있었다. 정치와 행정은 어쩔 수 없다 하더라도 문화만은 왜곡 없이 전해지기를 바라지만 하루가 다르게 변해 가는 티베트의 모습에 가슴이 아려온다.

아체라모의 온빠뙨이 마당을 빙글빙글 돌며 춤추는 모습은 한국의 상모춤을 연상시키고, 선녀들이 쓴 모자와 복색, 그들의 몸짓과 집집마다 꽂혀 있는 오색 깃대는 한국의 무녀巫女와 무속 깃대와 비슷하며, 우리네 어르신들의 혼수품으로 쓰였던 색동문양을 비롯하여 티베트어의 어순도 한국말과 같아서 금방 배울 정도였다. 그 외에도 아체라모의 공연 형태, 배우들의 창법과 몸짓이 중국 한족 문화와는 확연히 다른 데 비해 한국의 마당극이나 민간풍속과 닮은 점이 많아 많은 생각을 하게 된다.

6) 피비린내 배인 조장터의 법기와 범패

라싸 항공에서 내려다
본 티베트 산하

① 한국의 시골과 흡사한 트베트 마을과 그들의 악가무

라싸공항에 내리는 순간 턱 하니 닥쳐오는 숨막힘에 공포감이 밀
려왔다. 천천히 숨을 쉬며 로비로 나오는데 사방에 흰 수건을 잔
뜩 걸머진 사람들이 왔다갔다하였다. '뭐지, 저 흰 수건?' 어리둥절
해 있는데 마중 나온 지인이 그 수건 하나를 목에 걸어 주었다. 티
베트 사람들은 어디를 가나 누구를 만나거나 항상 가탁을 목에 걸
어주며 축복인사를 나누었다. 바로 그 수건의 길이, 재질, 촉감까지
우리네 살풀이춤 수건과 똑같아 할머니를 따라간 약장수 구경에서
살풀이춤에 홀딱 빠졌던 유년시절이 떠올랐다.

중국이 티베트를 점령하던 초기에는 불교사원이 가축 사육장으로 전락한 곳도 있었다. 그렇듯 피폐해진 사찰이기에 보수와 재건 작업이 곳곳에서 이루어지고 있었다. 훼손된 도량 곳곳을 둘러보는데 어디선가 노래와 함께 땅을 두드리는 듯한 소리가 들려왔다. 예사롭지 않은 그 리듬과 가락을 따라가 보니 여러 남정네들이 나무판을 두드리며 땅 다지기를 하고 있었다. 으쌰으쌰 노래하며 발을 맞추고 손에 쥔 나무판을 치는 것이 마치 박자를 맞추어 공연을 하는 듯이 신명이 났다. 그 모습을 모면서 신라 향가 중 사찰 불사를 하며 불렀던 '풍요'가 생각났다.

체탕의 어느 마을에서는 마을을 다니며 노래하는 사람들을 만났는데 알고 보니 한국의 지신밟기와 같은 것이었다. 오색 깃대를 꽂은 망태를 둘러메고 다니는 사람들의 마을에는 집집마다 오색 깃대가 꽂혀 있었는데, 그 모습이 마치 한국의 무속인 집과 같았다. 동네 사람들이 술을 따라 권하기에 마셔보니 한국의 막걸리와 같았다. 술잔을 받아든 사람들은 손가락으로 술을 찍어서 세 번 뿌리는데 예전에 아버지께서 막걸리를 드실 때 '고시레~' 하던 그 모습이었다. 방문하는 집에서 권하는 '짬바'는 야크 우유에 탄 것이라 약간 누린내가 나는 것 말고는 한국의 미숫가루와 같았다. 먹거리며 생활방식, 일상용품, 색동무늬 옷이며 어순이 같은 말씨까지 닮은 것은 불교와 더불어 몽골족과 우랄알타이어와 연결되고 있기 때문이다.

그렇지만 끝없이 펼쳐지는 초원에서 양들을 몰고 다니는 사람들을 보면 한국과는 확연히 다른 생활환경과 문화적 차이가 느껴진다. 양떼를 모는 사람들 중에는 몇 달 혹은 반년 이상을 초원에서 지내는 이들도 있었다. 가장이 이토록 오랫동안 집을 비워야 하니 한 여인이 형제들 모두의 아내가 되어야 하는 일처다부제一妻多夫制가 생겨났다. 이 얘기를 들은 어머니는 "상놈의 나라"란다. "지구촌 한 바퀴 돌아도 티베트 사람보다 더 착한 사람 없더라"고 하니 눈을 흘기신다. "예전엔 처녀가 애를 낳아도 할 말이 있다고 했지만 요즘엔 애 낳은 처녀가 드라마 주인공"이라고 해도 거부반응은 여전했다. 그해 겨울 라싸의 청년에게 일처다부제에 대해 물었더니 "요즘은 오지에나 있으려나?" 하며 피식 웃었다.

② 티베트 조장터와 장례 범패

말씨며 풍속이 너무도 친근하여 마치 외갓집에 온 듯이 정들어 가던 즈음 게치 교수가 "티베트에 대해 연구하려면 조장터를 보아야 한다"고 하였다. 드라마를 보다가도 수술 장면에 채널을 돌리는 필자에게 조장터에 가자고 하는 것은 고소공포증 환자를 번지점프하러 가자는 것이라며 사양하였다. 그러나 "외국인에게는 개방되지 않는데 즈쿵사원 주지스님이 친구라 특별히 허락을 얻었다"는 말에 어쩔 수 없이 따라 나섰다. 라싸 시내에서 자동차로 두 시간을 달려서 해발 5천미터 너머에 있는 즈쿵사원의 조장을 보기 위해서는 새벽부터 움직여야 했다. 차에서 내려서 산언덕을 얼마나 걸었을까? 고산증으로 어지러움이 올 무렵 비릿한 냄새가 나기 시작하였다. 고도가 높은 산마루에 비와 구름이 걸려 있어 피비린내 섞인 빗물과 함께 시커먼 연기 같은 공포가 옷 속으로 스며들었다.

마당에 들어서니 곳곳에 살이 디룩디룩 찐 시커먼 개들이 척~
엎드려 멀뚱멀뚱 보는데 기분 나쁘게 두려웠다. 주지스님을 만나
기 위해 종무소에 들어서려는 순간 어떤 일행이 축 처진 포대 자루
를 둘러메고 나왔다. "저 포대 안에 시체가 있어요"라고 함께 온 게
치 교수의 딸 자이나가 귀띔해 주었다. "시체가? 자이나는 안 무서
워?" "우리 아빠가 돌아가시면 내가 저렇게 할 건데요"라고 대답하
는데, 무서움에 떨고 있는 어른을 놀리는 듯 얄미웠다. 그런데 게
치 교수는 한 수 더 떠서 "즈쿵에서 조장하는 것은 아무나 할 수 없
는 겁니다. 이곳이 제일 잘하는 곳이거든요."

　법당을 나와 조장터가 있는 언덕길을 올라가는데 피비린내가 진
동하였다. 이미 몇 구의 시체가 처리된 조장터에서 살점을 뜯으며
앉아 있는 독수리의 뒷태가 사람보다 더 큼직하였다. 조장터의 철
조망 입구에는 작은 기도처가 있고 불단 앞에는 향불이 타고 있지

만, 사방에 진동하는 피비린내가 향과 불보살상의 성스러움을 다 삼켜버렸다. 군데군데 움푹 패인 곳에는 핏물이 고여 있고, 비에 젖은 룽다(오색 깃발)와 망자의 옷가지, 기도하고 남은 갖가지 제물들이 곳곳에 널브러져 있었다. 그날따라 비가 추적추적 내려 피비린내가 습기를 타고 몸속으로 젖어오는지라 치밀어 오는 구역질을 간신히 억눌렀다.

철조망 너머에서 독수리들이 시체를 먹고 있고, 사자의 유품을 태우는 연기가 피어오르고 있다.

　방금 메고 올라 간 그 포대도 이미 독수리들의 밥이 되어 군데군데 살점이 흩어져 있었다. 하기는 한 구의 시신을 독수리들이 다 먹는 데는 30분 정도가 소요되니, 그 사이에 이만큼 살과 뼈가 해체되는 것은 당연한 것이었다. 어떤 새들은 커다란 살점을 둘이서 마주 물고 잡아당기며 찢어먹는데, 유족들은 그것을 아주 태연히 지켜보았다. 어쩌다 살점이 땅바닥에 떨어지면 흥건히 고인 핏물에 적셔진 살점을 부리로 찢어 올리는 모습에 소름이 돋았다. 독수리들이 먹고 남은 뼈는 절구통에 넣어 짬바 가루와 함께 찧어 뿌렸다.

조장의 방식도 사원에 따라 차이가 있어서, 어떤 곳은 말뚝에 시체를 고정시켜 두는 것이 전부이지만 즈쿵은 둥그런 돌무더기 위에 시신을 얹어 조장사의 칼질로 펼쳐 놓는 방식이라 독수리가 빨리 먹기에 유리하였다. 게치 교수는 "저 스님이 티베트에서 제일 잘하는 분"이라며 엄지척을 하였다. 망자의 유족들은 새들이 남김없이 깔끔하게 먹으면 망자의 저승길이 편한 것으로 여겨 마음이 홀가분하지만 남기거나 천천히 먹으면 저승길이 힘든 것으로 여겨 기도에 더욱 마음을 쏟았다. 그 광경을 한참 바라보다 법당으로 내려오니 스님들이 그날의 망자들을 위한 불공을 하고 있었다.

하루에 3~5구를 치르는 이곳 장례의식 범패의 율조를 음악적으로 보면 그간 들어왔던 저음의 발성과 다라니 송주와 다를 것이 없었다. 그러나 적나라하게 파헤쳐진 살갗과 뼈, 거기서 흘러나오는 피비린내를 겪은 후의 범패는 지금까지 상상해 보지 못한 울림으로 다가왔다. 중국의 응수불사에서 행하는 방염구放焰口, 대만 수륙법회에서 들었던 염구의식과 화엄자모華嚴字母다라니, 한국의 시다림에서 하는 장엄염불이나 상여소리와는 비교할 수 없는 울림이 살벌한 광경의 잔향과 함께 비장하게 와 닿았다. 이러한 상황이니 어찌 우리네와 같이 담담한 염불이 어울리겠는가?

③ 사람의 뼈로 만든 악기와 해골이 주는 메시지

조장터가 있는 산자락 곳곳에는 토굴이 있었는데, 올라갈 때는 못

독수리의 먹이가 되어
뼈대만 남은 시신

독수리 앞에서 시체의
뼈로 만든 다마루(북)
와 피리를 불고 있는
조장사

보았던 그것이 내려오는 길에는 마치 숨어 있던 주인공이 나타나
듯 발길을 끌어 당겼다. 토굴에는 작은 구멍이 두 개가 있는데 하
나는 음식을 넣어주는 것, 하나는 배설물을 내어놓는 것이었다. 당
시 그곳에 수행 중인 스님들 중에는 3개월 된 분이 가장 최근이고,
어떤 스님은 11년째 수행 중이었다. 그 안에서는 면벽 부동 좌선을
비롯해 신身·구口·의意 합일로 하는 내호마 등 다양한 밀교 수행
법을 행한다고 하였다. 수행자들은 일 년에 한 번 햇볕을 쬐러 나
오는데, 어느 순간부터 배설물을 내어놓지 않으면 토굴을 헐어 주
검을 꺼내어 조장하였다.

　　그날 밤 숙소로 돌아오자마자 샤워실로 가서 샴푸를 흐드러지
게 풀어 머리를 헹구고 일어서는데 욕실 타일에 피가 홍건하였다.
샤워기로 물을 뿌리니 또 다시 핏자국이 있었다. 알고 보니 그것은
나의 공포증이 불러온 환영이었다. 어떤 사람은 조장터에 다녀온
뒤 빙의현상을 겪기도 하므로 외국인에게는 절대 허용되지 않는다
는 조장터는 말과 글로는 도저히 표현할 수 없는 경험이었다. 샤워
를 하고 옷을 갈아입어도 핏자국과 피비린내 환영이 떠나질 않아
일주일이 지나도록 밥을 먹지 못하며 고된 후유증을 앓았지만 조

즈쿵사원의 토굴
(2007. 8)

장처의 경험은 어떤 값을 치르고도 얻을 수 없는 것이었다.

야크 기름에 쩔은 법당의 험상궂은 분노존과 노골적인 성적 묘사들은 적나라한 인간의 실체를 직시하게 하였다. 야채와 과일이 귀한 곳이니 스님들의 육식은 불가피했고 장기간의 유목생활에 의한 일처다부제 또한 불가피한 것이었다. 땔감이 될 만한 나무가 자라지 않으니 화장을 할 수가 없고, 습기가 없어 땅에 묻어도 썩지 않으니 조장을 통해 보리심을 키웠다. 살과 뼈를 뜯어 발기는 조장 터가 있으니 다리뼈 나팔 캉둥(rkang~dung)과 머리뼈 북 토드릉가(tod-rnga)가 자연스럽게 만들어졌고, 스님들이 들고 추던 해골은 모든 부차적인 것이 다 사라진 순수의 표상임을 그 무렵부터 알아채기 시작하였다.

2. 북인도 티베트 사원

『오래된 미래』로 잘 알려진 라다크는 예전에는 티베트 계열 '레'왕
조가 다스리던 곳이었다. 경기도 면적의 10배가 넘는 라다크 일대
에는 티베트 사원이 곳곳에 산재해 있다. 이들 중 중심적 위치에
있는 헤미스곰파는 까규 전통의 수행과 신행을 보전해 오고 있다.
또한 북인도에는 중국의 침략을 피해 이주해 온 사람들에 의한 사
원이 곳곳에 있다. 달라이라마가 주석하고 있는 다람살라가 관광   라다크의 들판

라다크의 들판과 마을 어귀에 걸린 마니차

객으로 붐비는 데 비해 따시종은 불교에 대한 진지한 관심을 가지고 수행하기 위해서 전 세계에서 모여든 사람들로 수행빌리지를 이루고 있고, 그 중심에 캄파카곰파와 캄툴린포체가 있다.

1) 오래된 미래 라다크의 '참'

라브랑스가 위치한 중국령 내의 입지와 전각 위에 얹혀진 지붕이 마음에 걸렸다. 법당을 장엄하느라 기와를 얹었을 테지만 그 모양이 중국적이라 의례에도 중국적 영향이 어딘가에 있을 것이라는 생각이 들었기 때문이다. 그리하여 티베트 임시정부가 있는 다람살라 맥그로간즈의 남걀사원으로 가서 의례와 '참'에 대해 조사하였다. 산골짝 협소한 공간의 남걀사원은 도량의 규모와 의물이 갖추어지지 않아 참을 할 형편이 못되었고, 근년에는 참을 지도해 주던 노스님마저 입적하여 설행이 불가능한 상태였다.

그리하여 히말라야산을 넘어 라다크로 가게 되었다. 라다크로 가는 히말라야 산길은 녹아내리는 눈과 함께 돌과 흙이 길을 덮쳐 도로를 복구해 가면서 달려야 했다. 마날리에서 바쉿시로 가는 길에는 힌두사원과 산골 사람들 구경, 바쉿시에서 키롱으로 가는 길은 싱그런 숲이 있어 알프스산을 넘는 듯했으나 그 뒤로는 마치 화성에 온듯 풀 한 포기 없는 마른 골짜기여서 입안에서 모래가 버석거리고, 해발 5천m를 넘어서는 지점부터는 머리가 아파와 외지로부터 고립된 라다크의 지리적 여건이 피부에 와 닿았다. 이렇게 꼬박 사흘이 걸려 라다크에 도착하였다.

10세기경 티베트 제국의 일부가 라다크로 건너와서 '레'왕국을 세우고 약 900년에 걸쳐 이 지역을 다스렸으므로 곳곳에 유서 깊은 티베트사원이 많았다. 헤미스곰파는 '레' 시내로부터 서남쪽으로 43km 지점 인더스강의 왼편에 있는 사원으로 이 지역에서 가장 규모가 큰 사원이다. 라다크는 히말라야산의 눈이 녹으면서 관광 시즌이 시작되므로 헤미스의 참도 이 시즌에 맞추어 트베트력 5월 10일에 행해지는데, 윤달이 있는 2009년은 양력으로 7월 2일부터 3일까지 이틀에 걸쳐 행해졌다.

첫째 날 10시 무렵 두 명의 악사가 마당에 나와 나팔을 불자 호법조사의 탕카가 걸렸다. 이어서 컁링을 부는 승려를 따라 향합이 따르고 나팔과 법기를 타주하는 악대가 등장하였다. 악대가 자리하여 법당을 향하여 신호를 보내자 13명의 샤낙승이 등장하여 마당을 돌며 도량 옹호와 정화를 위한 춤을 추고 난 뒤에 놋쇠 가면을 쓴 16명의 무승이 '옴 아 훔 바즈라' 진언 범패에 맞추어 축복의 춤을 추었다. 이어서 컁링을 부는 악사와 향합을 든 승려들이 여덟

헤미스곰파의 첫째 날 탕카

탕카를 향해 경의를 표
하는 악사들

화신 구루를 모셔 나오자 악사들이 일제히 일어나 경의를 표했다.

8구루의 구성을 보면, 연화생으로 번역되는 파드마 바즈라, 파
드마삼바바, 사자후음, 태양광, 연화왕, 분노금강, 석가사자, 지혜
승인데, 이들은 각각 상징하는 의물을 들고 있다. 지혜승의 티베트
발음은 'Blo-edan Mchhog Sred'로 다문제일 아난과 경전에서 비
롯된 화신이다. 이들은 다 함께 마당을 몇 바퀴 돌고 나서 각각 독
무獨舞를 추고, 그에 화답하는 권속과 제자들의 답례 춤이 이어졌
다. 그 뒤를 이어 원숭이탈을 쓴 세 사람이 춤을 추는데, 이는 파드
마삼바바가 원숭이 해에 태어난 것과 원숭이를 조상으로 하는 티
베트의 건국설화와 관련이 있어 보였다. 마지막으로 16명의 카틴
찬 다키니들(Dakinis)이 감사의 답례 춤을 추고, 미래에도 위대한
스승이 다시금 오기를 발원하였다.

첫째 날 오후에는 열두 제자들과 악령들의 춤으로 시작되었는데, 여기에는 사자탈을 쓴 '얍'과 '염'을 비롯해 여러 캐릭터들이 있었다. 용감한 아버지를 상징하는 '얍'은 지혜의 거울과 호법 의물, 자애로운 어머니를 상징하는 '염'은 오른손에는 심장을 상징하는 의물을, 왼손에는 불자佛子를 들고 있다. 네 사람의 샤낙, 두 사람의 동자승, 창자로 만든 밧줄을 든 사람, 창과 칼을 들고 화살촉을 메고 있는 무승이 등장하여 각자 맡은 역할의 춤을 춘 다음 헤미스곰파의 스승들인 '저스카임스(Gser Skyems) 춤, 갈고리와 밧줄을 들고 방울 달린 막대를 흔들며 춤추는 수문장(sGoma)의 춤이 이어졌다. 색동 장식이 있는 탈과 흰색 노락색 의상의 묘지지기들은 중국 샤허의 라브랑스에서 동자들이 추었던 캐릭터이다. 헤미스곰파에서 이 캐릭터를 추는 어린 승려들은 관중들에게 흰 횟가루를 뿌리고 악령들을 잡아들이듯이 관중들을 놀리며 장난을 치기도 하였다. 이어서 마당에서는 분노존 책촉 헤로카의 춤과 다섯 다키니의 춤이 이어졌는데, 다섯 다키니는 탈의 모양이나 색깔이 라브랑스의 화우탈과 같았다.

둘째 날 오전은 전날과 같이 탕카를 올리고, 샤낙승들의 도량 옹호와 정화의 춤을 춘 다음 모든 승려들이 법당으로 들어가 구루 갈포에 대한 불공을 올렸다. 높은 법석에 앉은 린포체는 양손에 드릴부(종)와 금강저를 들고 수인手印을 하며 의례를 주제하였다. 저음의 송경 율조에 맞추어 법령을 흔들며 금강저를 돌리는 모습은 달라이라마가 유럽과 뉴욕 등지에서 시범을 보여 서방의 많은 사람들을 감동시킨 장면이기도 하다. 이때 악승들은 경전이나 다라니

암송의 단락마다 갈링을 불고 법고와 자바라를 치며 절주를 맞추었다. 가끔씩 노승(법패는 법랍이 높은 승려가 담당)에 의해 범패가 불리기도 하는데, 그 성음은 저음에 담담한 선율이어서 극도의 저음을 구사하던 라브랑스와 달랐다. 이날 오전 의례는 외부인의 입장이 허락되지 않았지만, 필자는 사전에 허락을 얻어둔 터라 어렵게 촬영할 수 있었다.

　둘째 날 오후는 예불을 마친 승려들이 다시 마당으로 나와 배석하고, 아차리야(스승)들의 춤과 네 사람의 샤낙춤으로 시작하였다. 이들 중 한 아차리야와 제자는 관중 사이를 다니며 악령을 잡아들이던 밧줄을 사람들의 목에 걸며 놀리면 목이 걸린 사람은 좋아라고 웃으며 보시금을 내어 제자의 망태가 두둑해져 갔다. 그러는 가운데 마당 가운데에서는 악령과 마귀·사악함의 상징으로 표시한 붉은 삼각형 표적을 칼로 쳐서 부순 후 헌공 의례를 하였다. 헌공을 마친 승려가 네 샤낙에게 악령으로 빚은 법주法酒를 돌렸고, 이를 마신 샤낙은 마당을 돌며 승리의 춤을 추었다. 마지막 순서는

헤미스곰파 첫째 날 오후 여러 캐릭터들의 춤

스승(아차리야)과 제자. 밧줄로 사람들을 옭아매며 시주금을 걷고 있는 모습

'하상'과 '하툭'의 춤인데, '하상'은 스마일 붓다의 탈을 쓴 스승이고, 하툭은 그의 어린 제자들이다. 이들은 악령들이 사라진 청정한 도량에서 불법을 배우는 모습을 연출하였다. 하툭으로 분한 동자승들이 스승을 놀리거나 재롱을 떠는 모습이 관객의 미소를 자아내는 가운데 해가 저물고, 탕카를 내리며 모든 의식이 종료되었다.

헤미스곰파의 참에서 가장 돋보이는 것은 구루의 춤이었다. 이는 라브랑스에는 없던 것으로, 수행전통과 법맥을 충실히 지켜온 까규의 자긍심을 보여주는 순서였다. 닝마파는 티베트의 민간 종교인 뵌교와 습합된 면이 많고, 개혁종단인 겔룩파는 티베트 본래의 전통을 단순화한 면이 많다는 것을 짐작하게 한 순서였다. 이를 말해주듯 헤미스곰파는 춤의 종류와 등장하는 캐릭터가 라브랑스에 비해 10배가 될 정도로 많았다. 춤사위는 밧줄로 악귀를 나꿔채고, 갈고리로 귀신들을 잡아들이고, 거울로 업장을 비추고, 다양한 의물과 무구舞具로써 표현하는 사실적인 묘사가 많았다.

이러한 모습은 라브랑스와 헤미스곰파가 처한 지리적 영향도 있지만 종파적 성격에서 기인하는 면이 더 많았다. 개혁종파인 겔룩파는 축약된 절차와 순화되고 절제된 춤사위로 의례를 행하고 있음을 두 사원 의례를 통해서 알 수 있었다. 헤미스곰파 참무의 전체 흐름을 보면, 구루와 같이 위의가 높은 존재는 춤 동작이 느리고 절제되어 있어 가장 지존이라고 할 수 있는 파드마바즈라는 움직임이 거의 느껴지지 않을 정도였다. 그에 비해 악마를 잡아들이고 제압하는 춤동작은 역동적이면서도 기괴스러운 탈에 익살스러운 동작도 많았다. 중국이나 대만에서 불교의례를 하고 나면 반드시 소대의식과 폭죽을 터뜨리는데, 라브랑스에서도 같은 모습이 연출되었다. 그에 비해 인도에 있는 헤미스곰파는 탕카를 올리고 내릴 뿐 소대의식은 없었다.

한편, 원을 돌며 춤추는 것은 라브랑스와 헤미스곰파가 일치하지만 양손에 든 의물을 직선으로 내미는 것이나 모든 춤이 정적인 라브랑스의 춤사위는 문묘제례의 일무佾舞와 닮은 점이 다소 있다는 생각이 들었다. 티베트 사원 전각에 장식된 기와 지붕을 비롯해 헤미스곰파와 라브랑스 모두 샤낙이 입은 비단 두루마기의 문양과 디자인에서도 중국적 느낌이 다소 있었다. 이는 당나라 때부터 중국과 교류해 온 티베트 역사와 관련이 있어 보인다. 이렇듯 헤미스곰파를 통해 중국의 영향을 덜 받은 티베트 의례와 악가무를 확인하였으나 다소 아쉬움이 남았다. 새해를 맞아 행하던 의례를 5월(티베트력)로 옮긴 동기가 관광객을 위한 배려였다는 점이었다.

헤미스곰파의 첫날 관람객 중 일반인이 팔구천 명, 승려들이 삼사백 명 정도였고, 이들 대부분이 외국인이었다. 당시에 다람살라

●
물리쳐야 할 장애를 상징하는 표적

●●
하상의 제자 하툭의 춤 (2009. 7)

(맥그로간즈)의 점원 한 달 봉급이 9만 원 정도였고, 헤미스곰파의 사찰 입장료가 100루피(한화 2,500원)였으며, 전망이 좋은 곳에서 볼 수 있는 특별 티켓은 삼사백 루피에 이르는 것도 있었다. 여기에다 의례에 바치는 도네이션(보시금)을 비롯하여 기념품과 자료 판매, 숙박과 관광의 부대 수입을 감안해 보면 '참'의 경제 창출이 상상을 초월할 정도여서 "참 의식으로 일 년을 지낼 수 있다"는 말이 있을 정도였다. 의례로 인한 사원경제와 문화파급의 측면에서는 긍정적이지만 순수 의례의 면면을 보고자 하는 점에서는 아쉬운 점이었다. 그리하여 관광화되지 않은 따시종의 '참'을 보기 위해 히말라산을 다시 넘어 내려와야 했다.

2) 따시종 캄파카곰파의 불교악가무 '참'

① 무문관 수행의 성지 따시종

다람살라 맥그로간즈에서 버스로 2~3시간 거리의 따시종(Tashi jong)은 티베트 이주자들이 집단 거주하는 산골 마을이다. 같은 까규파인 헤미스곰파와 캄파카곰파는 제3대 짬빠짜레린포체 이후 독립된 소종파로 자리 잡았다. 3대 린포체는 불국토에서 다카와 다키니들이 춤추는 것을 보았다. 이마 가운데에 지혜의 눈이 있는 놋쇠가면을 쓰고 바즈라 만뜨라를 암송하며 "몸과 음성과 마음의 문을 열어 붓다의 가피를 받으라"고 했다. 그리하여 오늘날 헤미스곰파와 캄파카곰파 모두 놋쇠가면을 쓴 다키니의 춤이 있다.

캄파카곰파는 까규의 8소파小派 가운데 '둑'파이다. '둑'은 티

베트어로 '용'을 뜻하는데, 이는 린포체가 법문할 때 9마리의 용
이 승천한 데서 붙여진 이름이다. 제1대 캄툴린포체 깔마땐펠
(1560~1628)은 유랑 수행 중 사나운 개들이 덤벼들자 금강 참무를
추어 물리쳤다는 일화가 있다. 1958년 인도로 망명한 제8대 캄뚤
린포체인 깔쌍돈쥬니마(1931~1980)는 7~8년간 유랑하며 깔링풍,
다질링, 부노리 등지에서 법회를 열던 중 히마찰주 깡그라 지역의
산 중턱에 정착하였다. 이곳을 '길상한 마을'이라는 뜻으로 '따시
종'이라 이름 짓고 길상원만법륜림을 형성하며 캄파카곰파를 창건
하였다.

캄툴린포체 8세는 경학 수행에 정통하였고, 법요의식과 참무에
도 뛰어나 사찰 창건을 위해 탁발할 때도 법무法舞를 추었다. 따시
종에 정착한 이후 무문관 수행을 강행하여 신통이 뛰어난 독댄들
이 다수에 이르렀고, 이들은 때로 법열에 취하여 밤새도록 춤을 추
었다. 따시종에서 언덕 하나를 넘어가면 런던에서 다람살라로 출
가하였다가 캄툴린포체로부터 수행 지도를 받으며 히말라야 산중

텐진빠모와 텐진빠모가
창립한 따시종의 비구
니 수행처에서 스님들
과 필자, 선혜 스님
(2009. 7)

에서 무문관 수행을 한 텐진빠모의 거처가 있다. 그녀는 『나는 여성의 몸으로 부처가 되리라』는 책으로 세계를 다니며 설법하는가 하면 이곳에 비구니 수행도량을 건립하여 지도하고 있다. 1980년 1월 18일(양력 2월 15일) 캄뚤린포체 8세가 열반하였고, 그 해 11월 23일(티베트력)에 환생처를 찾아냈다. 1982년 9월 22일 제9대 캄뚤린포체 착좌식을 하였을 당시 아기는 돌을 막 지난 때였다. 얼마 뒤 어린 캄뚤린포체가 텐진빠모를 만났을 때 "서로 알아보고 지난 얘기를 나누었다"는 일화가 있다.

② 캄파카곰파의 금강무회(金剛舞會) '참'

캄파카곰파에서는 티베트력 2월 10일에 참을 하는데, 학기 중이라 의례 참여를 할 수 없는 형편이었다. 그리하여 캄파카곰파에서 촬영해둔 동영상과 의례 지도법사인 푼촉라마와 이 의례를 지켜본 한국 스님들의 도움으로 '참'의 절차와 내용을 파악하였다. 여러 자료를 보니, 캄뚤린포체께서 직접 법상에 앉아 롤모로 의례를 주제하고, 샤낙모와 법의를 입고 법무를 추는가 하면 둑댄(무문관 수행자: 사진에서 긴 머리카락을 틀어 올림)을 비롯한 수많은 수행자들이 의례를 수반하는 모습에 환희심이 절로 났다.

캄파카곰파의 '참'은 파드마삼바바의 탄생일 이틀 전인 2월 8일에 예행연습을 시작한다. 율주스님이 북을 치면 의례를 봉행할 스님들이 집결하여 각각 맡을 역할을 배정받아 준비를 한다. 스님들은 의례를 원만히 설행하기 위한 기도와 내적인 마음의 정화를 위해 집중 기도를 하며 하루를 보냈다. 다음날 아침 (의례 제1일 2월 9일) 정화와 결계의 날이 밝았다. 아침 9시경 관세음보살께 의례 설행을 위한 기도를 한 다음 무복을 차려 입은 후 보리심의 서원을 다지며 도제풀바(Vajrakilaya)의 수행을 하는데, 그 모습이 진중하기 이를 데 없었다.

롤모를 타주하며 의례를 주제하고 있는 캄툴 린포체 9세

캄파카곰파의 샤낙춤

구루들의 춤 전경

자성공양을 관觀하고 있는 요기들

독댄(긴 머리카락을 말아
올린 무문관 수행자)과 놋
쇠 가면을 쓰고 축복의
춤을 추고 있는 승려들

도제풀바 수행이 마무리될 즈음 마당에서 나팔을 불고, 법기를 두드리며 무승들을 마당으로 초대하였다. 무승들은 외적으로는 의례 공간인 마당, 내적으로는 마음을 정화하는 보호륜의 춤을 추는데, 이 춤의 궁극적인 메시지는 "법계에는 본래 장애라는 것이 존재하지 않는다"는 것이다. 이어서 깨달음 성취에 대한 만다라를 관하는 망가라춤을 추는데, 이 춤의 마무리는 금강 바즈라 망치로 풀바를 내려침으로서 모든 유정들의 부정적인 업을 제거하고 윤회계에서 방황하는 근본적 원인이 사라졌음을 나타낸다. 이어서 무승들은 자신들이 쌓아온 수행 공덕을 일체 중생에게 회향하기를 발원하고, 본래의 순수 법계 상태를 회복한 청정 공간을 열어둔 채로 무대를 떠남으로써 하루 절차가 마무리된다.

　제2일인 2월 10일은 파드마삼바바 탄생 축하 법무회法舞會의 날이다. 나팔과 법고 소리를 듣고 샤낙승들이 마당을 돌며 춤을 추는 것으로 시작된 이 날의 절차는 헤미스곰파의 첫째 날 오전 의식에 해당한다. 따시종의 구루의 모습과 구성은 헤미스곰파와 마찬가지로 8구루(師子吼音, 太陽光, 愛慧, 海生金剛, 蓮花生: 파드마삼바바, 蓮華王, 釋迦獅子, 忿怒金剛)로 구성되었다. 이날의 절차 중에 수행·헌신하는 이들이 구루를 향해 외적·내적 공양을 올리는 것은 헤미스에서 볼 수 없었던 것으로 매우 특별한 인상을 주었다. 남성과 여성으로 분한 두 요기(수행자)는 칠지좌법七支坐法의 자세로 공중 부양하여 착좌한 후 자성공을 관觀하였다. 이러한 자세는 수행의 내공이 그야말로 금강과 같이 견고하지 않으면 흉내조차 낼 수 없는 것이기에, 마당에 둘러앉은 관중은 그 모습을 보는 것만으로도 구루와 무승舞僧들에 대한 존숭과 귀의심이 충만해진다.

이어지는 나흘간의 내용은 헤미스곰파에서 여러 캐릭터들이 한 꺼번에 춤추던 것이 모두 독립된 절차로 진행되었다. 제3일(2. 11) 은 13위의 문수명주文殊命主·감로공양·4묘지지기四尼陀林主·사 방문여신(四女門神)·검은 까마귀와 노란 올빼미·각 2수씩 수사슴 과 수소·분노존과 그 권속들의 춤에 이어 모든 장애를 깨부수는 의식과 헌공 후에 분노존과 여타 권속이 정화된 법계로 돌아왔다. 제4일(2.12)은 사자탈을 쓴 남녀 호신과 그 권속, 원숭이탈과 그 예 하 여러 동물의 춤, 제5일(2.13)은 밀행 신비와 위력을 널리 펴는 춤(施防呪術), 제6일(2.14)은 염라왕과 그 권속들의 춤, 각각 8명으 로 구성된 얍(勇父)과 염(勇母)이 길상의 푸른색을 칠한 북을 들고 깃발과 발에 지혜의 눈을 표하며 춤추는데, 헤미스곰파의 얍과 염 의 춤에 비하면 그 줄거리와 표현이 매우 장대하고 구체적이었다.

③ 참무의 진정한 메시지

캄파카곰파의 참 절차 중에서 헤미스곰파에서 보지 못했던 인상적 인 장면을 들면, 까마귀와 올빼미의 춤, 사슴의 춤, 파드마삼바바의 높은 수행 단계를 표현한 춤이었다. 낮을 상징하는 까마귀와 밤을 상징하는 올빼미는 낮과 밤이 맞물려 돌듯 빙빙 돌며 춤추다 일상 의 번뇌를 쓸어버리는 동작을 취하였다. 두 숫사슴은 에고를 상징 하는 표적을 칼로 찍어서 마구 먹어 치웠다. 그것은 에고가 실제로 존재한다고 생각하는 그릇된 개념을 먹어 치우는 행위였다. 사슴 이 에고를 소화시키고 나면 순수한 법계와 밀승(密僧) 수행자만이 남는데, 바로 그 순간 사슴의 손에 든 활과 화살의 위치가 바뀐다. 그것은 상대적 진리를 완전히 타파한 상태를 나타내는 것으로, 오른손의 활은 궁극적 진리를 깨달음으로써 생긴 숭고한 감사의 뜻을 나타낸다.

또 한 가지 중요한 순서는 사악한 마라(mara: 더러움을 뜻하는 산스끄리뜨어)와 그 부하들을 물리치는 여왕의 춤이었다. 이는 파드마삼바바의 제자들이 겪는 최상승의 수행 과정을 보여주는 것으로, 마라는 깨달음을 성취하기 직전의 수행자들을 괴롭히는 존재들이다. 여러 가지 가면을 쓰고 수행자들의 나약함과 아만을 찾아 공략하는 마라 일당은 무색계의 영역까지 감쪽같이 숨어들어 수행자들을 교란시킨다. 이들의 유혹에서 벗어나 깨달음의 승리에 이를 수 있는 유일한 길은 견해 없는 견해의 완벽한 지혜와 자비 연민의 결합에 있다. 여왕은 붉은 가면을 쓴 파드마삼바바의 화신 제자들과 함께 악령들을 물리치는 춤을 추고, 호법신들도 주변을 돌며 춤을 추는데, 그들의 머리 위에는 깃발이 있고, 제3의 눈이 장식되어 있다. 무승들은 뒷꿈치를 들고 앞뒤로 움직이지만 발은 비틀거리는 일이 없으며, 눈은 모든 것을 보고 있다. 마지막 날은 7일간의 금강무로써 축적된 충만한 에너지를 법계의 모든 중생에게 회향하는 춤으로 하루를 보낸다.

7박 8일간 행해진 캄파카곰파의 참무는 다소 직선적인 춤사위를 보였던 중국령 라브랑스보다 훨씬 유연한 동작인 데다 빙글빙글 도는 원무가 많아 티베트 특유의 꼬라(원형 순행)문화가 느껴졌다. 신성한 '가르참'의 스텝과 동작 및 각 절차에 수반된 금강무의 수

회향 인사를 나누고 있는 사람들. 오른편에 노란 법의에 붉은 가사를 한 분이 캄파카곰파 참 의례를 총 지도하는 푼촉 스님이다.

행 관법은 파드마삼바바에 의해 전래된 초기 인도 불교 텍스트 '예세 감록(Yeshe Ngam~log)'에 기초한 것이다. 이를 계승한 캄파카곰파의 참은 3대 캄툴린포체 악왕 꾼가땐진(1680~1728)에 의해 정립된 것이다.

따시종의 7박 8일간의 '참'에는 금강저를 비롯한 수많은 의물과 무구(舞具)가 수반되고, 각 절차의 복식과 탈, 춤의 동작은 철저하게 호법 만다라의 상징체계에 맞추어져 있으며, 각각의 춤은 허공·바람·물·불·땅·단(壇城)·혈血·사방四方·고루骷髏가 지닌 비의秘意들이 의궤의 치밀한 설계 위에 재현된다. 금강저를 비롯한 각종 호법 무구를 휘두르는 궁극적인 목적은 장애가 있다고 여기는 망상과 스스로 만든 견해와 에고ego의 장애를 혁파하는 것이지 외부를 향한 투쟁이 아니다. 따시종의 참은 보여주기 위한 퍼포먼스가 아니라 수행의 몸짓으로 증거해 보이는 행법이었다. 따라서 따시종의 참무는 깨달음의 도달점과 거기에 이르는 방법을 세세하고도 구체적으로 보여주는 설법의 마당인 것이다.

의례를 마치고 승려와 마을사람들이 회향의 축복을 만끽
하고 있다. (사진 제공: 캄파카곰파)

3. 불탄성지 네팔불교와 음악

인도 북동부 지역의 네팔은 근세기까지 줄곧 인도와 동일 국가였다. 룸비니는 부처님의 탄생지로, 세계 각국에서 이곳 국제사원지역에 사찰을 짓고 홍법활동을 하고 있다. 네팔도 후기 인도불교의 면모를 지니고 있지만 근래에 네팔에서 행해지는 불교행사나 축제를 보면 티베트 색채가 지배적이다.

1) 룸비니에서 만나는 불음佛音의 세계

① 룸비니의 복원과 현재

인도 북부 국경 소나울리에서 통과 도장을 받고 지프차를 타고 룸비니 게이트를 지나도 인도에서 벗어난 실감이 나지 않았으나, 점차 파란 하늘과 푸른 숲이 보이기 시작하자 이름도 예쁜 룸비니가 지척에 있음을 느낄 수 있었다. 지구 최고의 명산 히말라야 산자락 평원의 룸비니에서는 마음만 먹으면 안나푸르나 계곡을 산책할 수 있고, 구름이 바람에 날려가는 순간에는 그 유명한 피쉬테일이 눈앞에 나타나며 반딧불이가 반짝이는 포카라 호수가 지척에 있으니 어쩌면 마야부인 태속 아기가 이곳의 아름다움을 보러 그만 어머니 뱃속을 박차고 나온 것이 아니었을까? 신묘한 아기는 태어나자마자 일곱 걸음을 걸어 "천상천하 유아독존"이라 했다. 과장이 심하다는 생각을 했던 적도 있었지만 산스끄리뜨와 힌두 문학을 배우면서 그런 생각도 사라졌다. 일곱 걸음이라는 뜻의 '사쁘따빠디'

룸비니 게이트

는 인도의 결혼식에서 신랑신부가 하는 세리머니의 하나이기도 하여 다의적인 메타포를 알게 된 것이다.

지상 최고의 천국이라 해도 과언이 아닐 정도로 아름다운 룸비니지만 중세 무렵 이슬람 세력에 의해 파괴된 이후에는 잊혀진 곳이었다. 1896년 고고학자 퓨라 박사가 아쇼카왕이 세운 석주를 찾아내며 룸비니임을 알게 되었지만 그러고도 반세기 이상을 황폐한 채로 있었다. 1967년 이곳을 방문했던 우탄트 유엔사무총장이 룸비니의 재건을 호소하면서 복원이 시작되어 마야데비사원, 아쇼카석주와 더불어 세계 여러 나라의 사원이 들어섰다. 평화의 불꽃 동쪽에는 미얀마, 인도, 태국 등 남방 불교사원, 서쪽에는 한국, 중국,

●
룸비니의 아쇼카석주

●●
룸비니 독일사원의 천정 만다라

티베트 등 북방 불교사원이 있다. 히말라야 등반로 앞이다 보니 수많은 여행객이 몰려오는데, 그들 사이에 독일사원과 한국사원의 인기가 높았다.

② 코리안템플 대성석가사와 안나푸르나 트래킹

독일사원에 가보니 넓은 연못에 티베트에 온 듯한 사원 건물과 주변 경관이 너무도 아름다워, 왜 여행객들이 "저마니 템플, 저마니 템플" 하는지 알 만하였다. 그런데 법당 안으로 들어가니 로마 교회 같은 천정벽화에 티베트식 만다라가 그려져 있어 유럽의 문화적 DNA를 지닌 사람들이 불교를 어떻게 이해하는가를 눈으로 보는 듯하였다. 친절하기로 소문난 코리안템플 대성석가사로 오니 이 또한 만만찮다. 지붕의 모습이며 법당에 걸린 소종까지 온전히 한국적이 아니어서 타지에서 한국을 재현하기가 얼마나 어려운지를 실감하였다. 마찬가지로 인도의 불교가 티베트·중국·한국·일본으로 건너와서 어떠한 모습으로 변형되었는가를 역으로 생각해 보는 기회가 되기도 하였다.

룸비니의 여러 나라 사원 중에 한국의 절터가 가장 명당이라며 열심히 설명해 주시는 스님의 설명을 듣고 주변을 둘러보다 지나는 사람들을 만났다. "어디서 왔느냐? 안나푸르나는 언제 가느냐?"고 묻는 것이 입에 익은 사람들이었다. "거기는 전문 등산가들이 완전 무장해야 갈 수 있는 곳 아니냐?"는 물음에 그들은 "우리는 슬리퍼 신고도 나물 캐러 간다"며 마실 가듯 답했다. 해서 스틱과 운동화를 빌려 신고, 왕복에 일주일을 걸어야 하는 안나푸르나 베

단청이 마무리
된 대성석가사

이스캠프 트래킹에 도전했다. 하산하는 길에 오른발 엄지발가락이
부어오르며 불덩이가 돼 병원에 갔더니 의사는 "새 발톱이 날 것이
니 걱정말라"며 덤덤히 말했다. 그야말로 현지인과 외지인의 갭을
뼈저리게 느꼈다.

③ 네팔의 문화 지형과 민족 음악

히말라야의 신성한 기운이 서린 이 동산에 온 세계의 사원이 있는
데 왜 네팔사원은 없는 것일까? 궁금해서 알아보니, 영국 식민지를
벗어난 이후 인도와 분리되고, 네팔 공산당 NCP·급진 좌파·왕정
의 충돌과 혼란 속에 그렇지 않아도 소수의 불교인구라 사원을 건
립할 여력이 없었다고 한다. 그러나 근래 들어 룸비니의 네팔사원

건립을 위한 모금운동이 펼쳐져 건립 공사가 진행되고 있으니 룸비니에서 마주하게 될 네팔사원에 기대가 크다.

　룸비니의 네팔사원 건립에는 불교 축제가 큰 힘이 되었다. 승가의 은혜를 기리며 매년 열리는 궁라(Gunla)축제와 자비행을 실천하는 빤짜다나축제에서 사원 건립을 위한 물건과 금전을 헌납 받은 것이 룸비니의 네팔사원 건립을 위한 종자돈이 된 것이다. 이후 카트만두와 라릿푸르에서 열린 다나 축제에서도 많은 기부금이 모여졌다. 이러한 결과로 룸비니의 부지를 사들이고, 건설 자재를 갖추어 가던 중에 네팔 시민과 네와르 공동체의 후원이 더해졌으니 조만간 네팔식 사원이 눈앞에 나타날 것으로 보인다.

　룸비니의 네팔 불교사원 건립의 동력을 제공한 축제들은 네팔 불교음악뿐 아니라 민간 풍류도 흐드러진다. 옆으로 누인 북통 양쪽에 가죽을 붙인 마달과 좀 더 몸집이 큰 디메이를 둘러메고 두드리며 춤추는 사람들은 예전 우리네 시골 마을의 모습과도 닮았다. 마달은 한국의 장구와 같이 양면 북이기는 하지만 허리가 볼록하며, 북면에는 인도의 따블라와 같이 쇳가루를 으깨어 붙인 조율점이 있어 울림이 부드럽다. 북과 함께 수많은 악대들이 피리를 부는데, 검은 관대를 옆으로 부는 것은 반수리, 세로로 부는 것은 쉐나이다. 불교의례에서는 티베트 스님들이 부는 소라 나팔 락샹마에 둥카르, 걀링이 있고, 타악기로 롤모(심벌즈)나 틱샹을 두드리기도 한다.

　네팔의 노래는 유쾌하고 화창하며 목청을 굴리는 요성이나 장식음이 많고, 리듬의 박절감이 흥겨워서 구경꾼들도 어깨를 들썩이

네팔 민속춤과 노래

게 된다. 마을 사람들이 모여 놀 때는 디메이 북을 두드리며 노래하고 춤추는데, 이때 여자들은 알록달록한 의상을 입고, 남자들은 흰 수건을 두르고 흰 바지저고리를 입은 사람이 많다. 골짜기가 깊은 만큼 지역적 차이가 크지만 풀쩍풀쩍 뛰며 흥을 내는 모습이 남같지가 않은 데에는 네팔과 한국이 지닌 산악지역 사람들의 친연성이 있다. 미디어가 발달한 요즈음은 K팝의 인기가 대단하여 안나푸르나 등반길의 롯지에서도 한국 드라마를 볼 수 있었다. 젊은이들은 전기 기타와 함께 전통악기도 함께 연주하지만 록을 연상시키는 강한 비트는 '동서양을 막론하고 젊은이들은 같다'는 생각이 들었다. 이러한 가운데 탈을 쓰고 퓨전 악기를 연주하는 팀이 있었는데, 티베트 참무에서 보았던 호법 다키니의 탈과 힌두 신들의 탈이 섞여 있어 이 나라 종교문화가 그대로 음악으로 반영되는 모양새였다.

④ 석가 동자의 모국어와 범패

인류의 모든 음악은 언어에서 시작되듯이 불교음악의 원천은 부처님의 음성과 말씀이다. 『보요경』에는 "석가동자가 7세 때에 일만의 동자와 분별서자分別書字를 노래하였다"는 내용과 함께 알파벳(子母)을 적고 있다. 축법호가 번역한 또 다른 경전 『광찬반야바라밀경』에는 범어 자모 하나하나에 수행 덕목을 부여하고, 연기성공緣起性空에 의해 첫자인 '아'자로 귀결되는 범어자모를 다라니화 하였다. 이후 무라차의 『방광반야바라밀경』, 구마라집의 『대품반야경』에 이어 불공에 의해 『화엄경』에 편입된 자모는 모두 42자 이지만 『대일경』과 『열반경』에 이르러 51자로 늘었다. 이는 부처님 말씀의 기본 알파벳 "아라파차…"에서 미묘한 발음 4가지를 세분해서 더한 것이다. 자모음은 해탈의 종자種子이므로 오늘날 중국과 대만에서는 지옥 아귀를 위한 유가염구에서 불리기도 한다.

부처님 입멸 후 유부는 산스끄리뜨, 상좌부는 빠알리어와 유사한 빠이샤치(Paiśācī), 대중부는 마하라슈뜨리(Māhārāshtrī), 정량부는 샤우라세니를 사용하였다. B.C. 2~1세기 무렵 설일체유부를 중심으로 하는 교단이 까슈미르(Kásmīra)와 간다라(Gandhara) 지방에 정착함으로써 이곳에 간다라어 『담마파다(法句經)』가 남아 있고, 구마라집이 번역한 『묘법연화경』은 그의 고향인 중앙아시아 쿠차(Kucha)의 언어로 쓰여졌다. 서기 전후 승가에는 혼성 산스끄리뜨(Buddhist Hybrid Sanskrit)를 사용하였는데 이는 『묘법연화경』에 남

안나푸르나 계곡 아이들

히말라야 산자락에서
밭농사를 짓는 사람들

아 있으며, 오늘날 중국·한국·일본에서 경전어로 통용되는 실담
범자(Siddhammātṛkā-type)는 굽타형의 문자에서 파생된 것이다.

부처님의 설법어였던 마가다어는 문자가 없었으므로 구전으로
암송해 오다 스리랑카에서 싱할라어로 음사한 것이 최초의 경전이
다. 현재 싱할리즈, 미얀마, 캄마, 태국, 데바나가리, 몽골, 그리고
로마자의 7가지 버전이 있다. 산스끄리뜨·빠알리·실담·데바나가
리는 같은 인도어이므로 한국 사람이라면 서울말이나 경상도 말
을 알아듣듯이 알아들을 수 있다. 사방으로 파견되었던 군인들의
언어가 오늘날 힌디어로 쓰이며 데바나가리문자로 표기되고 있고,
네팔 불교음악의 가사도 데바나가리로 표시되어 있어 범어를 안
다면 읽을 수 있다. 불교문화권 여러 나라 음악을 들어보면 범어의
원음을 선율화한 것이 많다. 그에 비해서 한국에서는 중국의 한문

피쉬테일이 보이는 안
나푸르나 베이스캠
프 (이상 히말라야 사진
2009. 8)

계송을 늘여 짓는 것에 편중되어 있어 부처님의 말씀어인 범어 범
패의 율적 아름다움에 대해서 간과하고 있다. 진언과 다라니는 달
달 외는 것이 대부분인 우리와 달리 미얀마나 스리랑카 스님들이
외는 경전율조는 범어 그 자체가 음악이라는 생각이 들 정도로 유
려한 선율이 많다.

2) 네팔 불교와 카트만두 축제 음악

룸비니를 떠나 포카라공항에서 카트만두를 올 때는 12명 정원의 경비행기를 탔다. 돛단배만한 비행기다 보니 조종실과 객실이 한 공간이었는데, 조종사가 여성이었다. "와~ 멋진데!" 하는 감탄사는 잠시, 비행기에 내려 마주하는 일반인들의 삶은 그야말로 하늘과 땅 차이였다. 쓰레기가 산이 되도록 방치되어 있는 마을길에서 한 블록만 나서면 카트만두 명품거리, 거기서 잠시만 내려가면 북한 식당도 있다. 수일간 인도 음식만 먹다가 평양냉면과 김치가 몹시도 반가웠지만 그곳에서 노래하고 춤추는 종업원들의 모습에 왠지 모를 쓸쓸한 여운이 남았다.

신성한 산 히말라야와 북인도가 만나는 지역에 있는 네팔은 B.C. 249년 아쇼카왕의 순례 이후 5세기에는 중국의 법현, 7세기에는 현장이 다녀오며 기록을 남겼다. 네팔의 종교 분포를 보면, 힌두교 80%, 이슬람 7%, 불교는 10% 정도이다. '네'라는 힌두 성자가 세

카트만두 번화가 뒷골목의 노점 상인들

카트만두 시내 스투파들

위 "네의 보호를 받는 곳"이라는 뜻의 네팔에 정착민 거주 흔적은 신석기시대부터 나타난다. 이후 마우리야 왕조, 굽타왕조를 지나 불교와 힌두가 혼합된 네와르족에 의한 초기 역사, 4~5세기 리츠차비왕조, 7세기 중엽 중국에 사신을 보내는 등 활발한 교류시대, 10~18세기의 카트만두 도성 이전과 말라왕조시기, 근대 영국 식민지 이후 인도로부터의 분리 이후까지, 불교가 힌두에 완전히 잠식되지는 않고 뚜렷한 명맥을 유지하고 있는 것은 몽골계 티베탄의 역할이 컸다.

네팔의 전 역사를 통틀어 모든 왕조들이 카트만두 분지를 중심으로 발달했다. 오늘날 카트만두는 하누만 도카와 같은 옛 궁중 터를 비롯하여 꾸마리 여신을 섬기는 사원 등, 네팔 힌두문화의 수도이다. 이들 중 가장 긴 역사를 지닌 파슈파티사원은 10개의 사원군으로 이루어져 있다. 이곳 화장터에서 화장되면 윤회의 고리를 끊게 된다는 믿음이 있다. 사망 후 24시간 이내에 화장을 하는 힌두 관습이 있어 먼 거리에 있는 사람들은 미리 와서 화장될 때를 기다린다는데, 요즘도 그런 일이 있나 싶어 가 보았다. 말이 쉬워 그렇지, 죽음을 앞둔 사람이 멀고 험한 길을 수레를 타고 온다니 "삶이 얼마나 고달팠으면 다시는 태어나지 않기 위해 그런 마음을 냈을까" 싶다가도 순진하고도 무모한 믿음이 어이없기도 하였다. 화장터를 둘러보니 저만치에는 시체 타는 연기가 일고, 망자의 가족들은 쓰레기더미 속에서 음식을 먹고 있는데 그 모습이 몬도가네를 방불케 하였다. 이러한 미신이 만연하던 세상에 샤카족의 왕자 붓다가 일구어 놓은 비상탈출구가 더 없이 감사하게 여겨지는 순간이었다.

오늘날 샤카 집안에서 태어난 남자들은 승려 수계를 받아 샤카 승가의 구성원이 되고, 바즈라짜리야 집안에서 태어난 남자들은 승려 수계를 받고 추가로 아사리 계를 받아 바즈라짜리야(금강승)의 구성원이 된다. 그들은 영적인 지도자나 성직자로 인정받으며 종교적·사회적 의식을 수행한다. 이러한 가운데 몇몇 바하 승가들은 샤카와 바즈라짜리야 둘 다 지니고 있기도 하다. 아무튼 네팔의 샤카족은 준사제로서 의례를 주제할 정도로 자긍심을 지니고 있다.

네팔 곳곳에는 엄격한 구분이 되지 않는 힌두사원과 불교사원이 2천5백여 개에 달한다. 힌두사원에 가면 인도에 온 것 같고, 불교사원에 가면 티베트에 온 것 같기도 하다. 그러다 보니 네팔불교에 대한 예비지식이 없는 순례자들은 힌두의 신상을 관음보살상이

파슈파티 힌두사원의
동상들 (2009. 7~8)

파슈파티 힌두사원. 연
기 나는 곳 주변이 화장
터다.

라고 참배하기도 한다. 네팔의 문화적 양상은 체뜨리, 브라만, 마가
르, 타루, 타망, 네왈과 그 외의 소수민족에 따라 차이가 있지만 크
게 보면 인도 아리안계의 힌두와 몽골리안계 티베트족의 불교문화
로 구분되고, 이들의 음악도 인디언 스타일과 티베탄 스타일이 큰
갈래이다.

　말라시대에 건설된 300여 개의 불교사원은 아직도 카트만두 분
지에 남아 있다. 각각의 승가 구성원들은 날마다 대승불교 경전과
게송, 매주 하는 기도, 매달 8일과 보름에 하는 의례가 신행의 리듬
을 형성한다. 암송으로는 반야심경, 육자진언, 아와로끼떼스와라
(관음) 명호를 비롯한 몇몇 진언과 다라니는 일반 신도들에게도 허
용되지만 신도들에게 허용되지 않는 만트라가 많다. 이는 사자상
승師資相承의 밀교 전법에 의한 것으로, 승려들 간에도 스승의 인가
를 받아야만 할 수 있는 작법이 따로 있다. 이러한 배경에는 고대

부터 고도의 밀교 딴뜨라 수계식이 진행되어 온 전통이 있다.

　네팔 승가에는 수사학, 범어 훈련, 스토리텔러(口傳) 양성, 모래 만다라 작단, 공양수행법, 짜르야 찬팅(범패), 짜르야 춤(작법무), 점 성술, 마지막으로 학술연구를 위한 장학금 지원에 관한 아홉 분야 가 구축되어 있다. 이러한 바탕에는 네팔에서 산스끄리뜨 문학의 보존과 이로 인한 대승경전의 수많은 아사리를 배출해 온 저력이 있다. 하지만 근세기 정치적·사회적 혼란 상황 하에서 전통적 교 육 방법과 승가 전통이 원활하게 진행되기에는 여러 문재가 산적 해 있다.

　오늘날 네팔 사람들의 불교 신행과 풍속은 스와얌브나트 스투 파 주변에서 일어나는 신행을 통해서 느껴볼 수 있다. 3세기경 아 쇼카왕이 카트만두 일대를 순례한 후 세워진 것으로 알려지고 있 는 이 탑은 14세기 이슬람 침략자들에 의해 파괴되었다가 말라왕 조에 의해 재건되었다. 이 건축물은 카트만두를 상징하는 대표적 인 불탑이기도 하지만, 이 도시를 지켜주는 것으로 숭배 받으므로 불교도와 힌두교도들이 뒤섞여 참배하는 이색적인 풍경이 연출된 다. 후기 인도불교의 성격을 압축해 놓은 스와얌브나트 스투파(塔) 의 건축 양식이 말해 주듯, 이 탑 일대의 불교음악도 후기 인도 불 교의 찬팅 율조를 느끼게 한다.

　대부분의 순례객들은 동쪽 입구에서 시작하여 서쪽으로 돌아 내 려온다. 이들을 따라 동쪽 입구에서 약 100미터의 계단을 오르면 스투파 정상에 도르제(金剛杵)가 압도하듯 맞이한다. 도르제 뒤편 으로는 거대한 반구형의 스와얌브나트가 있는데, 돔 형태의 상단

입구 계단에서 올려다본 스와얌부
나트, 올라가서 본 스와얌부나트

에는 네팔식 불탑이 올려져 있다. 불탑 중앙에는 동서남북 사방을
응시하는 붓다의 눈이 새겨져 있고, 그 가운데는 물음표 같이 생긴
코가 있는데, 이는 네팔의 숫자 1을 상징하며 "모든 진리는 하나"
라는 메시지를 던지고 있다. 미간에 그려진 눈은 티베트 참 의식에
서 호법 다키니의 놋쇠가면에 새겨져 있던 삼지안을 떠올리게 하
였다. 탑신 위로는 13개의 둥근 원이 차곡차곡 포개져 있어 해탈을
위해 거쳐야 하는 13단계를 보여주고 있다.

   "카트만두 계곡은 호수였고, 스와얌브나트는 호수 한가운데 섬
처럼 떠 있었다"는 전설이 있다. 신화로만 알고 있던 카트만두 호
수설이 최근 지질학자들에 의해 사실로 밝혀졌다. 부탑의 정상에
올라서니 카트만두 시내가 한눈에 들어왔다. 맑은 날이면 히말라
야의 봉우리들이 훤히 보인다는데, 필자가 방문한 그 시절의 하늘
은 매연과 먼지로 가득하여 도무지 상상이 가지 않았다.

카트만두 부다나트 스투파

부다나트 스투파에서 아침
꼬라를 돌고 있는 사람들

북과 솜샬(작은 롤모를
이르는 티베트 명칭) 반
주에 맞추어 사하나이
와 나라싱하를 부는 사
람들

　힌두교도와 불교도가 뒤섞여 있는 스와얌브나트와 달리 부다나
트는 티베트계 불자들의 영역임을 확연히 느낄 수 있었다. 티베트
불교의 총본산이자 네팔에서 가장 큰 규모의 부다나트의 건립에
관한 설은 여러 가지지만 유력한 설은 티베트 통일 군주 송첸 깜보
가 지었다는 설이다. 주변에는 닝마·까규·샤카·겔룩에 속하는 크
고 작은 20여 개의 사원이 있어 티베트 불교의 면면을 한 지역에서
만날 수 있다. 라싸의 조캉사원에 아침마다 꼬라를 도는 사람들이
몰려오듯 이곳에도 아침이면 몽골계 티베탄들이 왼손으로 염주를
굴리고 오른손으로 마니차를 돌리며 진언과 다라니를 외며 모여들
었다. 네팔불교 의례와 음악을 보면 모두가 티베트방식이어서 룸
비니 독일사원이 왜 티베트사원 같았는지를 이해할 수 있게 된다.
그렇다고 네팔불교가 티베트불교라고만 할 수는 없으니, 네와르족
부터 말라왕조로 이어져온 기층불교도의 바탕이 있기 때문이다.
　카트만두에는 힌두축제와 불교의 다나축제 등, 끊임없이 축제가

열린다. 이때 각양각색 악대들의 악기 중에 긴 관대를 휘어 올려 부는 나라싱하는 네팔에서만 볼 수 있는 독특한 나팔이다. 서양에서 악기 개발이 활발해지면서 긴 관대를 말아서 겹친 호른이나 튜바는 있어도 관대를 휘어 올려서 부는 경우는 없다. 히말라야의 가파른 골짜기에서 양들을 부르고 신호를 보내야 하다 보니 관대를 휘어 올린 것일까? 한국의 태평소, 인도의 쉐나이와 같은 계열의 '사하나이'도 관대가 휘어진 것이 있다.

대체로 인도나 티베트와 같은 악기를 쓰는 악단이 많지만 깊은 산골에서 온 사람들은 그 지역 특유의 악기를 쓴다. 평야와 해안가, 교통이 원활한 지역은 음악에 있어서 지역적 차이가 그다지 없는 데 비해 산악지역 사람들은 골짜기마다 확연히 다른 그들만의 문화가 있다. 그래서 배로 사방을 다니는 일본은 지역 민요토리의 구분이 그다지 없는 데 비해 태백산맥에 의해 좌우로 나뉘는 한국 민요는 메나리토리와 육자배기토리의 구분이 선명하다. 한국보다 산정과 골짜기가 더 가파른 네팔은 궁중·민속·힌두·불교·이슬람·무속·전통·파퓰러 등 계열에 따라 그들만의 독특한 음악이 있듯이 종교문화도 마찬가지다.

제4장

빠알리 문화권의
불교의식과 범패

南방지역 사람들은 "우리는 불교의식이 없고, 범패도 없다"고 한다. 그렇지만 그들도 부처님께 예경하고, 삼귀의와 회향 기도를 하며, 거기에는 음률이 수반된다. 다만 이들은 어떤 의식을 특정한 형식과 절차대로 해야 한다거나 어떤 선율로 한다는 규약이 없다. 말하자면 그들의 범패는 자연스러운 생활 예법에서 발생하는 율조이므로 인위적인 현상이 아닐 뿐이다. 예전에는 동남아지역 불교를 소승불교라고 했지만 이는 초기불교의 전통을 충실하게 지켜가고 있는 이들에 대한 올바른 표현이 아니었다. 그리하여 근간의 학계에서는 상좌불교, 초기불교, 근본불교, 테라와다불교 등으로 표현하고 있다. 이들은 빠알리 경전을 토대로 하고 있으며, 지역적으로 스리랑카, 미얀마, 태국, 캄보디아, 라오스 등지에 해당한다.

1. 위빠사나 수행의 성지 미얀마 범패

인도와 국경을 맞대고 있는 미얀마는 일찍부터 불교가 전래되어 오랜 역사와 전통을 이어왔다. 근대에 들어서는 마하시 사야도가 일으킨 위빠사나 수행이 전 세계로 확산되면서 크게 주목받기 시작했다. 영국의 식민지 당시 만들레이 왕실 후원으로 제5차 결집, 독립 후 양곤으로 수도를 옮긴 후 미얀마 불교의 위상을 세상에 알린 제6차 결집에 대한 자긍심이 크다. 경·율·론을 모두 암기할 수 있는 삼장이 10여 명이고, 승려들이 치르는 승과는 고시공부보다 더 어렵고 영예로운 것으로 여긴다.

1) 미얀마의 빠알리찬팅 - 부처님 말씀이 곧 범패

힌두 사제들의 베다찬팅, 다윗의 시편, 이슬람의 꾸란은 모두 아름다운 율조를 지니고 있다. 이들 율조는 말씀을 읊는 가운데 자연스럽게 생성되는 것이므로 종교행위를 하는 것이지 음악행위를 하는 것은 아니다. 따라서 이들에 대해 음악이라는 표현은 가능한 쓰지 않으려 한다. 이러한 율조를 연구할 때, 내부자들은 주요 골격음 위주로 간단히 그리는 데 비해 외부자들은 들리는 대로 장식음과 시김새를 그리는 경향이 있어 전문용어로는 에믹(emic)과 에틱(etic)이라 한다.

마하시선원에서 수행하고 있던 어느 날, 창립기념일이 다가오자 사찰 마당 곳곳에 가마솥이 걸리고, 온갖 물건들을 쌓아놓은 부스가 설치되었다. 그중에 필요했던 물건이 있어 얼마냐고 물었더니 "수행자들은 모두 공짜이니 아무거나 가져가라"고 하였다. 일주일 꼬박 전국에서 모여든 수많은 스님들과 신도들로 붐비는 축제이니 장구치고 북치고 춤추는 사람들도 오겠거니 했는데 마지막 날까지도 그런 것은 일절 없었다. 대신 새벽·오전·오후·저녁 시간마다 곳곳의 공간에서 법문이 있어 그야말로 법의 잔치였다.

그런데 법문하는 곳에서 계속 노랫소리가 들려와서 의아했다. 그러던 어느 날 너무도 청량한 음성에 선율마저 고운지라 나도 모르게 소리가 나는 곳으로 가게 되었다. 가서 보니 강당에 사람들이 빽빽하게 들어차 있고, 법문하는 스님 뒤 불단 앞에는 제자들이 정좌하고 있어 법문의 격식과 위의가 충천하였다. 설법을 마치고 쏟아져 나오는 사람들은 아이돌 공연장을 방불케 하였고, 전국에서 온 버스들이 일제히 시동을 거느라 온 마당이 떠나갈 듯하였다. 그리고 다음날 공양시간이 되었는데, 어제 법문하시던 스님이 계시기에 "스님, 어제 법문 중에 부른 그 노래 제목이 무엇입니까?"라고 물었더니 "나는 노래한 적이 없다"고 하셨다. 그래서 재차 "어제 계속 노래하시던데요?" 했더니 "아~ 그것은 경전이지 노래가 아닙니다"라고 하셨다. 경전을 외워서 지니는 미얀마 스님들이 법문의 근거가 되는 경전을 암송한 것이 노래로 들렸던 것이다. 며칠 후 어떤 스님이 경전을 외고 있는데 법사스님의 경구와 같은 선율이었다. 예전 같으면 무슨 노래냐고 물었겠지만 이제는 "그것은 어느 경구(經口)입니까?"라고 물었더니 『법구경』의 몇 번째 가타라고 일러주셨다.

모든 음악은 언어에서 출발하듯이 불교음악은 석가모니 부처님의 말씀으로부터 시작된다. 부처님 입멸 후 제자들의 합송으로 경전이 성립되었고, 대중이 다함께 말씀을 외우는 과정에 율조가 생겨났으니 그것이 부처님 열반 한 달 후 이루어진 제1차 결집이었다. 그리고 100년 후의 제2차 결집, 236년 후 아쇼까왕의 후원으로 제3차 결집을 마친 후 아홉 방향으로 네 명씩 담마 사절단을 파견하여 법이 전파되었으므로 남방불교에서는 제3차 결집까지의 내용만을 경전으로 인정한다.

아쇼까왕의 아들 마힌다는 스리랑카로 법을 전했다. 세월이 흘러 급진적 승단에 의해 이견이 대두되자 온전한 불법 보존에 위기감을 느꼈다. 그리하여 제4차 결집이 열렸다. 부처님의 말씀은 문

만들레이 강원 정문

강원에서 공부하고 있
는 승려들

자가 없었으므로 싱할리 문자로 음사하여 최초의 빠알리경전이 성
립되었다. 그러면 '부처님은 마가다어를 하셨는데 빠알리가 마가
다어라고 할 수 있는가?'에 대한 의문이 들어 스님들께 물어보았
다. 그러자 "1차 결집 때부터 부처님 말씀을 그대로 합송해서 전승
하다가 어느 날 대중이 다함께 다른 언어로 합송한다는 것은 불가
능한 일이다. 우리는 부처님 입멸 후 있었던 1차 결집 때부터 이어
져 온 그 말씀을 지금까지 계속해 오고 있고, 그것이 바로 빠알리
경전"이라고 하였다.

1857년 서구 열강의 침입으로 전법傳法의 위기를 느낀 마얀마스
님들이 옛 도성 만들레이에서 제5차 결집을 하였다. 당시는 제4차
결집이 있은 지 천년이 넘는 세월이 흘렀으므로 그 원형과 정통성
에 대한 의문이 들었다. 이에 대해 만들레이 강원장 라자담마비밤
사 스님께 여쭈었더니 "승단의 전통이 원활하게 이어지고 있을 때
는 결집을 하지 않습니다. 19세기 들어 서구의 침략으로 올바른 법
의 전승에 대한 위기감을 느껴 결집이 이루어졌습니다. 그때 제3

차 결집에서 '새로 넣지 말고, 빼지 말고, 있는 그대로'라는 원칙하에 진행되었습니다. 결집을 주제한 민돈왕은 2,400명의 승려들에게 경전을 암송하도록 하였는데 여섯 달을 걸려서 모두 읽었습니다. 경전을 합송하면 어떤 개인에 의해 잘못 기억하거나 빼 먹을 염려가 없으므로 인류가 기록하는 방법 중에 가장 정확한 방법이지요."

이렇게 결집된 경전의 내용을 원래는 금판金版으로 조성하려 했으나 도난의 위험 때문에 대리석에 새겨 탑 안에 모셨으니 그것이 만들레이에 있는 꾸도더 파고다이다. 꾸도더에는 뜨리삐따까(Tripitaka) 729개가 각각 탑 속에 모셔져 있다. 이렇게 조성된 경전을 만약 한 사람이 쉬지 않고 읽으면 500여 일이 걸린다. 필자가 조사한 2011년 당시 미얀마에는 모든 경전(경·율·론)을 다 암송할 수 있는 승려가 12명에 달했다. 대리석에 새겨진 경구經句들이 비

뜨리삐따까 입구에 유네스코 표지판이 설치되어 있다.

만들레이 꾸도더 파고다. 탑 안에 경전을 새긴 비석이 모셔져 있다.

림碑林을 이루고 있는 이곳은 미얀마판 팔만대장경으로, 세계인들은 "The world's Biggest Book"으로 유네스코 세계문화유산으로 등재하였다.

그리고 다시 100년이 흐른 서기 1957년 양곤에서 제6차 결집이 이루어졌다. 이는 1948년 영국의 식민지배로부터 독립한 후 근대 연방국가의 면모를 갖춘 수도 양곤의 입지를 굳건히 하고, 식민지배 하에서 이루어진 제5차 결집을 보다 확고하게 다지면서 미얀마 승단의 근본불교 전승에 대한 위상을 세계에 알리고자 함이었다. 이에 대한 과정을 좀 더 상세히 알기 위하여 양곤 강원으로 가서

테라사바(Therāsabha) 교수스님을 만나 인터뷰를 하였다.

"비구들이 삥 둘러 쪼그리고 앉은 채 경전을 외웠습니다. 한 비구가 막히면 여기저기서 이구동성으로 이어서 외웠지요. 결집 초기에는 먹고 자는 것 외에는 종일 경전을 외웠습니다. 어쩌다가 조는 사람이 있으면 서로 꼬집어가면서 외웁니다. 윗대 선조들은 더했습니다. 정말 목숨을 바쳐 가며 부처님의 바른 법을 지키려고 애를 썼지요." 그러자 옆에서 듣고 있던 양곤 삼야디따 사원의 주지스님이 덧붙였다. "요즈음 사람들은 문자로 기록하는 경전이 정확할 것이라고 생각하지만 그것은 착각입니다. 문자는 한 개인에 의해 기록되면서 오자誤字가 들어갈 수도 있고, 빠지는 글자도 생길 수 있습니다. 그러나 경전을 합송하는 것은 틀릴 여지가 없습니다. 여럿이 다 같이 소리를 맞추어 외우므로 누구라도 틀리면 합송이

양곤 강원 스님들의 저녁 예불 (이상 만들레이 사진 2010. 1~2012. 2)

마하시선원 축제에서
법문을 듣고 있는 사
람들

되지 않고, 잘못된 것이 그 사이에 끼어들 수가 없습니다."

이렇게 성립된 빠알리 경전은 부처님 말씀의 어조語調에 따라서 9가지 율조가 있다. 이야기 식의 서술형으로 된 '숫다', 법구경과 같이 시詩 형식으로 된 '가타', 숫다와 가타체가 혼합되어 있는 '게야', 문답식으로 된 '위야가라나', 감탄조의 '우다나', "이렇게 말하였다"라는 조로 시작하는 '이띠 보따까', 부처님의 전생 이야기를 풀어가는 '쟈다까', "대단하다", "신기하다"와 같은 감탄사가 있는 '아부따다마', 질문에 답하는 식의 '위다나' 등이다.

미얀마 승가에서 빠알리어는 마치 한국에서 한자와 같이 통용되고 있다. 다만 스리랑카와 태국, 라오스, 캄보디아의 발음은 거의 동일한 반면 미얀마의 빠알리어 발음이 약간 차이 나는 부분이 있다. 예를 들어 로마나이즈 'V'를 4개 국가에서는 '바'와 '와'의 중간쯤인데 비해 미얀마에서는 '와'로 발음하고, 'ca'의 '짜'를 '싸'로 발음한다. 인도와 인접한 남방지역의 언어가 빠알리어와 거의 유사하므로 경전 암송이 한국 사람들이 생각하는 것만큼 어려운 것이

아니어서 일반인들의 경전 암송도 많이 행해진다. 필자도 잠시 경전반을 다녀 보았는데 일주일에 한 소절씩 외우는 방식이었다. 한 소절 한 소절 외우다가 어느 날 대중이 다함께 똑같은 소리로 하나의 경전이 완성되는 그 기쁨은 이루 말할 수 없었다.

미얀마 사람들은 『초전법륜경』, 『보호경』, 『법구경』을 특히 좋아하여 많은 사람들이 암송하고 있다. 미얀마의 법당이나 개인의 집 집마다 『초전법륜경』을 그린 그림이 빠지지 않고 걸려 있다. 한 벽면을 다 채우는 그림에서부터 수예, 공예, 조형물 등 가지가지 초전설법을 하는 모습이 그려져 있다. 그중에 어떤 집은 조각품으로 재현하여 조명을 밝혔는데, 아름답고도 성스러운 분위기가 환희심을 불러일으켰다. "경을 듣고자 하는 천인들을 초대하기 위한 경"이라는 뜻의 『보호경』을 외면 천인들이 모여와 부정적인 모든 것들이 저절로 사라진다고 믿으므로 미얀마 사람들은 수시로 이 경전을 왼다.

경전 암송이 일상화되어 있으므로 스님들이 법문할 때는 신도들

쉐다곤의 메인 탑 주변
에 수많은 탑들이 둘러
싸고 있다.

과 경구를 주고받으며 노래하듯 하는 경우도 더러 있다. 법상의 승
려가 법문 중에 경전의 일부에 율조를 넣어서 읊조리면 신도들이
복창하거나 앞의 아홉 가지 어조 중 특정 구절을 후렴처럼 받는 것
이다. 그러므로 법문할 때 마치 한국의 판소리 마당에서 추임새를
넣듯이 스님의 법문에 장단을 맞추니, 법문하는 곳에 마치 아이돌
공연장 같이 사람들이 모여들어 법사스님과 함께 법열에 빠져드는
것이었다. 시간을 거슬러 부처님께서 살아계신 그 시절, 그곳으로
가서 원작자인 부처님의 음성으로 이 노래(설법)를 듣는다면 어떨
까? 어떤 이는 그 음성을 듣자마자 하던 일을 다 내던져버리고 부
처님을 따라 출가하였다 하니, 인류 역사상 그보다 더 아름다운 시
인이 어디 있으며 그보다 더 매력적인 탑스타 싱어가 어디 있을까!

2) 미얀마의 조석예불과 명상음악

음악 인류학자 호른보스텔은 브라질의 생笙의 조율법이 오세아니아의 여러 지역에서 쓰이는 생과 같은 조율법으로 되어 있음을 발견함으로써 선사시대에 두 지역 간의 문화적 접촉이 있었음을 유추하였다. 교통수단이 없었던 원시시대라 할지라도 한 지역의 문화가 오롯이 자신들만의 색깔을 지닌 경우는 매우 드물다. 인도에서 발생하여 여러 문화권을 거치며 한국에 이른 불교음악은 더더욱 그렇다. 불교음악의 원류를 찾아 초기불교 전통을 지켜가고 있는 태국·캄보디아·미얀마를 다녀보니 "남방에는 불교의식이 없으므로 의식음악이 없으며, 출가자가 노래하고 춤추는 것은 계율

출가하는 날. 출가하는 아이들은 코끼리 등에 타고, 부모들은 공양물을 들고 따르며, 마을 사람들은 축하의 춤을 추고 있다.

어린 승려의 귀여운 외출. 버고(Bago)
쉐모도사원 (2011. 2)

을 벗어나는 행위"라고 하였다.

의례를 하고, 음악을 하는 것이 부처님의 가르침에 위배되는 것이라면 연구할 가치와 의미도 없다는 생각이 들어 해오던 일들을 다 접고 수행처로 갔다. 수행기간에는 매일 8계를 염송하는데 "음악은 하지도 말고, 남에게 시키지도 말고, 음악을 듣고 좋다는 마음을 내지도 않는다"는 것이 수행의 조건이었다. 근 한 달이 넘어설 즈음에 몸살을 앓게 되어 아침예불을 못 가고 있는데, 수행하던 그곳에서 마치 그레고리안찬트와 같은 노랫소리가 들려왔다. 가만히 들어보니 매일 아침저녁으로 하던 그 기도소리였다. 기도할 때는 몰랐던 그것이 이렇게 아름다운 노래였다니…….

미얀마는 서북부 넓은 지역이 인도와 국경을 접하고 있어 석가모니 부처님 생존 당시부터 교류가 잦았다. 그리하여 옛 도성 만들레이에 부처님과 아난다가 다녀갔다고 하며, 최초 통일왕조가 있었던 버강(Bagan)에도 아난다가 다녀간 유적이 있다. 이 유적지의 사실성을 떠나서 이러한 가설(?)이 주는 메시지가 있다. 10세기 말에 접어들면서 이슬람의 침입을 피하여 미얀마로 이주하는 북인도 사람들이 많았던 사실에 비추어 볼 때, 인도 불교와 물리적으로 높은 친연성을 지니고 있는 것만은 틀림없다. 부처님 입멸 후 인도 불교가 힌두에 용해되어 갔던 것과 달리 미얀마에서의 불교는 점점 더 그 견고성이 높아져 왔다. 아이들이 출가하는 날이 온 마을의 잔칫날인 모습을 보면서, '미얀마 사람들에게서 불교란 무엇인가?'를 생각하게 된다. 그러나 근래에는 미얀마에도 개방 정책에 의한 변화가 급속하므로 무어라 단정지어 말할 수 없게 되었다.

연방국가인 미얀마의 인구 분포를 보면, 중남부 저지대와 중앙 평원지역에 거주하는 버마(Burman)족이 전체 인구의 70%, 샨(Shan)족 9%, 꺼잉(Kayin)족·라카인(Rakhine)족·몬(Mon)족이 2~4%, 이외에 꺼야(Kayah), 까친(Kachin), 친(Chin) 등 135개 소수종족이 있다. 다양한 종족에 의한 연방국가인 만큼 미얀마의 전통 음악이나 언어와 율조도 종족에 따라 차이가 있으나 빠알리어는 공통된 불교 언어로 소통되고 있다. 공용어인 미얀마어는 문어체와 구어체의 차이가 있어 국가명을 쓸 때는 '미얀마'라고 쓰지만 이야기할 때는 '버마(구어체)'라고 한다. 미얀마어는 주어+목적어+술어로 이루어져 한국과 어순이 거의 같다. 하지만 관용화된 예외 규정이 많고, 전체 인구의 90% 이상이 불교신자인 만큼 빠알리어로 인한 일상적 관용어가 많다.

양곤과 만들레이의 승가대학, 양곤의 쉐더공사원, 보떠타웅과 같은 대규모 사원을 비롯하여 양곤 팅간준 묘네에 있는 비도우, 동쪽 끝 마을 다곤묘네의 삼야디따와 같이 작은 사원 등 다양한 사원과 수행처를 다녀보니, 예불 절차와 내용이 다양한 가운데 공통적으로 외는 것은 "나모 따사…"로 시작하는 예경문, 삼귀의, 회향, 그리고 자비송이었다. 승려들만 있는 승원이나 강원의 예불에는 『보호경』의 11가지 바리따(진언) 중 두세 개, 간단한 메따, 그리고 삼귀의를 바치며 촘촘히 재빠르게 외므로 율조랄 것도 없는 정도였다.

이에 비해 수행처에서는 예불과 기도를 좀 더 길게 하므로 여기에 수반되는 예불 율조가 유려한 경우가 많았다. 빤디따라마 숲속 수행처와 양곤의 마하시선원에서 수행해 보니 자유로운 마하시 선원보다 엄격한 수행풍토에 참례자도 일정한 빤디따라마 수행처의 예불이 좀 더 정제된 율조여서 이를 소개해 볼까 한다. 빤디따라마의 새벽예불에는 '용서를 구합니다. 받아주소서' 혹은 'Excuse me'로도 해석될 수 있는 '오까사'를 세 번 염송한 후 네 가지 보시물에 대한 숙고의 게송·발원·삼보에 대한 예경, 저녁예불에는 삼보에 대한 예경과 메따(자비송)를 바쳤다. 이들 중 부처님에 대한 예경과 삼귀의·회향은 빠알리어였고, 보시물에 대한 숙고와 감사송·축원과 발원·공양게송은 미얀마어였다. 승려들의 예불에는 빠알리어

양곤 빤디따라마선원 우빤디따 스님의 주제로 열린 법회 (2010. 12)

의 비중이 크고 일반인들의 예불에는 미얀마어 기도문이 좀 더 추
가되었다. 이때 빠알리어는 조금 무겁고 점잖은 반면 미얀마어는
선율 움직임의 폭이 좀 더 유려하고 리듬감도 있으나 두 가지 모두
낭송조에서 크게 벗어나지는 않았다.

  한국의 범패와 예불문을 악보로 채보해 보면 전통 가곡, 민요 등
의 성격이 있는지라 미얀마 예불 율조에도 그러한 점이 있는지 알
아보기 위하여 양곤대학 음악과 라잉 윈 마웅 교수를 만나 보았다.
"미얀마는 스님마다 사원마다 내용도 율조도 제각각이어서 어디
가 어떻다 할 수 없고, 음악적인 대상으로 여기는 풍토가 아예 없
다"는 것이 마웅 교수의 답이었다. 한편 미얀마의 예불 율조가 그
레고리안찬트를 닮았기에 '영국의 지배를 받았기 때문인가?' 하는
생각도 들었다. 그러나 대만에서 새벽예불 소리를 들었을 때도 비
슷한 느낌을 받았으므로 그 또한 답은 아닌 듯하다. 그레고리안찬
트, 미얀마와 중국의 조석예불 율조가 서로 닮은 것은 언어 율조에
서 크게 벗어나지 않는 담담한 선율에 기인함이 더 합리적인 추론

이다.

그레고리안찬트의 음악적 기반이 되었던 고대 그리스에서는 문학과 음악이 동일어였다. 이는 언어 자체가 선율과 리듬적 성격을 지니고 있기 때문이다. 그리스의 음악관과 그리스 각 지역의 노래에서 생겨난 희랍선법은 로마 교회선법으로 정립되었다. 로마교회 초기에는 그리스어를 할 줄 알아야 품위 있는 귀족이 될 수 있었고, 예배 용어도 유대의 히브리와 그리스어 등이 혼용되다 수세기 후에 라틴어로 대체되었다. 그리스문화에서 로마식으로 전이되는 사이에 각 지역에서 불리던 성가들이 교황 그레고리오 1세(재위 590~604) 시기에 총정리되면서 '고레고리안찬트'라는 이름이 붙여졌다.

교회음악의 지향점은 보에티우스(470~524)의 『음악의 원리』를 통해 확인할 수 있다. 보이티우스가 첫 번째로 꼽은 무지카 문다나는 천체(Universe)의 음악이었다. 이는 우주의 운동, 4계절의 변화

수행자들의 처소, 1인 1실로 수행자 간의 사사로운 커뮤니티를 철저히 차단한다.

등 규칙적인 자연법칙과 연관된 것으로, 인간이 직접 들을 수 없는 음악이다. 두 번째로 꼽은 무지카 후마나는 인간의 정신과 혼과 육체의 조화에서 발현되는 것으로, 그 역시 청각을 통해서는 들을 수 없는 것이었다. 마지막의 무지카 인스트루멘탈리스는 흔히 말하는 인간의 귀에 들리는 음악으로서, 노래하거나 악기로 연주되는 보통의 음악이었다.

보에티우스는 음악이 사람의 인성에 미치는 영향을 강조하였는데, 여기에는 플라톤의 음악교육론, 암브로시우스(340?~397), 아우구수티누스(354~430)의 교회음악론이 수렴되어 있다. 초기 교부 신학자들은 "음악이 영혼으로 하여금 신성한 것을 사색하게 하는 힘을 지녔음"을 간파하여 음악을 전공하는 성직자를 적극적으로 육성했다. 그러나 음악의 효용성이 아무리 크더라도 연주나 감상에 따른 쾌감을 자극하는 음악은 종교적 효용성을 저해하는 것으로 규정하여 기교적인 선율, 유희의 관습이 배어 있는 것, 이교도적인 광경을 연상시키는 음악들은 교회음악에서 배제하였다.

빠알리 기도문 중에 음악 콘텐츠로 많이 활용되는 것은 예경문과 '메따(자비송)'이다. "나모 따사 바가와또 아라하또 삼마삼붓다사"의 가사로 된 예경문은 경전 낭송에도 빠지지 않고 쓰이므로 이에 대한 다양한 음반이 출시되어 있다. 이들 음반을 들어보면, "나모 따사~" 예경문만 계속 반복하여 한 시간 동안 지속되는 가운에 미얀마의 전통악기가 수반되기도 한다. 이들 악기를 보면 동남아 특유의 등거리 음계나 5음계, 7음계로 조율된 대나무 실로폰, 놋쇠로 만든 실로폰에 화음의 베이스를 더함으로써 현대적이면서도 미

얀마 특유의 신비감을 더하여 종일 듣고 있어도 싫증이 나지 않는
다. 어떤 것은 악기와 함께 느리게 노래하는가 하면 스님들의 법문
음반에는 촘촘하게 낭송하며 미얀마 사람들의 생활 속에 공기와
같이 스며 있다.

'메따'는 천천히 모든 내용을 다 낭송하면 30분이 소요될 정도로
길다. 그러나 아함 아왜~로 호~미(내가 적과 위험에서 벗어나기를),
삽베~ 삳따~(지각과 마음 지닌 모든 존재들), 아비야~ 빳자~혼뚜(마
음의 고통에서 벗어나기를), 아니~가~혼뚜(몸의 고통에서 벗어나기를)
와 같은 가사들이 있는 메따는 "호~미, 삽베~, 혼뚜"와 같이 반복
되는 어휘가 있는 데다 빠알리어가 지닌 본연의 율조가 있어 길다
는 느낌이 들지 않는다. 이들은 의도적으로 특정 선율을 노래하는
것이 아니라 기도 중에 저절로 스며나오는 율조이므로 무위無爲의
음악이라 할 수 있다.

양곤 마하시선원의 새
벽예불. 남녀 분리해서
수행·예불하므로 여성
들만 있다. 분홍색 법복
을 입은 사람은 비구니
스님이다. (2014. 1)

● 한낮의 수행자들

●● 법문을 듣고 있는 수행
자들, 왼쪽 큰 법좌에
우빤디따 스님이 설법
을 하고, 좌우로 수행
지도를 하는 사야도가
자리하고 있다.
(2011. 1. 31)

미얀마의 뮤지션들은 기존의 예경문이나 메따 선율을 활용한 다
양한 버전의 음반을 만들어 온 세계 사람들의 명상음악으로 각광
받는다. 이러한 음원을 분석해 보면 두세 음 혹은 네 음 정도가 고
작이지만 더 없이 아름다운 음악콘텐츠이다. 미얀마 불교음악이
세계인의 심금을 울리는 것은 보에티우스가 말한 무지카 문다나와
무지카 후마나, 즉 들리지 않는 울림 속에 우주의 이치와 행위자의
청정한 에너지가 스며 있기 때문이다. K팝이 세계적인 한류로 확

산되는 데 비해 한국의 불교음악은 이에 미치지 못하고 있다. 명상 음악으로 각광받는 미얀마·대만·티베트의 음반은 대개가 일상 신행 율조를 활용한 것이다. 그러한 점에서 한국 불교음악의 약세는 일상 신행 율조의 빈곤에서 그 원인을 찾을 수 있다.

3) 미얀마 스님들의 탁발행렬 ASMR

어린 시절 사립문 앞에서 목탁을 두드리며 염불 소리가 들리면 할머니께서 항아리에서 곡식을 한 양재기 퍼서 걸망에다 부어드리는 것을 늘상 보았다. 간혹 목청이 좋은 스님이 탁발가를 하시면 양재기에 곡식이 더 많이 담겼다. 어른들이 들일을 가고 혼자 집을 보다가 염불하는 스님이 오시면 할머니께서 하시던 대로 양재기로 곡식을 퍼서 달려 나가느라 곡식이 마당에 줄줄 흘렀다. 쪼그만 아이의 손이 걸망에 닿지 않자 스님께서 받아 부으셨다. 아파트에서 문을 걸어 잠그고 낯선 이에게는 절대 문을 열어 주지 말라고 귀에 못이 박히는 요즈음 아이들은 상상할 수 없는 세상이었다.

온갖 예능과 기예가 넘쳐나는 요즈음, 한국 같으면 일주일간 행해지는 축제에 춤과 노래가 없다는 것은 상상할 수 없는 일이지만, 양곤의 마하시선원에서는 법문만으로 채워졌듯이 미얀마의 탁발행렬도 염불이나 탁발가 같은 것은 일절 없이 촘촘히 걷는 발걸음만 있었다. 어린 시절 탁발의 그리움이 있던 터라 다곤묘네 마을의 삼야디따 스님들의 탁발행렬을 따라 나섰다. 다곤은 논과 밭으로 이루어진 넓은 들판에 마을의 절반이 크고 작은 사원과 승원이었다. 이 지역 이름 '다곤'은 '양곤'이 세워지기 전 옛 왕실의 이름이다. '양곤'은 '다곤'을 점령하여 세웠으므로 '적'이라는 뜻을 지닌 '양'을 붙여서 적을 무찌른 곳이라는 뜻의 '양곤'이 되었지만 요즈음은 네삐도로 수도를 옮겼으므로 양곤도 옛 도성이 되었다. 미얀마의 도성이 이렇게 빈번히 바뀌는 데는 전통적으로 새로운 왕조는 새로운 곳에 도성과 왕실을 짓는 유습이 있기 때문이다.

다곤 지역 묘네는 여러 사원과 승원이 밀집해 있었는데, 이 가운데 삼야디따사원은 어린 동자승을 비롯하여 노장 승려에 이르기까지 20여 명의 승려들이 거주하며 마을 교육과 수행, 경전 공부와 신행 지도 등 다양한 활동을 하고 있었다. 새벽 5시 무렵 모든 승려들은 불당에 모여 예불과 함께 경전을 염송한 뒤에 탁발을 나섰다. 한 아이가 1~2미터 앞에서 경쇠를 치면 사람들은 그 소리를 듣고 스님들을 맞이하기 위해 문앞으로 나와 기다리다가 합장 예경하며 공양을 올렸다. 이러한 공양의 모양새도 사람 따라 가지각색이지만 한결같이 기쁨에 찬 모습이 참으로 인상적이었다.

'비쿠'라는 말이 "빌어서 먹는", "얻어먹는"이라는 뜻이 담겨 있지만 미얀마의 거리와 마을을 누비는 탁발의 발걸음은 마치 축복의 빗자루로 아침을 여는 행렬과도 같았다. 그중에 어떤 할머니는 땅바닥에 꿇어 앉아 김이 모락모락 나는 밥을 지어서 스님들을 기다리는데, 그 모습이 너무도 경건하여 카메라 셔터를 누를 수가 없었다. 할머니의 그러한 공양이 20년이 넘도록 하루도 쉰 적이 없다고 하는데, 매일 이 할머니의 공양을 받아오는 스님들의 심정이 어떤지 물어보았다. "그러한 공양을 받는데 어찌 수행을 게을리 할 수 있겠습니까." 공양하는 사람들과 스님들의 얘기들 들으면서 '스님은 신도들이 만들고 신도는 스님들이 만든다'는 것을 여실히 느꼈다.

공양 행렬 뒤에는 가마솥보다 더 큰 통을 실은 수레가 따랐다. 마을을 한 바퀴 도는 사이에 스님들의 발우가 차면 그것을 큰 통에 부어 담았다. 탁발을 마치고 돌아오면 수레에 실린 큰 통에 밥과 찬이 그득해졌다. 이러한 음식은 스님들의 일용 음식일 뿐만 아니라 그 마을의 고아와 가난한 사람들의 양식이기도 하였다. 손님인 필자에게도 탁발해 온 밥과 찬으로 차려진 아침 식사가 제공되었다. 차려진 찬 중에는 생선을 튀긴 것도 있었다. 한국 같으면 고기라 마음에 걸릴 수도 있겠지만 탁발에 의존하는 미얀마 승가에서는 육식금지와 같은 계율은 당치않았다.

주말에는 마을 아이들을 위한 담마스쿨이 열렸다. 인도네시아의 쓰나미 뉴스가 온 세계를 강타한 2004년 그때, 이곳 다곤에도 엄청

아침예불을 드리는 삼야디따사원 동자승들

난 수재水災로 많은 고아들이 생겼다. 아이들이 학교에 다니지 못하자 스님들이 보살피고 가르쳤다. 미얀마의 열악한 경제 사정에 비해 문맹률이 낮은 데는 담마스쿨의 역할이 컸다. 담마스쿨에는 글자 교육뿐 아니라 바느질, 그림 그리기, 만들기, 노래반 등 다양한 취미반이 있었다. 크레파스가 부족해 한 통으로 여러 명이 나누어 쓸 정도로 취약한 교육 환경 속에서도 아이들의 표정이 너무도 밝은 데다 웃음소리가 청량하기 그지없었다. 온갖 장난감과 첨단 장비를 갖춘 한국 아이들에게서는 볼 수 없는 천진하고 맑은 다곤 묘네의 아이들을 보면서 "누가 더 부자인가?" 하는 의문이 들었다.

다곤 묘네의 마을 골목을 둘러보니 대문 앞에 조그만 당이 차려져 있는 집이 많았다. 이러한 곳은 미얀마의 토속신들을 집안의 수호신처럼 모신 곳인데, 스님들은 이러한 모습을 이단이라거나 미신으로 치부하지 않았다. 미얀마 토속신앙의 성지인 뽀빠산을 가보면 이를 좀 더 실감할 수 있다. 낫 신들을 모신 사당의 높은 단 중앙에는 어김없이 불상이 모셔져 있었다. 그런가 하면 사원이나 탑 입구에 수위병처럼 서 있는 신들도 알고 보면 미얀마의 토속신 '낫'이었다.

이러한 모습을 한국으로 가져와 보면 우리네 서낭당 신이나 마을 앞의 장승이 부처님을 지키는 격이라 할 수 있다. 그러나 우리나라의 신장神將은 인도 민간 신앙에서 온 뱀의 신 나가(Naga), 약샤(Yakśa), 건달바, 아수라, 긴나라, 구반다와 같은 캐릭터들이다. 한국인의 불교 신행과 불교음악에서 많은 부분을 차지하는 관세음보살도 힌두신 '아와로끼떼스와라'를 음역한 것이고, 정근에 많이 칭

뽀빠산의 토속신들

집 앞에 마련된 낫 신당

명되는 지장보살도 힌두신에서 유래한 것인데, 이러한 신앙이 미얀마에는 없다. 인도와 국경을 접하며 살아온 사람들이라 이러한 대상이 인도의 힌두신화에서 나온 캐릭터임을 알았기 때문이리라.

  벼랑에 매달린 황금바위 짜익띠요를 가기 위해서 양곤 교외 깐뿐에서 버스를 탔다. 짜익띠요 산자락에 다다르니 한밤중이 되었다. 각처에서 온 사람들이 누구의 안내도 없이 어디론가 주루루 가기에 따라 갔더니 수십 명이 한 방에서 쪼그리고 밤을 새는 것이었다. 그리고 새벽 네 시 무렵 흐르는 물에 눈곱만 떼고 짐을 챙겨 나서니 사방에 대기하고 있는 차들의 엔진 소리가 요란하였다. 탱크같이 생긴 트럭의 높은 바퀴 위에 올라설 엄두를 내지 못하고 주춤거리니 차에 올라탄 사람들이 나꿔채듯이 끌어올려 주었다. 청년들은 트럭 뒷범퍼에 대롱대롱 매달려 달렸다. 가파른 경사에 구불구불 휘어진 골짜기를 휘휘 도는 순간들은 위험천만의 곡예와도 같았지만 미얀마 사람들에게 그런 것쯤은 아무것도 아니었다. 그렇게 어렵게 도착하고서도 "여성이 손을 대면 벼랑에 걸린 바위가 떨어진다" 하여 가까이 가는 것이 허용되지 않았다. 그래서 수건으로 얼굴을 가리고 인파속에 숨어들었는데 어떻게 알았는지 휘리릭 ~ 하고 호르라기를 불며 경비가 달려와 막아서는 바람에 걸음을 돌려야 했다.

남자들은 준비해 간 금종이를 바위에 붙이고 있었지만 여신도들은 저만치 떨어져 기도하거나 혹은 주변의 산사에서 기도하느라 여념이 없었다. 짜익띠요를 향해 남녀노소가 이렇게 많이 모여오는 데는 평생 짜익띠요 파고다 순례를 세 번 이상 하면 건강과 부, 행복을 얻을 수 있다는 믿음이 있기 때문이다. 그렇게 새벽기도를 마치고 내려오니 골짜기 곳곳에 스님들의 탁발행렬이 있었다. 우리네 고찰 주변에 토속품 가게와 음식점이 있듯이 짜익띠요 입구도 마찬가지였다. 그런데 이들이 모두 불자들이라 아침이면 스님께 공양할 밥을 담은 대야를 들고 서서 기다렸다. 탁발하는 스님들을 보면, 아주 드물게 한 사람인 경우도 있지만 대부분 5~6명의 스님들이 줄지어 탁발을 하였다. 탁발 팀이 많으므로 공양을 위해 기다리고 있던 사람들은 끊임없이 주걱을 퍼 올렸다. 시절이 변하여서 요즈음은 과자 봉지와 케익, 일용 약품도 있고, 드물게 현금을 내놓기도 하지만 예전에는 현금 공양은 받지 않았다.

양곤 시내의 탁발행렬도 따라다녀 보았다. 아스팔트 대로 위 탁발행렬이 아침 내내 이어졌다. 공양하는 사람들 중에는 가마솥만큼 큰 대야에 밥과 찬을 지어 와서 스님들의 발우에 끊임없이 퍼 올리는 이도 있었다. 작은 골목도 이러한 풍경은 마찬가지여서 곳곳에 남녀노소 가릴 것 없이 공양을 위해 집 앞에서 기다리고 있었

아침 탁발 시간 무렵의 다곤 묘네 사람들

탁발을 알리는 아이

공양 보시하는 사람들

집집마다 탁발을 도는 삼야디따사원 스님들

양곤 시내 탁발행렬

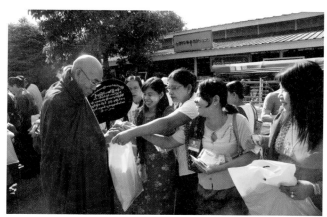

마하시선원 축제에서 스님께 공양하고 있는 사람들

삼야디따 스님들의 탁발 수레

짜익띠요 파고다의 아침 (이상 사진 2010. 12~2011. 2)

다. 만들레이, 껄로, 인레, 퍼야 등 가는 곳마다 미얀마의 거리와 마을은 스님들의 공양행렬로 하루가 시작되었다. 맨발로 사각사각 마을 곳곳을 걸어가는 발자국이 마치 마을을 정화하고 축복하는 법의 빗자루가 쓸고 지나가는 듯하였다.

한국에는 탁발하는 스님들이 염불을 하거나 탁발가를 하지만 미얀마에서는 집이나 가게에서 불교음악이 들려왔다. "나모 따사-"로 시작되는 예경문이나 "에와 메 수담~"으로 시작하는 『초전법륜경』, "담맛싸와나깔-로~"로 시작하는 『보호경』 등, 필자도 알아듣는 대목을 만날 때면 더 없이 환희심이 났다. 이러한 가운데 무엇보다 향기로운 사운드는 들판을 지날 때 곳곳에서 들려오는 벌레소리와 바람소리 가운데 사각사각 스님들의 맨발자국 소리였다. ASMR(Autonomous Sensory Meridian Response)을 그때 알았더라면 그 소리를 녹음하여 약간의 화음과 하나 정도의 악기만으로 훌륭한 명상음악을 만들었을 텐데 아쉬움이 남는다.

2. 빠알리·불교학의 원류 스리랑카 범패

스리랑카에 불교가 전래된 것은 아쇼카왕의 아들 마힌다장로에 의한 것으로 알려지고 있다. 그러나 스리랑카 사람들은 석가모니께서 깨닫기 전에 두 번, 깨달음 후 8개월 무렵 한 번, 총 세 번을 다녀가셨다고 여기는데, 그중 한 곳이 캘러니아사원이다. 구전으로만 전해지던 빠알리경전을 알루위하라에서 싱할라 문자로 필사하여 최초의 문자경전이 성립된 데다 빠알리·불교학까지 불교문화의 원류에 관한 의문에 가장 많은 해답을 준 곳이 스리랑카였다.

사찰 행사에서 춤추는 무동舞童들

1) 빠알리 엽경이 만들어진 알루위하라

불경은 불타 입멸 후 수백 년 간 구전으로만 전승되었다. 가장 초
기의 경전인 『아함경』의 아함은 범어 '아가마(Agama)'의 음역으로
전래傳來라는 뜻을 지닌 말이다. 오늘날 우리들이 '경經'이라 이르
는 것은 "묶다"의 뜻을 지닌 범어 '수뜨라(Sūtra)'를 한역함으로써
실 '사糸' 변이 앞에 있다. 현재까지 실체가 전해지는 경전 중에 가
장 이른 시기의 삼장三藏은 B.C. 29년 스리랑카에서 만들어진 엽경
葉經으로, 이는 스리랑카의 싱할리, 미얀마, 몽골, 크메르, 데바나가
리, 그리고 로마나이즈로 된 여섯 버전이 있다. 빠알리 경전은 각
각의 문자로 음사된 것이므로 본래의 인도 속어의 발음이 유지되
고 있어 뜻이 왜곡되지 않은 점에서 의미가 크다. 이제 부터는 부
처님 말씀을 나뭇잎에 새긴 알루위하라사원이 있는 스리랑카로 들
어가 보자.

알루위하라사원 입구
마을, 사원

　　사자를 뜻하는 스리(Sri)와 나라를 뜻하는 랑카(lanka)가 합쳐진

동굴 불상을 지키고 있는 수호신들

이름인 스리랑카는 우리들에게는 사자국師子國으로 알려져 왔다. 스리랑카 혹은 사자국이라는 국가 명칭은 이 나라의 건국신화와 관련이 있다. 어느 날 공주가 부처님이 살았던 마가다(Magadha) 왕국으로 나들이 가다 사자에게 잡혀 동굴 속에 갇혀 살림을 차려 아들과 딸을 낳았는데, 남자 아이는 싱하바후(Sinhabahu: Sinha사자, Bahu손) 딸은 싱하시바리(Sinhasivali)라 하였다. 그러나 오늘날 스리랑카에는 사자가 서식하지 않고, 코끼리 번식이 왕성하여(불교의 영향으로) '코끼리의 나라'로 이름을 바꾸어야 한다는 우스갯소리가 있다.

스리랑카 사람들에 의하면 부처님이 스리랑카를 세 번 다녀가셨다고 한다. 부처님이 다녀가신 발자욱이 남아 있는, 일명 불족佛足 성지로 불리는 '스리(성스러운)빠다(발)'는 지금도 스리랑카 최고의 성지로 많은 순례객이 찾고 있다. 부처님이 오셔서 설법했다고 하

알루위하라 동굴의
와불

는 캘라니아에는 사원이 지어졌으며 부처님이 설법하며 앉았다는
황금의자가 캘라니아사원 대탑大塔에 봉안되어 지금까지 참배객
들에 의해 예배되고 있다. 부처님의 치아를 보관한 불치사佛齒寺는
매년 8월이면 페라헤라로 온 나라가 들썩일 정도로 화려한 축제를
펼친다. 또 하나 스리랑카에서 빼놓을 수 없는 것은 최초의 빠알리
경전이 쓰여진 알루위하라사원이다.

① 스리랑카의 불교 전래와 종파 형성
사가史家에 의해 기록된 스리랑카 불교사는 B.C. 3세기경 아쇼카
왕이 그의 아들 마힌다장로를 파견한 것으로 시작된다. 부처님 재
세 시에 스리랑카를 세 번 다녀가셨다고 굳게 믿고 있는 스리랑카
사람들에게 이러한 역사적 사실을 얘기했더니 그것은 인간의 역사
이고, 법신 부처님이 스리랑카를 다녀가신 것은 팩트라고 강변하

니 '이 사람들이 믿고 싶어하는 신심을 더 이상 건드려서는 안 되겠다'는 생각을 하게 되었다. 그리하여 역사적 팩트로 다시 돌아와 보면, 마힌다(Mahinda)장로는 4명의 비구와 사미 수마나를 데리고 스리랑카로 건너와 당시 수도였던 아누라다뿌라에서 동쪽 12km 떨어진 마시카산에 머물고 있었다. 그때 마침 사냥 나온 국왕 데바냥피야 티사가 마힌다의 성스러운 모습에 감화되어 귀의하였다. 이후 왕은 마힌다장로에게 아라마사원을 지어주며 불교 포교를 위한 후원자가 되었다. 이것이 오늘날까지 스리랑카의 가장 중심적 교파인 '마하(大) 위하라(寺院)', 즉 보수 승단을 일컫는 대사파大寺派이다.

불교를 도입한 지 100년쯤 뒤 남인도의 타밀족이 침입하자 두타가마니왕(재위 BC 161~137년)이 물리쳤다. 이후 또 다시 혼란을 겪다가 서기 1세기경 바타가마니 아바야왕이 싱할라 세력을 결집하여 왕위에 올랐다. 아바야왕은 불교를 보호하여 마하티샤장로에게 '마바야기리(무외산 無畏山)'에 사원을 지어 주었다. 활동적이고 진보적이었던 마하티샤장로는 지계持戒를 고수하던 비구들로부터 문책당하여 교단에서 추방되었다. 그러자 그의 제자 500여 명이 이 조치에 불복하여 새로운 교단을 설립함으로써 스리랑카교단은 마하위하라와 마바야기리의 두 교단으로 분파되었다.

② 빠알리 엽경葉經이 만들어진 알루위하라

진보적인 승려들의 분파를 겪으면서 전통의 대사파 승려들은 부처님 당시부터 지켜져 오던 계율과 정법 수호의 위기감을 느꼈다. 그리하여 그간 구전으로만 전해오던 부처님 말씀을 문자로 기록하기로 하였다. 500명의 아라한 장로 비구들은 말라야(Malaya)와 마뚜라(Matura) 도시 근처 지방 호족의 후원을 받아 알루위하라(Alu-vihāra) 승원에서 석가모니의 말씀을 총 점검하였으니 그것이 4차 결집이다. 당시 결집을 통하여 승인된 삼장과 주석서를 나뭇잎에 새겼다. 부처님의 설법어였던 마가다어는 문자가 없었으므로 싱할리문자로 그 발음을 음사하여 새김으로써 최초의 빠알리 경전이 탄생한 것이다.

필자가 방문한 무렵에 알라위하라 주지스님은 한국을 오가며 홍법활동을 하고 있었으나, 마침 스리랑카의 대통령선거 기간(2014~15)이어서 선거를 위해 귀국해 있었다. 스님이 투표를 하기 위해 귀국한다는 것이 한국 같으면 이해가 안 되는 상황이지만, 스리랑카에는 스님으로써 대통령에 출마한 소비타 스님이 있을 정도로 스님들이 선거에 미치는 영향이 매우 컸다. 알루위하라에는 엽경의 제작 과정을 전시해 놓은 작은 박물관이 있는 데다 주지스님이 직접 엽경 제작 과정을 상세히 재현해 주어서 엽경의 원리를 소

쓰여진 엽경을 묶고 있는 스님

동주 스님, 필자, 그리고 알루위하라 주지스님

상히 알게 되었다. 실제로 보니 탈리풋 야자 잎(talipot)이나 부채꼴
잎 모양을 가진 야자나무(fan palm)를 삶고 말리는 것을 거듭하여
종이와 같이 펼친 후 철필로 나뭇잎에 글씨를 쓰면 나뭇잎에 홈이
파여졌고, 그 위에 먹물 가루를 뿌린 후 수건으로 먹물가루를 닦아
내니 홈이 파인 까만 자국의 글씨만 남아서 니까야 한 쪽이 만들어
지는 것이었다.

●
엽경을 만드는 도구들

●●
건조대에 걸어서 말리
고 있는 야자수 잎들

　마힌다에 의해 형성된 스리랑카의 마하위하라, 일명 대사파大
寺派교단은 수행과 불법 사상에 대해 보수적인 자세를 취했다. 서
기 1세기경 진보파인 마바야기리(無畏山寺)파가 생기고, 이어 기
타림사파祇陀林寺派가 새로이 생겨나며 스리랑카의 불교 3파가 성
립되었다. 5세기경에 이르러 붓다고사(Buddhaghosa)는 대사파
에 의해 성립된 경전을 다시 정돈하고 이어 『청정도론(淸淨道論,
Visuddhimagga)』을 저술하여 보수적 정통 계율과 교학의 기초를 견
고히 하였다. 이후 붓다고사로 인해 재정립된 스리랑카의 교의와

후보자의 사진을 들고
다니며 선거운동을 하
는 사람들

수행법을 동남아시아 여러 나라에 전파함으로써 스리랑카는 남방
불교 종주국으로서의 역할을 톡톡히 하였다. 보수적인 상좌부 불
교인 대사파에 비해 개방적이던 무외산사파無畏山寺派가 한때 우세
를 보였으나 11세기 이후에는 이민족의 침입으로 함께 쇠락의 길
을 걸었다. 13세기 파라크라마바후왕이 불교부흥정책을 폈는데,
이때 보수파인 대사파의 부흥에 힘써 초기 상좌부 불교가 다시 성
행하였다. 근세기 들어 서방의 침입으로 교단의 약화와 불교 전통
의 손실이 있었지만 지방과 민간에서의 불법행佛法行은 끊어질 수
없었다. 그리하여 지금도 최초로 경전이 만들어졌던 알루위하라사
원은 당시의 방법대로 엽경을 만들기도 한다.

한국의 언어 현실을 보면 발음은 한국말이지만 한자말인 경우
가 많듯이 스리랑카에는 빠알리어와 싱할리어가 그러하다. 좀 더
점잖고 공적인 용어는 빠알리를 쓰고, 일상적인 어휘는 싱할리어
를 쓰는 경향이 많다. 스님을 '함두르(Hamuduruwo)', '반떼(Bante)',
'테로(Thero)', 큰스님은 '니야까 함두르', '마하 테로'라고 칭한다.
'반떼'는 어른 스님을 부르는 존칭어이고, '함두르'는 일반 스님,

'테로'는 빠알리어로서 공적인 문어체로 활용된다. 스님들의 법명은 붓다스리, 담마스리와 같이 '스리'라는 끝 이름을 많이 쓰는데, 이때 스리는 'Novel'의 뜻을 지니고 있다. 법명은 대부분 '담마', '난다', '~스리'와 같은 몇 개만 알면 다 안다고 할 정도로 동명이인이 많다. 그리하여 법명 앞에 출신지명이나 승가 가문의 이름을 붙이는 경우가 많다. 사찰 명칭은 '~위하라', '~라마요', '비야레 혹은 비하라야'라는 명칭을 쓴다.

③ 현재의 스리랑카 교단과 종파

아시아 남부지역에서 이주해 온 스리랑카 원주민 오스트랄로이드 종족은 B.C. 5세기경 인도 북부지역에서 온 싱할리족이 이 섬의 지배력을 확대해 가면서 싱할리족에 흡수되었다. 초기 역사부터 인도 본토의 드라비다족과의 충돌을 피하여 이주해 온 타밀족도 스리랑카의 중요한 구성원이다. 그러나 최초의 수도이자 왕국인 아누라다뿌라(B.C. 200~A.D. 1000)가 B.C. 3세기경 들어온 불교를 수용하면서 민중 지배력을 장악한 싱할리족에 비하면 약소한 편이다. 싱할리족은 10세기 무렵 인도 남부 지역에서 온 촐라족에 의해 일시적(993~1070)으로 지배권을 빼앗기기도 하였다. 100년이 채 안 되는 이 시기를 넘어서서 싱할리족이 다시 지배권을 확립하여 폴론나루와시대(1070~1200)를 열었다. 이후 1200~1505년에 스리랑카 남서부지역까지 싱할리족의 지배가 확대되었고, 14세기에는 타밀족이 스리랑카 북부지역에 타밀왕국을 세우기도 하였다.

13·14·15세기에 각각 인도·중국·말라야의 침략이 있다가

1505년 포르투갈의 함대가 들어왔다. 침략자들은 싱할리족과 타밀족 왕국들 사이의 갈등과 불화를 이용해서 자신들에게 우호적인 사람을 왕위에 앉히는 등 여러 가지 교란작전을 펼쳤다. 1619년 포르투갈이 섬의 대부분을 지배하게 되면서 불교를 압박하였다. 그러자 싱할리족은 도성을 캔디로 옮겨 포르투갈을 내쫓기 위해 네덜란드인을 끌어들였다. 이후 스리랑카는 1796년까지 네덜란드 동인도회사의 지배를 받게 되었으며, 1815년에는 캔디의 마지막 싱할리 왕조가 멸망하여 영국 식민시대로 접어들었다.

남방 상좌부 불교의 종주국이라 할 수 있는 스리랑카는 일찍이 태국, 미얀마, 캄보디아로 불법을 전파했지만 이 무렵부터 전법의 위기를 맞았다. 네덜란드 지배(1655~1799)에 이어 영국 식민지로 긴 세월을 지내면서 승단의 법통이 변방으로 숨어들거나 사라져갔다. 그리하여 17세기 초 비말라 담마 수리야 2세는 미얀마에서 비구를 초빙해 법통을 이었으며, 17세기 후반에는 태국으로부터 다시 전계傳戒하였다. 현재는 태국으로부터 들어온 씨암파(Siam sect), 미얀마에서 들어온 아마라뿌라파(Amarapura Sect)와 라마냐파(Ramanna Sect)의 3가지가 주된 종파이다.

가장 많은 인구를 차지하고 있는 씨암파는 옛 왕도였던 캔디와 그 주변지역을 중심으로 형성되었고, 미얀마 계열의 아마라뿌라는 동부 해안지역에, 라마냐는 전국적으로 흩어져 있다. 외형적 차이를 들자면 씨암파는 주홍색 가사를, 미얀마 계열은 짙은 갈색 가사를 입는다. 그러나 가사의 구분은 다소 애매한 경우도 있다. 스님의 설명을 들어보니 오렌지색과 짙은 갈색은 같은 색으로 여기고 있었다. 일상생활 중에는 오렌지색 가사를 입다가도 숲속 수행을 하거나 기타 수행 안거 중에는 오렌지색에 검은 빛을 더하여 짙은 갈색 가사를 입는데, 이는 수행적 의미와 더불어 짙은 갈색이 벌레나 독충을 피하는 데 유리하기 때문이라고 하였다. 또한 신도들이 가사공양을 하는 대로 받아 착용하므로 때로는 오랜지색과 갈색 가사를 자유로이 입기도 하였다.

서방 외세의 침략으로 전법의 단절을 겪은 스리랑카의 현재 상황 중에서 필자가 가장 주의 깊게 살폈던 것은 "의례 전통과 찬팅이 어떻게 지속되었는가?"였다. 이에 대해서 여러 승려들과 면담해 보니 왕실과 지배층의 후원에 의한 공식적인 전계가 이루어지지 않았을 뿐 지방과 민간에는 의례와 신행 전통이 유지되었으므로 찬팅, 일명 범패는 종전의 율조대로 지속되었다고 하였다. 이에 대해 캘라니아대학의 에디리싱혜 교수는 다음과 같이 설명하였다.

"태국과 미얀마에서 스리랑카의 전법을 이어 준 것은 맞지만 그것은 수계受戒에 관한 것이지 스리랑카에 승려와 의례 찬팅이 없어진 것은 아니었습니다. 불교 승단에서는 수계식 때 계를 주는 전계사傳戒師, 수계 받을 사람의 심신의 건강을 검사하고 의식 절차를 주관하는 갈마사羯磨師, 계목을 주는 교수사教授師와 더불어 7증사證師와 함께 10명의 스승이 갖추어져야 수계식(High Ordination)을 할 수 있습니다. 식민지배로 공식적인 불교 신행을 하지 못하다 보니 계단에 올라갈 수 있는 장로스님이 갖추어지지 못했던 것이지요. 대처對妻승은 이미 결혼으로 파계를 하였으므로 계단戒壇에 올라갈 수가 없습니다. 이러한 조건은 부처님 계법이 있는 곳은 모두 같습니다. 다만 상황에 따라서 오사五師가 허용되기도 하지요. 오늘날 일본에서는 5계와 보살계를 갖춘 것으로 계를 설하는 종파도 있고, 한국에는 조계종에서만 10스승을 갖춘 전계도량을 마련하는 것으로 알고 있습니다. 스리랑카에서 전계傳戒 스승을 모시고 온전한 수계식을 하려니 스리랑카 스님이 태국이나 미얀마로 가서 계를 받아오기도 하고, 태국이나 미얀마에서 전계 스승을 초청하여 수계를 하였던 것입니다."

16세기 들어 서구 열강의 침입으로 위기를 맞은 스리랑카는 태국, 미얀마로부터 전계傳戒해 옴으로써 남방의 상좌부 불교전통은 서로 공유하고 지원하는 공동체적 관계를 이루고 있다. 다사다난한 근세 역사의 영향으로 오늘날 스리랑카의 해변지역은 주로 기독교인들이 상업과 어업을 하고, 차 농사를 짓는 사람들은 힌두교를 신봉하는 타밀족, 그 외 무슬림 분포도 있지만 소수에 불과하며, 인구의 70%를 차지하는 싱할리족은 불교를 신봉한다. 1948년 영국으로부터 주권국으로서의 독립을 하였으나 싱할리족과 타밀족의 갈등으로 수차례 정치적 혼란이 있었다. 이들의 갈등은 주로 정치와 사회 이권과 관련되는 것이므로 종교적 갈등은 그다지 없는 편이었다. 그러므로 힌두를 신봉하는 타밀족은 스님을 공경하여 모시고, 싱할리족의 불교사원에는 힌두신전이 함께 있어 서로 융합적인 관계를 이루고 있다.

2) 불족의 성지 스리빠다 순례

스리랑카는 인구 1천500만 명 가운데 67.4%가 불교도이다. 이에 비해 힌두교는 17.6%, 기독교 7.8%, 회교도 7.1%, 기타 0.1%이다. 이렇듯 인구 대부분이 불교를 신봉하다 보니 이들의 공동체적 신념과 신행이 막강하다. 이들의 신심을 엿볼 수 있는 대표적인 사례가 스리빠다의 불족佛足 경배이다. 앞서 얘기했듯이 스리랑카에는 3대 성지가 있는데, 그중에서 가장 신성시되는 곳이 스리빠다이다.

'스리빠다'라는 명칭은 스리랑카 중부지역 라트나뿌라(Ratna-pura)의 해발 2,243m 원추형 산 정상 바위가 사람 발자국 모양으로 움푹 패인 것에서 붙여진 이름이다. 신성하고 성스러움을 의미하는 스리(Sri)와 발을 뜻하는 빠다(pada)가 합하여 '신성한 발자국'이라는 뜻을 지니고 있지만, 이에 대한 의미는 각자의 신앙에 따라 달라진다. 불교 신자들은 바위에 패인 자국을 부처님의 발자국이라 하고, 타밀 사람들은 하누만 또는 쉬바의 발자국이라거나 '쉬바의 빛'이라 부르기도 한다. 그런가 하면 무슬림이나 기독교인들은 아담의 발자국이라 하여 '아담스 피크'로 부르기도 하지만 싱할리민족이 다수이니 불족 신앙이 꽉 잡고 있다.

스리빠다에 오르려고 몇 차례 시도했으

알루위하라 가는 산언덕. 트럭 뒤에 타고서도 북을 치고 노래를 부르며 즐거워하는 스리랑카 청년들

나 실패해 온 동주 스님께서 이번에는 반드시 성공하리라고 결연한 각오를 보이는지라 미리 겁을 먹은 필자는 오히려 무난히 완주하는 일정이 되었다. 라트나뿌라에서 스리빠다 산자락에 이르기까지 굽이굽이 휘어드는 산세도 신성하기 이를 데 없었거니와 골짜기 곳곳 사람들의 생활 모습을 보는 것도 재밋거리였다. 산골이 깊어지면서 곳곳에 차 밭이 있어 스리랑카 국민소득에 큰 몫을 차지하는 실론티의 현실을 실감하였다.

끝없이 이어지는 골짜기를 돌고 돌아 스리빠다 입구에 도착하여 차에서 내리니 저녁 무렵 얼음 공기가 나그네를 맞았다. 열대지방에 이렇게 추운 공기라니, 당황한 마음에 주변을 둘러보니 곳곳에 장갑, 지팡이, 비옷, 털옷 파는 가게가 빽빽하였다. 열대지방이 추우면 얼마나 춥겠어? 만만하게 여겼던 외국인들이 느닷없이 맞닥뜨리는 찬 공기에 너나없이 장갑과 털옷을 사들고 나서려면 "그

스리빠다 입구 상점에서 겨울옷을 사서 나오는 순례객들. 오른편에 아난다상이 서 있다.

스리빠다 입구

곳은 구름 속이라 비옷이 꼭 있어야 된다"는 말에 비옷까지 사들고 나오는 모습을 보며 어깨가 으쓱해졌다. 그것이 모두 몇 번이나 실패한 스님의 경험이 있었기에 가능한 일이었다.

완벽한 준비물까지 배낭에 있으니 산정에 오를 에너지 충전만 하면 되었다. 산자락의 식당에서 뜨거운 국물로 몸을 녹인 후 실론 티까지 여유롭게 한잔 하고 서서히 걸음을 옮겼다. 우리 일행은 한국 스님 한 분, 스리랑카 현지 스님, 그리고 필자였다. 정상에 이르는 길은 몇 가지 경로가 있는데, 우리는 비교적 길이 잘 다듬어진 계단길을 선택했다. 각각의 신앙에 따라 산을 부르는 이름이 다르다지만 스리빠다 산자락에 접어드는 입구에 세워진 아난다 입상과 와불상 그리고 부처님의 제자들이 곳곳에 있어 스리랑카 인구 중 불교신자가 압도적인 것을 한눈에 읽을 수 있었다.

한국의 등산로와 같이 완만한 산길인 데다가 이런저런 볼거리도 있어 한 두어 시간은 그럭저럭 견딜 만하였다. 그러나 몇 번이나 실패를 한 스님께서 계단이 3천 개라고 겁을 주신다. '설마 그 많은 계단을 다 세어보셨을 리가? 괜히 겁주시는 것이겠지' 하였더니, 옆에 있던 스리랑카 스님이 "2,577개 내지 2,579개 정도인데, 그것은 첫 계단과 끝 계단을 포함하느냐 포함하지 않느냐의 차이이고, 본격적으로 오르기 시작하는 계단은 약 2,600개지만, 올라온 계곡 오르막을 계산하면 3천 개가 넘는 것이 맞다"며 맞장구를 치신다.

현지 스님의 정보처럼 계단의 초입은 경사가 완만하고 중국 황산이나 안나푸르나 베이스캠프 가는 등반길 곳곳에 있는 계단과 엇비슷하여 좌우를 둘러보며 걸을 수 있었다. 다들 한밤중에 산을 오르므로 계단 곳곳에 가로등이 켜져 있기는 하지만 계단에 한정된 빛이라 시야는 극히 제한되었다. 군데군데 신들을 모신 사당 비슷한 곳이 더러 있어 불자 중에서 힌두신들에 대한 신앙이 있기도

가파른 비탈 계단

하고, 힌두신자들 중에도 부처님을 섬기는 사람도 있는 스리랑카 사람들의 신심의 면면이 느껴졌다. 이렇듯 힌두신들이나 스리랑카의 토속신들을 보며 그러려니 하다가 눈이 번쩍 떠지는 곳은 차와 음식을 파는 곳이었다. 다리가 아프기 시작하면서는 어쩌다 발마사지 하는 곳이 눈에 들어오기도 했지만 행여나 긴장이 풀려 산정에 오를 의지가 풀어질까봐 고개를 돌렸다.

깊은 신심으로 스리빠다 성지순례를 하는 스리랑카 사람들은 대개 다듬어지지 않은 그들만의 경로로 간다고들 하는데, 계단길에도 스리랑카 현지 사람들이 꽤 많았다. 그들은 중간중간에 만나는 당堂에 꽃을 바치며 오르기도 하고, 어떤 팀은 염불과 같은 구령을 붙여가며 주거니 받거니 하며 오르고 있어, 산정에 도달하기까지 스리랑카 사람들의 신앙과 생활 면면을 엿볼 수 있었다. 그렇게 근 대여섯 시간을 오르고 나니 드디어 80도에 육박하는 급경사의 가파른 계단에 이르게 되었다. 그 계단은 두 사람이 간신히 오르고 내리는 1미터 정도의 폭 양편에 철제 펜스와 밧줄이 처져 있고, 한 계단의 높이가 보통 계단의 두세 배 정도가 되는 되는지라 그야말로 아찔하고 어지러움까지 느낄 정도였다. 그때부터 사람들은 난간을 꼭 잡고 아래는 절대 내려보지 않고 위만 보고 걸어야 했다. 계단으로 길을 만들어 두었는데도 이럴 정도이니, 예전에는 스리빠다로 출발하기 전 유서를 써 놓고 가곤 했다는 말이 실감이 났다.

새벽 두세 시 무렵 산정에 도착했는데 어디선가 종소리가 끊임없이 들려왔다. 산정은 한밤중인 데도 구름이 자욱하여 마치 하늘

속으로 들어온 듯한데, 누가 이렇게 종을 치는 것일까? 가서 보니
산정에 교회 종과 같은 것이 걸려 있었고, 정상에 오른 사람들은
다들 신고식이라도 하듯이 종 줄을 잡아 당겼다. 그렇게 사람들마
다 종을 치니 산정에는 연신 종소리가 울려댔다.

정상에는 불족을 모신 성소와 종탑, 순례객을 맞아주는 기도처
가 전부여서 볼거리가 거의 없었다. 불족을 모신 성소는 외부인이
들어가지 못하도록 막아 놓았으므로 외국인들은 잠시 숨을 돌리
며 차를 마신 후 하산하는 모양새였지만 현지인들은 어디로 갔는
지 사라지고 없었다. 현지의 산치타 스님의 안내를 따라가 보니 새
벽예불을 드리기까지 동굴 아래, 혹은 대기하는 사람들이 모여 있
는 강당 같은 곳이 있었다. 아이들, 노쇠한 부모를 모시고 온 가족
들은 담요를 깔아 아이들과 노인을 재우고 그 옆을 지키고 있었다.
건강한 젊은이들도 중간에 포기하고 내려가는 일이 허다한 길을
허리가 굽은 노인들이 어떻게 올라왔을까? 죽기 전에 부처님을 뵙
고 가겠다는 그 의지는 거의 초인적인 신심이었다.

스리빠다에서 만나는
불상

　필자의 어머니는 거의 반평생 동안 매월 초하루면 팔공산 갓바위 부처님께 기도하러 다니셨다. 필자도 어머니를 따라 몇 번 다녀온 적이 있는데, 스리빠다 정상에 도착해서 기도하는 사람들이 팔공산에 올라 기도하는 모습과도 흡사하였다. 어머니는 팔순이 가까워오며 관절이 상하셔서 거동이 힘들어지자 마지막으로 갓바위 부처님께 인사하러 가는 길에 동행을 부탁하셨다. 평소에 일어서고 앉을 때마다 "아이구 아이구" 하는 분이 아무 소리 없이 그 험한 산을 밤새 오르고는 부처님께 108배까지 올리고는 "부처님, 저 이제 다리가 아파서 못 옵니데이. 잘 보살펴 주이소." 평소에 어머니의 기복신앙에 대해 늘 채근해 오던 터였지만 그날 어머니의 인사는 그간의 분별심을 일시에 사라지게 했다. 스리빠다의 노인과 스리랑카 사람들이 부처님이 이곳에 다녀가셨다는 믿음에 "네, 맞습니다"라는 마음이 들었으니, 이것을 신심의 마력이라 해야 할지 우매한 신념이라 해야 할지 모르겠다.

동굴에서 새벽예불을
기다리는 사람들

　구름의 습기가 동굴에 배어서 바닥이 축축할 정도였지만 피곤
함에 쪼그려 앉아 꾸벅꾸벅 졸고 있는데 나팔소리와 북소리가 들
려오기에 시계를 보니 새벽 다섯 시 무렵이었다. 자고 있던 사람들
이 일제히 일어나 나팔소리가 나는 곳으로 가기에 따라가 보니 흰
옷 입은 사람들이 나팔을 불고 북을 치고 있었다. 사람들이 그 뒤
를 따르며 산 정상을 한 바퀴 빙 돌고 나서 다다른 곳이 불족佛足이
새겨진 곳이었다. 바위에 부처님 발자국이 패어 있다는데 그 위에
부처님 발바닥 문양을 새긴 비단을 덮어 놓아서 실제로 불족 바위
는 볼 수 없었다. 무엇보다 그곳은 성소이므로 아무나 들어갈 수도
없고, 카메라로 사진을 찍을 수도 없었다. 신도들만이 성소 앞에서
예배를 할 수 있기는 하나 신도라 할지라도 사진촬영은 할 수 없었
다. 다행히 이곳을 관리하는 승려가 한국을 다녀가며 함께 산정에
오른 스님과 인연이 있어 신도들의 예배가 끝난 시간에 어렵게 촬

● 공양타주 악사들
●● 기도하고 있는 순례객들

영이 허락되었다.

　새벽 공양행렬과 아침예불을 마치고
정상에서 내려오는 길은 날아갈 듯이 몸
과 마음이 가벼웠고, 어머니가 팔공산에
다녀오실 때마다 하던 말이 또 생각났다.
"거 희안한 기라. 팔공산에 다녀오면 다
리가 안 모이는기라. 그기 다 부처님과
보살님이 다리를 풀어주시기 때문이라"
하던 말씀이었다. 그러면 언제나 했던 말
이 "그런 게 어디 있어요. 말도 안 되는
소리"라고 대꾸하면 "야야, 내가 팔공산
삼분지 일도 안 되는 곳에 갔다 와도 다리가 꽉 모여서 며칠이나
아픈데 팔공산은 그렇게 험하고 높은데도 다리가 안 아프다"는 말
을 다녀올 때마다 하셨다. 그런 말을 들을 때면 필자는 속으로 "그

불족佛足을 모신
성소聖所

것은 아마도 팔공산의 경사가 올라갈 때의 근육을 풀어주는 적당한 구조라서 그러리라"는 나름 과학적인 이유를 생각하곤 했었다. 그런데 스리빠다를 다녀오면서부터는 '기도하는 사람의 정신적 카타르시스의 힘 내지는 신심의 에너지가 주는 효력일 수 있다'는 생각을 하게 되었다.

　올라갈 때는 한밤중이라 발아래 계단과 주변의 포장마차, 신당, 불상, 이런 것만 보였지만 아침이 되어 내려오니 눈 아래 펼쳐지는 절경이 그야말로 장님이 눈을 뜬 듯하였다. 마을이 가까워오는 길목에 이르자 아이들이 "그렇게도 좋아요?"라는 듯이 살포시 웃는데 어쩜 그리 이쁜지. 또한 내려와 보니 곳곳에 둘러볼 곳이 많았다. 다섯 번이나 실패를 하였던 노스님도 드디어 산정에 오를 수

산자락에서 순례객을
맞이하는 와불

●
마을이 내려다보이는
마지막 계단

● ●
하산하는 일행을 맞이
하는 아이들 (2014. 12.
24-25)

있었던 그날의 스리빠다, 오르려 할 때는 "해낼 수 있을까?" 하는
긴장감으로 스릴이 있고, 내려와서는 곳곳의 사원과 그곳에서 만
나는 스리랑카 사람들의 소탈한 생활풍경에 취하게 하는 여정이
었다.

●
캘라니아사원 입구

● ●
캘라니아사원 대웅전과
앞마당

3) 부처님이 세 번 다녀가신 캘라니아사원

① 나라의 흥망성쇠를 함께 해온 왕사王寺들

나에게 스리랑카의 3대 불교성지를 꼽아 보라면 알루위하라, 스리
달라다 마리가와(Sri Dalada Maligawa, 불치사), 그리고 스리빠다를
꼽고 싶다. 그중에 으뜸은 최초 경전이 만들어진 알루위하라이다.
그런데 정작 스리랑카 사람들이 말하는 3대 불교성지는 불치사,
스리빠다, 캘라니아사원이었다. 그들이 이들 사원에 유별난 신심
을 드러내는 것은 '부처님과의 스킨십을 느낄 수 있다는 것이 원인
이 아닐까' 하는 생각이 든다. 실제로 이들 성지는 불신佛身과 직접
적 관련이 있다. 스리빠다는 부처님 발자국, 불치사는 부처님의 치
아, 캘라니아사원은 부처님이 앉아서 설법했던 의자가 있다. 그래
서 그럴까, 이들 성지는 스리랑카 사람들의 파란만장한 역사와 함
께 해온 애환도 많다.

수도 콜롬보의 북동부 지역에 있는 캘라니아사원에는 부처님이

앉았던 황금의자를 스투파(大塔)에 봉안하여 지금까지 참배객들에 의해 예배되고 있다. 역사적인 사실에 비추어 보면 캘라니아사원에 부처님이 다녀가셨다는 것이 말이 안 된다고 여기지만 그들의 말을 들어보면 생각이 달라진다. 설명인즉, "부처님이 깨달음을 얻기 전 캘라니아에 두 번을 다녀가셨고, 깨달음을 얻은 후 8년이 되던 해에 세 번째로 다녀가셨다"는 것이다.

그래서 다시금 시간을 거슬러보면, 마힌다장로가 스리랑카에 왔을 때 아누라다에 처음으로 지어준 사원이 메가나바(大雲林)이었고, 이것이 훗날 마하위하라(大寺)가 되었다. 그런데 숲속에서 수행하는 마힌다가 아무리 성스럽고 거룩하게 보였다 할지라도 낯선 이에게 선뜻 사원을 지어준다는 것은 현실적으로 어려운 일이다. 한반도에서도 고구려의 소수림왕이 불교를 공인한 것은 그 이전에 불교가 이미 들어와 있었기 때문에 가능한 일이었듯이 당시 스리랑카에도 자이나교를 비롯하여 불교가 어느 정도 들어와 있었던

●
대웅전 옆에 조성된 스투파

●●
대웅전 옆에 심어진 보리수 나무, 주변에 여러 불상이 조성되어 있고, 사람들은 꽃을 비롯해 갖가지 공양물을 올리며 기도한다.

것으로 추정하고 있다.

그런데도 마힌다에 의해 최초로 불법이 전래되었다고 하는 것은, 건국신화에 인도에서 건너온 것으로 되어 있는 왕족의 권위를 높이기 위해 대륙에서 건너온 불교를 결합시킨 것으로 해석하는 경우도 있다. 이런저런 이야기들을 다 떠나서 오늘날 스리랑카 사람들의 주장은 마힌다장로에 의해 불법이 전해진 것은 부처님의 가르침이 종교화되어 교단이 형성된 뒤의 일이고, 그 전에 부처님이 수행하시던 시절, 깨달음 이후 전법활동을 하실 때 다녀가셨다는 것이다. 이런 주장을 감안하면 이 사원의 역사는 B.C. 500년부터 시작된다.

② 꼬떼의 라자위하라

캘라니아사원은 꼬떼(Kotte, 1412~1597) 시대에 번성을 누리다가 포르투갈 제국 시대에 많은 수난을 겪었다. 현재의 수도 콜롬보가 인도 대륙과 마주보는 항구인 데 비해 꼬떼는 한국의 서울과 수원 정도의 거리에 있다. 외세가 항구로 침략해 올 때 산길을 돌아 접근하기가 어려운 곳에 터를 잡은 데서 타밀어로 '요새'라는 뜻의 '꼬떼'가 된 것이다. 1412년 빠라크라마바후(Parakramabahu)왕에 의해 건립된 이 왕국이 캘라니아사원과 얼마나 밀접한 관계를 지녔던가는, 빠라끄라마바후 9세가 1509년에 수도를 캘라니아로 옮겨 1528년까지 그곳에 머물렀던 사실에서 짐작할 수 있다.

꼬떼 왕국의 몰락은 1521년 위아야바후 7세의 세 아들이 반란을 일으켜 아버지를 죽이고 왕국을 나누어 가진 데서 시작된다. 나라가 세 개의 작은 왕국으로 갈라진 것이다. 그중 시타와카 왕국이 지역의 대중적 지원으로 강력해지자 꼬떼 왕국은 포르투갈에 도움을 청했다. 이러한 과정에 주거니 받거니 통합과 분열이 계속되다 1597년 포르투갈에 국권을 완전히 넘기면서 꼬떼시대의 막을 내렸다.

험난한 역사를 뒤로 하고 사라진 꼬떼이지만 왕사(Raja vihara)를 상징하는 황금색 지붕의 법당에는 경탄을 자아내는 수많은 벽화와 불상들이 옛 영화를 그대로 안고 있다. 대웅전 사방에 그

꼬떼 라자 마하위하라 대웅전의 벽화

려진 벽화는 천정까지 빈틈이 없어 어느 한 부분을 끊어 찍을 수가 없었으므로 동영상으로 촬영해야만 했고, 공간을 꽉 채운 거대한 와불은 레이스 커튼을 드리워 신비감을 더했는데, 사진을 찍을 거리가 부족한지라 카메라 셔터를 눌러도 발바닥이나 베개 귀퉁이 정도가 잡힐 뿐이었다. 법당을 나서면 마당 곳곳에 힌두 신전이 있었다. 한국 사찰에 가면 귀퉁이에 산신각이나 용왕당이 있는 것과 달리 법당 가까이에 있었다. 다른 사원에 비해 이 사원에 힌두 사당의 비중이 컸던 이유는 '꼬떼'의 역사와 관련이 있다. '꼬떼'가 타밀어였듯이 그 당시 궁중 언어이기도 했다는 것은 당시 힌두 인구의 득세를 내포하고 있다. 아무튼 지금도 스리랑카 대통령이 당선

●
꼬떼 라자 마하위하라
전경. 왕사를 상징하는
황금색 지붕의 대웅전
이 보인다.

● ●
꼬떼사원 안에 있는 힌
두신전 중 하나

되면 이곳에 당선 인사를 드리러 온다 하니, 콜롬보가 기능적 수도
라면 그들의 향수 속 성도는 꼬떼가 아닌가 하는 생각이 든다.

③ 콜롬보의 캘라니아 대왕사

콜롬보는 인도 대륙을 사이에 둔 항구가 있어 외부 왕래가 원활한
지역이므로 2,000년 전부터 인도, 그리스, 페르시아, 로마, 아랍 및
중국 상인들에게 알려져 왔다. 포르투갈 탐험가들은 1505년 스리
랑카에 처음 도착하여 빠라끄라마바후 7세(1484~1518)와 조약을
맺었다. 이후 포르투칼은 왕국의 몰락을 불러왔고, 1593년 포르투
갈에 의해 콜롬보가 수도가 되어 오늘까지 이어지고 있다. 꼬떼의
몰락 시기에 분열되었던 3개의 왕국 중에는 싱할라가 주가 되는
왕국이 있었는가 하면 네덜란드를 불러들인 왕국도 있었다.

그 무렵 네덜란드 위호를 받은 끼르티 스리 라자싱하(Kirthi Sri
Rajasingha)왕의 후원으로 캘라니아사원이 재건되었으며, 20세기
전반에 리모델링되었으므로 캔디의 불치사와 꼬떼의 왕사에 비

346

하면 캘라니아사원은 후대의 것이다. 이 사원의 풀 네임은 캘라니아 라자 마하 위하라(Kelaniya Raja Maha Vihara), 즉 캘라니아 대왕사라는 뜻이다. 스리랑카 사람들이 "캘라니아사원의 기운이 상승하면 스리랑카가 승하고 켈라니아가 약해지면 국가와 행정도 무너진다"고 할 정도로 이 나라 국운 및 정치세력과도 깊은 관련이 있다.

필자가 캘라니아사원을 방문했던 때는 2014년 12월 17일 저녁 무렵이었다. 수요일이라 담마스쿨이 열리는 날(일요일)도 아니고, 음력 10월 26일이라 초하루와 보름도 아닌데 무언가 특별한 행사가 있었다. 일단 사찰에 들어서니 여느 사원과 마찬가지로 마당 가운데는 우람한 보리수나무가 있고, 수많은 촛불이 보리수나무를 둘러싸고 있었으며, 곳곳에 흰 옷 입은 사람들이 장궤를 하고 기도하거나 자리를 깔고 앉아 저녁 행사를 기다리고 있었다. 마당 깊숙이 들어서면 흰색의 큰 스투파가 있어 황금의자가 있는 그곳인가 싶었지만 참배할 수 있는 시간이 아니어서 의자를 직접 보지는 못하였다.

행사를 위하여 마당 한편에 어린 화동들이 줄지어 서 있고, 청소년에서 대학생쯤 되어 보이는 청년들이 북과 나팔을 하나씩 들고 열을 지어 기다리고 있었다. 스리랑카 사람들은 절에 올 때 흰 옷을 입고 오므로 해가 질 무렵부터는 마치 흰색 의복이 형광불을 켠 듯이 빛을 발하였다. 까만 피부에 환하게 웃는 하얀 치아에 깊은 눈동자의 화동과 타주 악대들이 천상에서 내려온 뮤즈와 같았다. "예뻐라~" 하며 바라보니 눈이 조그맣고 얼굴이 하얀 필자를 신기해하며 서로를 반기느라 시간이 흐르는 줄을 몰랐다. 그러는 순간

종소리가 울렸다. 그러자 악사들이 태평소를 불고 북을 치며 나섰
고, 화반을 든 아이들이 그 뒤를 따랐다. 악대와 화동의 긴 행렬 뒤
에는 흰 옷을 입은 청년들이 흰 레이스와 구슬로 장식된 큰 파라솔
을 받쳐 들고, 파라솔 아래는 성장을 한 여인이 공양물을 들고 따
랐다.

행렬은 보리수나무를 시작으로 스투파까지 마당을 천천히 순행
한 뒤 법당으로 향하였다. 법당은 이 사원의 역사와 예술성을 빼곡
히 머금고 있었다. 부처님 전생담을 그린 자따까(jātaka)를 비롯해
스리랑카 불교 역사가 담긴 벽화들이 우아한 빛을 발하고 있었다.
악사들이 열을 지어서 멈추자 화동들이 앞서 나간 곳은 와불상 앞
의 불단이었다. 그곳에 갖가지 꽃이 즐비해질 즈음 사람들은 그 앞
에 앉아 기도를 시작하였다.

나오는 길에 캘라니아사원 종탑 맞은편에 놓여 있는 한국의 범
종을 보았다. 이 범종은 1977년 한·스 교류가 시작될 무렵에 보
낸 것이다. 귀한 선물을 땅바닥에 내버려 둔 것을 보면 서운할 법

도 하지만 사정을 알고 보니 그렇지가 않았다. 종소리라면 세계에서 으뜸으로 인정받는 한국의 범종인지라 그들도 캘라니아사원 종탑에 걸고 타종하였다. 그런데 그 종이 얼마 가지 않아 금이 가버려 더 이상 종을 칠 수가 없었다. 그렇다면 "한국에서 부실한 종을 보냈던 것일까?"라고 생각할 수 있지만 그것도 아니었다. 그러면 도대체 무엇이 잘못된 것이었나? 하는 의문이 가시지 않았는데, 이 사원의 종 치는 방식을 보니 일시에 이해가 되었다.

④ 캘라니아 종탑과 우리나라 범종

저녁 타종하는 모습을 보니 그 방식이 참으로 특이했다. 종루 지붕에 종을 매달고 종을 흔들면 종 안에 있는 추가 몸체를 쳐서 울리

캘라니아사원 대웅전의 꽃 공양

법당에 모셔진 와불단 앞에 꽃 공양을 올린 후 기도하고 있는 사람들

● 현재 사용되고 있는 범종
●● 막대에 매인 줄을 당겨 치는 타종

행렬을 이끄는 악사들

는 것이 서양식 종이다. 그런데 스리랑카는 서양
처럼 종을 높은 곳에 매달아 치면서도, 종을 흔드
는 것이 아니라 바깥에 있는 채에 줄을 매달아 치
니 그야말로 있는 힘을 다해 줄을 당겨 쳐야 높이
매달린 종을 울릴 수 있었다. 말하자면 종을 설치
한 것은 서양식이고 치는 방식은 동양식으로, 종
을 두드리는 타력이 엄청 세야 소리가 나므로 종

땅에 내려져 있는 한국 범종

치는 사람은 온몸의 무게를 다하여 줄을 당겨 쾅
놓는 방식이었다. 이러니 부드럽게 몸체를 치도록 만들어진 한국
의 범종이 견뎌낼 수가 없었던 것이다. 그렇다면 종루를 내려서 한
국처럼 땅 가까이에서 부드럽게 쳐 볼 만도 한데 종치는 방식은 지
금까지도 그대로였다. 그것이 본래 스리랑카 방식인지 서구 식민
지배를 받으면서 변화된 방식인지 많은 생각을 하게 하였다.

●
꽃을 공양하는 화동들

● ●
법회에 참석하기 위해
서 입장하는 신도들
(2015. 1)

4) 공양 타주와 상모춤

스리랑카의 3대 신앙인 보리수신앙, 불치신앙, 포야데이(보름날의 포살) 중 가장 먼저 시작된 것은 보리수신앙이다. 마힌다의 여동생 상가미타가 스리랑카로 오면서 석가모니의 성도지인 붓다가야에서 보리수 가지를 잘라 와서 마하보디사원에 심었고, 이 나무가 지금까지 살아서 부처님의 상징으로 숭배되고 있다. 사람들은 성수 聖樹가 있는 마하보디사원에서 나무 주위를 7번 돌며 물을 뿌리는 의식을 행한다. 스리랑카에는 보리수가 없으면 사찰이 아니라고 할 정도로 보리수는 사찰 도량의 필수 조건이고, 마을마다 보리수 나무가 있어 그곳에 공양의례를 한다. 이는 한국의 서낭당 나무에 오색 리본을 매달고 기도하는 모습과도 닮았다.

불치신앙은 사리신앙으로 연결되어 하나의 탑에 모셔진 사리를 계속해서 쪼개거나 혹은 여러 조각의 사리들을 나누어 탑에 모시는데, 그럴 때마다 사리이운 행사나 탑에 대한 공양의례가 화려하게 펼쳐진다. 이때 사찰 내에 설치된 단에서는 수일간에 걸쳐 찬팅 릴레이가 이어진다. 2012년 1월, 수도 콜롬보 근교에 있는 다르마야따니야사원에서 사리 봉안식이 있다기에 참관해 보았다.

사리 봉안을 하기 일주일 전부터 기도를 한 뒤 마지막 날에 사리 봉안식이 행해졌다. 사리를 봉안하기 위해서 수호신들을 초청하여 행렬을 하였다. 초청되는 신들은 대개 힌두 신들인데 이들에 대한 예경과 대우가 상당했다. 행렬 앞에는 한 어린이가 긴 채찍을 휘두르며 땅을 내려치며 걷는데, 그 채찍에 화약이 있어 땅을 내려

칠 때 딱! 소리와 함께 불꽃이 튀는지라 땅이며 주변의 악귀들이 도저히 남아날 수 없는 기세였다. 뿐만 아니라 그것을 보는 사람들 마음도 마치 맨살에 회초리를 맞듯이 어떠한 삿된 생각도 할 수 없을 정도로 부정한 것을 물리치고 정화하는 효과가 그야말로 대단했다.

불교의식이나 행사 중에 유난히 눈에 띄었던 것은 한국의 상모춤과 유사한 모자와 춤이었다. 사리행렬 때 이들은 끈이 달린 상모를 쓰고 앞뒤 양 옆으로 돌리는데, 아시아 어디서도 볼 수 없었던 독특한 모양새였다. 상모를 쓴 사람은 춤과 함께 다양한 곡예적 동작을 하는데, 상모의 길이가 짧은 것은 한국의 상쇠가 쓰는 모자, 긴 것은 일반 상모와 닮았다. 다음의 그림에서 맨 앞의 사람은 화약이 달린 채찍을 휘두르며 행렬을 이끌고 있고, 맨 뒤에서 두 번째, 세 번째 사람이 흰 끈이 달린 상모를 돌리고, 장구를 치며 춤추고 있는 모습이다.

불법을 호위하는 천상의 메신저로 분장한 어린이들의 화려한 복

페라헤라를 그린 공예품

페라헤라를 그린 캔디
사원 벽화에도 긴 상모
를 쓴 악사들이 보인다.

장이 구경꾼들의 환희심을 자극하는 데다 타주 악사들이 이들을
호위하며 타주하고 춤을 추느라 온 마을이 들썩였다. 사리를 모셔
오는 사원의 강당에는 법루를 설치하였는데, 이를 스리랑카 말로
는 망다하(Maṅdappha)라 하였다. 망다하의 가운데 불탁에는 여러
가지 의물이 차려져 있었는데, 각 의물이 상징하고 있는 내용만 풀
어도 한 편의 논문이 될 정도였다. 그 가운데 법회에 참석하는 사
람들과 직접적인 관련이 있는 것은 커다란 실패였다. 이 실패는 축
성이 전해지는 전선과 같이 참여 대중에게 연결되어 있었다. 새벽
이 되어 의례가 종료되자 축성된 실을 손목에 매어주는 행렬이 이
어졌다.

행사 규모가 큰 만큼 타악단은 담마따마(Tammāṭṭama, 장구 역할의
북)와 다울라(Davula, 북)를 복수로 편성한 데다 저음의 큰 다울라

도 추가되었다. 새벽이 되어 사리를 봉안한 후에는 각 주자들이 돌아가며 독주 기교를 한껏 과시하는데, 이러한 모양새는 마치 한국의 사물놀이 선반 공연을 보는 듯했다. 연주자의 구성을 보면 나이가 많은 베테랑을 비롯하여 청년에 이르기까지 기량의 폭도 상당하였다. 강당에 차려진 법루에서는 밤새도록 경전 독송을 하고, 그 앞에는 수많은 신도들이 기도하였다. 찬팅(독송)은 릴레이로 이어지는 만큼 장대한 송경에서부터 축복과 『보호경』까지 각지에서 온 여러 승려들이 돌아가며 창화하였다.

스리빠다 성지에서도 타주 악사들의 행렬 연주가 있었고, 불치 행렬인 페라헤라에도 타주 행렬, 사리이운에도 그러하듯이 매일의 조석예불도 타주 악사들의 연주로 시작되었다. 서울에 조계사가 있다면 콜롬보에는 강가라마가 있다. 이곳의 아침예불을 참례해 보니, 6시가 되자 태평소를 부는 한 사람과 두 사람의 타악 주자가 보리수 앞에서 타주를 하였다. 보리수 앞에서 한참을 연주한 후 법당으로 걸어가며 계속 타주하고, 법당에 이르러서는 불단을 향해

강가라마 전경

강가라마에 전시되어 있는 대한불교조계종과의 결연 기념패

강가라마 법당 뒤에 심어진 보리수, 오색 깃발과 붉은 띠를 두르는 등 신성화되어 있다.

한참을 타주하였다. 악사들의 타주가 끝나자 한 승려가 새벽예불문 찬팅을 시작하였고, 신도들은 바닥에 꿇어 앉아 예불에 동참하였다. 이러한 의례는 아침 6시, 오전 10시 30분, 저녁 6시, 하루에 3차례에 걸쳐 매일 똑같이 행해지므로 사찰 소속의 악사가 상주하고 있었다.

악사들은 매일의 조석예불과 공양의례를 비롯하여 수시로 열리는 사찰과 민간의 행사에서도 연주해야 하므로 일종의 직업이기도 하였다. 그만큼 수요가 많으므로 담마스쿨(Dhamma School)에서 공양타주를 위한 강습이 있었다. 스리랑카의 사찰은 교육기관으로서의 역할이 매우 크다. 일요일이면 담마스쿨에서 하는 경전반과 기악과 가무를 가르치는 강습이 활발하게 열린다. 그러므로 각 사찰은 대형 강의실을 갖추고 있는데, 주말이면 수많은 인파가 모여들었다.

악사들의 타주는 행사의 규모에 따라 축소·확대가 자유롭다. 가장 기본적인 것은 호라나와(Horanāva, 태평소) 하나, 담마따마 하나, 다울라 하나의 구성이지만 규모가 큰 행사에서는 이들 악기가 복수로 편성된다. 세 가지 악기 중 리더는 나팔수이다. 이 악기는 인도의 쉐나이(한국의 태평소)와 같은 것인데, 산스끄리뜨로 '세나'는 군대와 장군을 뜻하는 말이다. 군대에서 전쟁에 나갈 때 나팔을 불어 지휘를 하고, 아침 기상을 하던 데서 비롯된 것으로 보인다. 한국에도 예전에는 태평

강가라마 보리수 앞에서의 악사

소를 '쇄납'이라고 하였는데, 그 이름이 인도의 쉐나이에서 유래한 것이고, 중국의 문헌에도 이와 같이 기록되어 있다. 조선조에 이르러 종묘제례악에서 무공武功을 기리는 정대업에 쉐나이를 편성하며 태평소라 불렀다. 군대의 힘으로 태평한 세상을 지킨다는 뜻이었으리라.

사찰 악사들이 타주하는 타악기를 보면, 두 개의 북통이 짝을 이루고 있는 담마따마(Tammāṭṭama)가 리듬 절주를 이끈다. 악기의 이름에 법法을 뜻하는 '담마'가 붙은 것을 보면 이 악기가 불교음악에 얼마나 중요한 역할을 하는지를 짐작하게 한다. 한국에는 정악 가야금, 산조가야금, 개량가야금이 있는데, 이들 중 신라시대 가야

●
행렬 앞에서 채찍을 휘
두르며 길을 정화하고
있는 어린이

●●
사리이운 행렬에서 연
주하는 마을 악사들

금인 정악가야금을 법금法琴이라 하고, 스님들이 타주하는 북을 법
고法鼓라고 하는 것과 같은 것이다. 담마따마는 채를 양 손에 들고
잔가락을 타주하는데, 동그란 채가 매우 독특하다. 두 개의 북통을
위에서 내려치는 주법을 보면 인도의 대표적인 타악기 따블라와
닮았지만 따블라는 손가락 끝으로 치는 데 비해 담마따마는 채로

담마따마의 북통과 채

강하게 내려치므로 음색이 강하여 야외 행렬에 잘 어울리고, 호라
바나와 같이 강한 금속성 나팔소리와 잘 어우러진다.

　장구처럼 북통 양면에 가죽을 씌운 다울라(Davula)는 저음을 담
당한다. 한국의 장구는 허리가 잘록하지만 다울라는 허리가 볼록
하여 훨씬 부드러운 저음이 난다. 음량과 음색의 발란스 측면에서
보면 한국의 사물놀이에서 북의 역할과 같다고 할 수 있다. 이 외
에 가따베레(Gàtabere)라는 얇고 길죽한 양면북과 심벌즈 계통의
나가신남(Nāgasinnam)이나 소라 모양의 학게리, 가늘고 긴 나팔인
깜부(Kambu)가 공양타주와 기타 여러 가지 사찰 행사에 활용된다.
강가라마의 아침·오전·저녁 예불을 다 참관해 보니 호라와나의
연주와 찬팅은 같은 형식으로 진행되었지만 악사들의 기량에 따라
태평소 가락이나 타악 절주節奏에 즉흥 연주가 가세되기도 하였다.

강가라마 새벽 공
양 태평소 가락

위 악보는 2014년 12월 18일 강가라마의 악사들이 새벽 공양 때
연주한 호리나와(태평소) 가락이다. 선율의 움직임을 보면 예불 때
드리는 기도문 율조의 음역을 그다지 벗어나지 않고, 가락은 무박
절로 이어가고 있다. 출현 음과 선율 진행을 보면 반음이 포함된
매우 촘촘한 선율로 도약 진행이 거의 없이 잔잔한 남방지역의 선
율 특징을 지니고 있다. 리듬감 없이 무박절로 태평소 가락을 불면
타악은 적절히 따라가는 방식을 취한다. 다음의 악보에서 호리나
와의 선율을 보면, 전체 선율의 진행 폭이 다소 확대되었지만 6도
이상을 넘지 않고, 반음 진행이 빈번하다. 리듬과 템포를 보면 찬
팅 율조 중 엇모리풍의 선율과 유사하다. 공양행렬 선율과 리듬 절
주도 찬팅의 두 가지 선율과 거의 비슷한 흐름을 지니고 있다.

불족佛足을 모신 스리빠다는 신도들의 신심이 워낙 대단하므로

스리빠다 새벽
공양 행렬 타주

산정을 도는 타주 행렬이 거의 한 시간이 걸렸다. 이때 리듬 절주를 리드하는 호라나와 가락은 엇모리 장단감이 나는 송경율조와 유사하였다. 엇모리는 다섯 개의 소박으로 이루어진 불균등 4박자로 다른 나라에서는 쉽게 찾아 볼 수 없는 리듬 절주이다. 그런데 스리랑카 범패와 태평소 가락에 이런 리듬 절주가 주를 이루고 있어 예사롭지 않았다. 양면북을 둘러메고 치는 타악기는 중국이나 일본에서는 거의 사용하지 않으며, 인도, 스리랑카, 한국, 그리고 중앙아시아와 동남아 지역 불교국가에서 주로 볼 수 있었다. 이러한 현상들을 보면, 중국대륙을 거치지 않고 한반도로 들어온 문화교류에 대해 우리가 모르고 있는 것이 너무 많다는 생각이 든다.

5) 실론 불교전통과 악가무

① 스리랑카의 소승 · 대승 · 밀교

대사파(마하위하라)승단에 이어 1세기경 진보파인 무외산사(마바야기리)파가 분파되어 나가고, 3세기에는 새로운 진보파가 들어왔다. 방광부方廣部로 불렸던 진보 승단은 공空사상을 강조하였다. 새로운 진보파의 유입에 고무된 무외산사파가 대사파와 정면으로 대결했으나 보하리카티샤왕이 이들을 이단으로 척결함으로써 진보파는 더 이상의 힘을 얻지 못했다. 이후에도 교단과 왕권결합의 이동이 계속되던 중 메가반나왕(재위 303~331) 재위 9년에 불치佛齒사리가 인도에서 모셔져 왔다. 왕은 칼링가국의 왕녀인 헤마말라와 그의 남편 단타 쿠말라가 가져온 불치를 달마차카당堂에 안치하고 매년 성대한 불치제佛齒祭를 열었다. 이후 불치는 왕권의 상징이 되어 이를 쟁탈하기 위해 치열한 싸움이 벌어지기도 하였다.

7세기경에는 남인도 출신의 바즈라보디(金剛智)가 마바야기리 (무외산사)에 머물면서 밀교를 전하여 8~9세기까지 밀교가 성행하다가 9세기 중엽에는 남인도 치요라왕조의 침입으로 사원이 파괴되고 박해를 받았다. 이러한 수난시대에 비자야 바후 1세(재위 1055~1100)가 등장하여 치요라군軍을 격파하고 불교부흥에 전력을 다했다. 이러한 과정에도 대사파와 무외산사파는 끊임없이 대립해 왔으나 스리랑카 역사를 관통하는 대사파의 절대 우위는 넘어설 수 없었다.

스리랑카불교사에서 더욱 큰 위기는 기근과 외세의 침입이었다. 계속된 전란으로 불교는 수계식을 비롯한 교단의 의식을 행하는 데 필요한 비구가 모이지 못할 정도가 되었다. 비자야 바후왕이 사망하자, 스리랑카는 지방호족들의 발호로 또다시 혼란에 빠졌다. 이 혼란을 수습한 사람이 역사상 최고의 영군英君으로 꼽히는 파락카마 바후 1세(재위 1153~1186)이다. 선왕이 미얀마로부터 상좌부 법통을 전해와 간신히 법통을 이었지만 그 사이 사설邪說과 이단이 횡행하고 대처승이 생길 정도로 승단이 혼탁해져 있었다. 그리하여 새로 등극한 왕이 대처승은 환속시키고, 나라 안의 모든 종파를 대사파 중심으로 통합하였다. 또한 1천 명의 비구를 모아 새로운 결집을 열어 '카티카바다(승단규약)'를 공포하여 율장律藏과 함께 승가 본연의 자세를 규정하였다. 이로써 교단의 개혁이 그의 치적 중에 가장 뛰어난 업적이 되었고, 오늘날의 스리랑카 불교는 이

때에 확립된 승풍을 이어가고 있다.

13세기 후반에는 열렬한 불교도였던 비자야 바후 4세의 힘으로 불교문화가 부흥하였다. 다음 대인 부바네카 바후 1세는 스스로 삼장三藏에 정통하여 비구와 장로에게 법을 설하였으며, 그것을 잘 배운 비구에게는 장로長老로서의 지위와 특전을 베풀었다. 이렇듯 스리랑카 불교는 줄곧 왕실 주도형 불교였다. 이는 파락카마 바후 3세(재위 1287~1293)에 이르러 플론나루와(Polonnaruwa, 1055~1232) 왕정이 종지부를 찍은 후에도 국민 정서에 영향을 주었고, 16세기 이후 유럽 열강의 침입에도 스리랑카 사람들의 불심은 변할 줄 몰랐다.

마지막 왕도王都 캔디시에 있는 불치사. 붉은 지붕 뒤에 보이는 황금색 지붕의 전각에 사리가 봉안되어 있다.

② 싱할라에 대한 타밀의 테러

싱할라족과 타밀족의 격한 대립은 영국의 식민지배 시기에 홍차
생산을 위해 인도 남부의 타밀족을 스리랑카에 대거 유입시킨 것
이 화근이었다. 1981년 타밀족이 스리랑카의 북부와 동부 지역에
자신들만의 자치 국가를 세우기 위해 게릴라전을 벌였고, 누적되어
오던 갈등이 1998년 1월 스리랑카 독립 50주년에 폭발하였다. 그
들은 캔디의 불치사에 폭탄을 던짐으로써 일대가 폭삭 내려앉았다.
그러나 놀랍게도 불치가 모셔진 전각은 훼손되지 않았기에 불치에
대한 스리랑카 사람들의 신앙을 더욱 굳건하게 하였다.

복원된 지금의 불치사에는 역사적 유물을 전시한 박물관을 비
롯하여 여러 전각이 있는데, 이들 가운데 불치가 모셔진 전각은 지
붕에 황금색 칠을 하였다. 불치가 모셔진 감실로 올라가는 회랑에
는 헤마말라 왕녀와 그녀를 호위하는 남편 단타 쿠말라가 그려져

있고, 그 회랑을 올라서면 감실이 있다. 감실 앞에는 수많은 사람들이 꽃 공양을 하며 기도하고 있다. 전각을 돌아 내려오면 긴 회랑에 페라헤라의 모습을 그린 그림이 가득 채워져 있다. 이 그림들 중에 유독 눈에 들어오는 것은 한국의 풍물패가 쓰는 모자와 상모였다.

③ 캔디왕조의 불교악가무

캔디의 불치사佛齒寺에서는 매년 여름이면 열흘이 넘도록 페라헤라(불치행렬)가 열린다. 수백 마리의 코끼리와 이를 수행하는 악사와 무용단이 따르는 이 행렬은 스리랑카 전통 공연의 총 집합이다. 불치사 옆에는 공연장이 있어 공양타주와 춤을 비롯하여 갖가지 무용과 음악이 상설 공연된다. 이들 중에는 보호신들과 구루에게 바치는 공양춤이 있는가 하면 다양한 가면무도 있다. 그 양상을 보면, '구룰가'라는 새가 코브라를 잡는 동작을 하는데, 이는 악령을 쫓아내는 나례儺禮춤이기도 하다. 그 외에 공작새의 춤, 앵무새의 춤, 코브라의 춤과 같은 동물춤도 있다.

여러 춤 가운데 가장 화려한 것은 구슬로 엮은 의상과 화려한 장식의 모자를 쓰고 추는 춤이다. 스리랑카 전통의상을 입고 추는 이 춤은 캔디 왕실 춤이었으므로 캔디춤 혹은 웨스춤이라고도 한다. 여기서 '웨스'는 석가 탄신일·성도일·열반일이 모두 음력 보름인 '웨삭(Vesak)'에서 비롯된 이름이다. 아무튼 오늘날 스리랑카의 캔디춤은 사찰 행사뿐 아니라 전통 공연예술 등 어디에서나 빠지지 않은 스리랑카 춤의 대표이다.

수호신으로 분장한 아이들

캔디춤의 복장

앵무새의 춤, 폰세카(Fonseka)원장과 문하생 그리고 필자 (2015. 1)

6) 스리랑카의 바깥채비 범패

인도에는 서기전 1500년경부터 베다 찬팅이 음성학으로 자리 잡
으며 언어의 영구불변을 주장하는 사상이 생겨났다. 사제들은 제
사를 집행하기 위하여 고도의 전문지식과 훈련을 쌓았다. 그들은
소리의 진동을 우주의 5대 요소 중 공간 요소로 인식하였다. 우파
니샤드 시대에 이르러 그들은 성명(聲明, Śabdavidya)을 통해 무아
의 경지에 들어 초자연계의 보이지 않는 힘과 신성神性에 나아가는
시도를 하였다. 그리하여 사제의 음성은 신을 찬미하는 도구인 동
시에 신과 자아가 하나되는 매개였고, 신과 사물을 움직이게 하는
주술의 도구가 되었다.

 인도는 음성 그 자체의 진동 현상에 주목하였으므로 베다 수트
라도 문자보다 소리 그 자체를 암기하여 지녔다. 이러한 전통은 오
늘날 남방불교의 경전 공부 방식에서도 확인할 수 있다. 미얀마
나 기타 남방지역의 경전반에 입문하면 경전을 외우는 것뿐 아니

라 율조에 맞추어 암송하는 것을 연습한다. 뜻이 있는 문자로 번역되는 과정에 생겨나는 오류나 왜곡을 방지하는 데서 한걸음 더 나아가 말씀 그 자체를 외우다 보면 굳이 설명을 하지 않아도 내용의 실상을 알게 되는 힘이 있다. 이러한 경전 암송을 중시하는 것은 말씀 그 자체의 힘과 신비 에너지가 있기 때문이다.

남방지역 사찰에서는 매월 음력 보름날을 금욕·참회의 날로 삼아 육식을 금하며 독경과 정진·설법을 듣는 밤샘법회를 연다. 스리랑카에서 밤샘법회를 할 때면 사찰에서는 커다란 강당에, 민가에서는 저택의 거실 가운데 망다파(Maṇḍappha, 法樓)를 설치하고, 음성이 좋은 8~10여 명의 승려들이 둘러 앉아 경전을 외다 동이

콜롬보 민가의 거실에 차려진 법루法樓. 강가라마 주지스님과 마하피릿으로 유명한 스님들이 찬팅하고 있다.

●
사리이운을 위해서 망
다파에서 경전을 봉송
하며 기도하고 있는
모습

●●
마하피릿 법루에 둘러
앉은 찬팅 승단. 갖가지
상징의 길상 법구들이
법탁 위에 차려져 있다.

●●●
밤샘 법회에서 호법신
으로 분장한 소년이 망
다파 양 옆에서 호위하
고 있다.

틀 무렵 회향하였다. 법회에 참석한 사람들은 일제히 흰 옷을 입었
고, 자정이 넘어갈 즈음에는 법식이 제공되었다. 흰 옷을 차려입은
사람들이 빠알리 찬팅을 들으며 법식을 나누는 장면은 마치 담마
의 파티가 열린 듯하였다.

　마하피릿의 '피릿'은 빠알리어로는 'Paritta', 싱할리어로는
'Pirith'이며, '보호'라는 뜻으로, 일종의 경전 독송이요 장엄염불이

사리봉안 후 승려들께
공양하는 모습

라 할 수 있다. 마하피릿에는 『보호경』, 『초전법륜경』, 『망갈라숟
따』 등이 즐겨 애송된다. 빠알리어로 '망갈라'는 '축복·상서로움·
좋은 예감'의 뜻을 지니고 있다. 이 경이 설해진 배경을 보면, 띠와
띵사(도리천)의 천인들이 행복이 무엇인지 묻자 부처님께서 38가
지 행복에 대해 설한 데서 비롯된다. 행복에 관한 법담은 사찰과
민간의 기도법회에 빈번히 송경되며, 임종에 처한 환자나 장례 찬
팅에도 빼놓지 않고 염송된다.

초저녁의 마하피릿은 합송으로 시작하지만 시간이 흐르면서 독
송獨誦 릴레가 이어졌다. "석가모니의 모국어인 빠알리어를 배우
려면 스리랑카로 가라"는 말이 있듯이 이들의 율조에는 인도음악
의 향취가 물씬 풍겼다. 스리랑카 각지의 빠알리 찬팅 율조는 무박
절의 느리고 안정한 선율과 다소 신명나고 빠른 패턴의 두 가지가
있다. 밤새도록 이어지는 긴 찬팅은 후반으로 갈수록 조금씩 빨라
졌고, 빠른 패턴의 율조는 한국의 엇모리장단과 유사하였다. 같은

빠알리 경전을 쓰고 있는 이웃 나라들의 율조와 비교해 보니, 미얀마의 찬팅은 선율의 장식음이나 요성이 거의 없고, 태국은 장식음과 요성이 있기도 하지만 스리랑카의 율조가 훨씬 풍부하고 유연한 데다 다양한 요성과 시김새가 있었다.

남방지역 불교의식에 수반되는 율조는, 수계식과 같은 의식에서는 빠알리 본래의 성조와 마뜨라(모음의 장단)가 엄격하게 지켜지지만 마하피릿과 같은 장엄 찬팅은 밤새도록 찬팅을 해야 하므로 모음 장인과 그에 수반되는 다양한 장식음과 발성이 있다. 이러한 스리랑카의 빠알리 찬팅은 인도의 베다 찬팅과도 관련이 있고, 장식음과 요성 등 음악적인 면은 인도 전통음악 라가와 관련이 있음을 캘라니아대학의 에디리싱혜 교수로부터 들었다. 그런가 하면 스리랑카와 인도에서 수학한 홍원사 주지 성오스님은 스리랑카의 마하피릿과 같은 선율을 인도의 힌두 찬팅에서 들은 적이 있다고도 하였다.

같은 남방불교권 문화를 비교해 보면, 미얀마에는 마하피릿과

●
경전을 봉송하며 축성된 실을 잘라서 손목에 걸어주고 있다.

●●
공양간에서 봉사하고 있는 어린 승려들
(이상 스리랑카 전체 촬영
2014. 12.- 2015. 1)

같은 장엄율조가 없고, 목청 좋은 스님이 찬팅 활동을 하는, 일종의 바깥채비와 같은 스님이 없다. 아마도 이것은 미얀마 승가의 엄격한 계율에 의한 것으로 보인다. 이에 비해 태국은 좀더 의례와 사찰 행사를 화려하게 하는 편이었다. 이를 증명해 주듯 스리랑카의 사찰의식에서 화려한 타악 절주를 보였던 사찰은 모두 태국 씨암파 계열이었다. 또한 스리랑카의 마지막 성도였던 캔디 지역, 현재의 수도인 콜롬보와 남부 지역, 한때 타밀족의 왕궁이 있었던 북쪽 지역은 찬팅 율조에 미세한 차이가 있었다.

그런가 하면 스리랑카에는 민간인에 의한 찬팅도 있는데, 그들의 율조는 시김새와 요성이 보다 화려하다는 얘길 들었다. 대만에서도 어떤 도교사원에서 유불도 합동제를 지내는데, 가사 장삼을 입은 세속 사제가 의례를 집전하며 범패를 부르는 것을 본 적이 있고, 어떤 곳은 세속 신도들이 법기 타주를 하기도 하였다. 그런데 사찰에서와 똑같은 범패와 법기 타주가 완전히 다른 느낌이 들었다. 음악 중에서도 종교음악은 행위자의 내면적 자세가 그 음악의 90% 이상을 차지하므로 악보로서는 설명할 수 없는 영역이 있는 것이다. 티베트에도 겔룩파의 혁신 이전에 대처승에 의한 혼탁이 있었고, 한국의 조선 중기 이후 비승비속의 걸립패와 유랑악사들에 의한 범패의 세속화가 있었듯이, 불교 문화권 어디에나 범성의 세속화는 공통된 현상이다.

7) 스리랑카 불교학과 범패

① 캘라니아대학

남방불교 국가 중 미얀마는 계율이 청정한 것으로, 스리랑카는 빠알리와 불교학이 손꼽힌다. 스리랑카 불교학의 산실 캘라니아대학을 방문하였다. 그때 들으니, 누구라도 이곳에서 불교학을 공부하는 사람들은 학비를 내지 않는다기에 "나는 복도 없지. 어찌 이런 정보를 이제야 알게 되었을까?" 싶었다. 많은 유러피안 학생들이 있어 자연적으로 월드 프랜드쉽이 형성되는 데다 그야말로 불교학의 세계적 중심에서 공부할 수 있는 기회를 놓쳤다는 생각이 들었기 때문이다. 캘라니아대학은 예약이나 사전 허가 없이 갔던 길이었지만 도서관에서 자유롭게 자료 열람을 할 수 있었다. 세계 여러 나라를 다녀본 결과 자료의 개방성과 폐쇄성의 극과 극은 스리랑카와 일본이었다. 스리랑카는 왠만하면 모든 것이 개방되어 자연스러운 접근이 가능한 반면 일본은 가장 접근성이 어려운 곳이

캘라니아대학 입구

도서관 열람실

었다.

한편, 얼마 전까지 옥스퍼드대학에 '빠알리어 전공' 과목이 개설되어 있었으나 근년에 폐지가 되는 바람에 영국이며 구미의 불교학자들이 캘라니아로 더 많이 오고 있다고 하였다. 빠알리어뿐 아니라 불교학으로도 최고의 저력을 자랑하는 스리랑카의 불교학에 대한 얘기를 몇 장의 종이에 다 담을 수 없으므로 근대 싱할라 불교학의 양대 산맥으로 꼽히는 말라라세케라(G.P. Malalasekera, 1899~1973)와 자야틸레케(K.N. Jayatilleke, 1920~1970)를 소개해 볼까 한다.

먼저 이 두 사람의 논서를 읽어 보면, 불교가 얼마나 범인류적인 철학을 지닌 종교인가에 대해 감동하게 된다. 무엇보다 그들은 강단이나 연구실에 한정되는 학자가 아니라 현대 사회의 제반 문제들에 불교적 해답을 제시하며 그 해결 과정에 적극적으로 참여하였다. 스리랑카에는 구전口傳되어 온 종교적 붓다의 교설을 충실히 따르는 강한 전통이 있고, 거기에는 알루위하라에서 빠알리 삼장을 마련한 마하위하라(대사파)의 교세가 중심에 있었다. 두 학자도 빠알리 성전에 담긴 붓다 와짜나(buddha-vacana)를 충실하게 보존하는 것을 사명으로 삼은 마하위하라의 보수적인 학문적 방법론을 그대로 계승한 사람들이다. 결과적으로 스리랑카의 빠알리 성전은 불법보전과 불교학의 성립에 절대적인 원동력이 되었다.

말라라세케라의 학문을 한마디로 요약하면, "불교의 이상은 아라한과의 증득"이다. 아라한과의 증득은 자신을 위해서뿐만이 아니라 모든 생명체를 위해서, 나아가 그러한 행복을 저해하는 모든

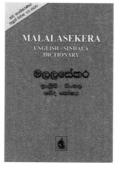

말라라세케라와
그의 저서들

요소들이 제거된 경지로서, 불교의 행복은 전 세계의 행복과 불가분의 관계를 지니고 있다. 따라서 불교는 관용, 인류애, 연민, 이해, 그리고 불교의 두 기둥인 자비(karuṇā)와 지혜(pajñā)가 발휘되어야 한다고 주장한다.

　자야틸레케는 스리랑카의 테라와다 전통에 서구 분석철학의 방법을 융합시켰다. 그는 불교가 철학과 현대 과학에서 인간의 지성이 이룩한 최고의 성취라는 것을 설파하기 위해 서구적 논리실증주의와 불교적 해법을 활용하면서도 불교는 서구적 논리와 차별화되어야 함을 주장하였다. 빠알리 니까야에는 "인간이 존재하는지(hoti), 존재하지 않는지(na hoti), 태어나는지(upapajjati), 태어나지 않는지(na upapajjati)를 묻는 것은 무의미하다"고 말하는데, 자야틸레케는 이러한 불타의 설법을 서구적 논리로 설명하였다. 또한 붓다의 지각(perception)과 추론(inference)은 과학에서와 같은 논리실증이 가능하지만 거기에 더하여 텔레파시와 신통력과 같은 초감각적 형태들도 포함되는 것이므로, 불교와 서구적 경험주의나 실증주의 사이에 분명한 선을 긋기도 하였다.

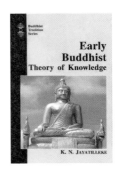

자야텔레케와 그의 저
서들

② 스리랑카 불교학의 저력과 범패

스리랑카는 해외 학자들에 이르기까지 많은 불교학자들을 배출하
였다. 그중에 데이비드 칼루파하나(David J Kalupahana, 1936~2014)
는 스리랑카에서 태어나 미국 하와이대학, 런던대학. 갈레의 마힌
다대학, 뻬라데니야(Peradeniya)대학을 두루 다니며 수학하고 가르
쳤다. 이 외에 스리랑카 불교학의 논서들에서 일관되게 발견되는
내용은 중도를 유지하기 위한 노력이다. 또한 "소문으로 들었다고
해서, 대대로 전승되어 온다고 해서, '그렇다 하더라'고 해서, '우리
의 성전에 써 있다'고 해서, 논리적이라고 해서, 추론 가능한 이유
가 적절하다고 해서, 우리가 사색하며 얻은 견해와 일치한다고 해
서, 유력한 사람이 한 말이라고 해서, 혹은 '스승이 말한 것'이라고
해서 진실이라고 받아들이지 말라"라는 『깔라마숫따』의 정신을 특
히 강조한다.

스리랑카 불교학의 내용과 동향을 보면, 스리랑카 사람들이 스
리빠다와 캘라니아사원에 부처님이 다녀가셨다고 철석같이 믿는
것이 우려할 일이 아님을 알게 된다. 신심은 신심으로 공감하고,

학문은 붓다의 교설에 철저히 의거한다. 스리랑카에는 캘라니아대학 외에도 훌륭한 불교학연구 시스템이 많다. 이러한 가운데 세계 유수의 불교학자들이 성장하고 활동하고 있어, 왜 사람들이 "스리랑카는 불교학이다"고 하는지 실감하게 된다.

필자가 보기에 스리랑카 불교학의 원동력은 구전口傳을 통해 말씀의 원형을 수지할 수 있었던 것이 결정적인 요인으로 보인다. 이는 중국식으로 의역된 우리네 대승불전과 대조적인 모습이다. 학자일 뿐만 아니라 수행자이자 교학자로서 존경받는 유수의 학자들이 배출되는 것도 말씀 그 자체가 살아 있기 때문이고, 그 말씀이 2천년이 넘도록 살아 있기까지는 찬팅 율조가 있었으며, 그것이 바로 오늘날 스리랑카 범패이다.

제5장

불교문화와 음악

1. 세계 3대 불교유적과 음악

1) 미얀마 통일왕조 버강의 불교음악

세계 3대 불교유적으로 불리는 미얀마의 버강, 캄보디아의 앙코르
와트, 인도네시아의 보로부두르는 모두 동남아 지역에 있다. 통시
적으로 보면 775~860년 시기의 샤일렌드라왕조에 의한 보로부두
르가 가장 이른 시기이고, 11~13세기 무렵의 버강, 12~13세기 크
메르에 의한 앙코르왕조 순이다. 보로부두르가 축조될 당시 한반
도에는 불국사를 짓고(751) 장보고가 청해진을 다스렸으며(828)
당풍범패를 배운 진감선사가 귀국(830)한 통일 신라와 연결된다.

버강과 앙코르와트가 세워지던 후기 무렵 한국에는 티베트 불교가 들어와 이전의 당풍과 함께 우리네 향토색깔과 퓨전화된 불교문화가 시작되었다.

미얀마의 버강은 874년 핀비야왕에 의해 최초로 수도가 된 이래, 각 왕의 치세마다 수도를 바꾸는 버마족의 전통에 의해 수도의 지위를 잃었다가 버마 최초의 통일 왕조를 이룬 아나우라타왕에 의해 다시 수도가 된 후에 중국·캄보디아·인도·스리랑카 풍의 다양한 사원과 탑을 건설하였다. 1993년 미얀마의 유적관리국 조사에 따르면 524개의 탑, 911개의 사원, 416개의 수도원, 892곳의 벽돌 무더기가 있었다. 이러한 자료에 미루어 볼 때, 버강왕조 시절에는 적어도 4,446개 이상의 사원과 탑이 있었을 것으로 추정되며, 현재는 작은 탑과 사원을 모두 합해서 총 3,122개의 탑이 있는 것으로 알려져 있다.

미얀마 버강 (2011. 2)

이곳에 조성된 탑의 유형은 크게 제디(Zedi), 퍼토(Phato), 테인

(Thein)의 세 가지이다. '성스러운 보관소'라는 뜻의 제디는 사리를 모시는 '다토(Dhato)제디'를 줄인 말로, 안으로 들어갈 수 없다는 점에서 '스투파'와 같다. 퍼토는 탑 안에 불상을 모시고 있어 들어가서 예배를 할 수 있고, 테인은 수도원이다. 이들 중에 '노예'라는 말에서 비롯된 '파야(Paya)'가 있는데, 이는 노예로 잡혀온 전쟁 포로들이 지은 사원에서 유래한 이름이다. 가장 오래된 탑인 부파야파고다는 850년에 세워졌고, 11세기 중반에 세워진 쉐지곤파야(Shwezigon)는 불치 사리를 등에 실은 코끼리가 멈춰선 자리에 지어졌다는 일화가 있다. 수많은 탑 중 인도의 동굴 사원을 본따 만든 아난다사원은 12세기 초에 완공된 데다 보존이 뛰어나 많은 순례객들이 모여든다.

버강왕조 최후의 탑인 밍갈라제디는 '축복'이라는 뜻으로, 미얀마의 인사말인 '밍글라바'와 같은 말이다. 1277년에 지어진 이 사원은 '축복'이라는 이름과 달리 왕조의 멸망을 맞이해야 했다. 나라띠하빠띠왕은 6년의 시간을 들여 이 파고다를 지은 다음 "나는 여기서 하루 300가지 종류의 반찬으로 식사를 하며 3,600만 명의 군대를 거느리고 있다"라는 비문을 세워 본인과 제국의 영광을 과시했다. 의기양양했던 그는 몽고에서 보낸 사신을 처형하며 몽골과의 긴장을 촉발하였고, 마침내 몽골군의 침공을 견뎌내지 못하고 도망을 가서 "중국으로 피해 도망간 왕"이라는 뜻의 '떼욕삐민(Tayok Pyemin)'으로 불리는 불명예를 안았다. 해질녘이면 온 세계 사람들이 모여와서 석양을 찍느라 카메라 셔터가 시끄러운데, 왕조의 해가 지는 것과 일몰이 교차하는 모습에 씁쓸하였다.

미얀마 최초의 비문 먀제디 짜욱싸(Myazedi Kyauk-sa), 빠알리어, 몬족어, 쀼족어, 버마어를 사면에 새긴 이 비석은 1911년에 발견되어 미얀마어와 고고학 연구에 매우 중요한 단서를 제공하였다. 버강 현지에서 찍은 위 사진의 비석은 모조품이고, 진품은 버강박물관에 전시되어 있다.

외적으로 보면 버강의 몰락은 몽골의 침략이 원인이었지만 탑에 대한 과도한 신앙은 그 이전부터 쇠락의 씨앗을 뿌리고 있었다. 이러한 대표적인 예를 마누하탑에서 볼 수 있다. 남부 몬왕국 떠통의 왕은 버강의 아나우라타왕에게 잡혀왔다가 풀려난 뒤 자신의 보석 반지와 모잘 왕비까지 팔아넘긴 자금으로 마누하탑을 건립하였다. 아내까지 팔아 탑을 지은 터라 마누하탑 한편에는 흘겨보는 모잘왕비가 그려져 있다. 무리하게 탑을 짓는 것에 대해 눈을 흘기는 존재가 어찌 모잘왕비뿐이었겠는가.

허물어진 왕국과 마찬가지로 탑의 내부에는 페인트가 벗겨진 그림들이 희끗희끗 남아 있다. 뭐 눈에는 뭐만 보인다고, 곳곳에 보이는 주악도들을 카메라에 담고 나오니 그것을 재연한 그림들을 곳곳에서 팔고 있었다. 이들 그림의 유형을 보면, 머리에 관을 쓰고 있는 것은 주로 궁중 악사와 무희들이고, 관을 쓰지 않은 사람들은 민간의 예인들이다. 한국에서 세계 민족음악 축제가 열렸을 때, 수많은 별들 중에 유난히 아름다운 음악이 미얀마였다. 그렇도

록 아름다운 미얀마 음악인지라 미얀마 현지에서 연주를 보고자 수소문해 보니, 군정 통치로 많은 사람들이 모이는 공연은 허락되지 않아 볼 수가 없었다.

　그리하여 궁여지책으로 가게 된 곳이 양곤 깐도지 호수의 꺼러웨익 디너쇼였다. 주로 대중 가수들이 노래하는 한국의 디너쇼와 달리 꺼러웨익은 궁중 악가무부터 미얀마 연방의 여러 민족 악가무까지 최고의 예인들이 공연하고 있었다. 미얀마는 다양한 민족으로 구성된 연방국가이므로 같은 악기라도 지역마다 명칭이 다르고 또한 민족마다 그들만의 고유한 악기가 있다. 그럼에도 이들 음악은 공통의 특징을 가지는데, 첫째는 다른 동남아 지역과 같이 놋쇠로 만든 유율 타악기 음악이 많은 점, 둘째는 버마 전통 무용과 결합된 악가무가 많은 점 등이다. 그래서 버강탑에 그려진 주악도를 보면 대개가 춤과 함께 그려져 있다.

미얀마에서는 남자들도 치마를 입는데, 공연에서도 마찬가지다. 남녀의 차이라면, 여인들은 바닥에 끌리는 긴 치마를 입고 춤을 추는지라 발동작이 주로 치맛자락을 차 올리는 동작이었다. 미얀마 연주팀과 수년간의 교류를 하면서 인상적이었던 것은 촛불 춤이었다. 일반적인 공연장에서는 그냥 촛불을 들고 추지만 제대로 된 춤은 불단 앞에서 기도를 하며 초에 불을 붙인 후 무대의 불이 꺼지고 춤을 추는데, 손바닥에 촛불을 올려놓고 아무리 팔을 돌리고 흔들어도 촛불이 떨어지지 않았다. 공연을 마치고 무용수와 함께 여행을 하였는데, 그녀는 8살 때부터 촛불 춤을 추기 시작하여 이십여 년을 연마해 오고 있었다. 미얀마에는 촛불 춤 경연대회도 있다 하니 그 저변에는 한없는 불심이 있다.

동남아시아에서 가장 영토가 넓은 데다 여러 부족의 연합국이므로 나라 전체를 보면 이루 다 헤아릴 수 없는 악기들이 있다. 이러

태국 마하사라캄에서 열린 불교음악학회에서 촛불 춤을 추고 있는 미얀마의 무희 (2008. 10)

한 가운데 대표적인 것이 기악 합주 사잉 와잉(Hsaing-waing)이다. 이러한 합주는 인도의 영향을 받았던 2세기~10세기 사이에 미얀마로 유입된 이래 궁중의례·종교의식·민속축제 등에서 폭넓게 사용되어 오던 것으로, 팟-와잉, 키-와잉, 마웅 자잉, 네(관악), 마웅(징)의 다섯 악기로 이루어진다. 팟 와잉(pat-waing)의 주자는 합주의 리더이다. 이 악기는 남인도의 므리당감(Mridangam)처럼 생긴 30cm 정도 길이의 북을 원형의 나무틀에 음고 순으로 배열하고, 연주자는 원형의 나무틀 가운데 앉아서 북의 윗부분을 손가락으로 쳐서 소리를 낸다. 나무틀의 외곽은 화려한 무늬 위에 금색 칠을 하여 높이가 1m 정도 되므로 객석에서 보면 연주자의 머리와 어깨만 보인다.

키 와잉(kyi-waing)은 여러 개의 놋쇠 공(Gong, 냄비 뚜껑 모양)을 원형의 나무틀에 음고의 순서대로 배열하고. 연주자는 틀 가운데

앉아서 나무채로 공의 중앙에 튀어나온 꼭지를 두드려 소리를 낸
다. 이 악기는 태국의 공-웡(Gong-wong)과 사적史的인 관련성을
지니고 있으며, 캄보디아와 라오스에서도 볼 수 있다. 마웅 자잉
(Maung-zaing)은 18개의 공을 다섯 줄로 배열하여 만든 유율타악
기인데, 키 와잉의 공보다 대체로 큰 공으로 구성되며, 1920년에
처음 쓰였다는 것으로 보아 근세기 들어 개량된 악기로 보인다. 네
(Hne)는 우리나라의 태평소처럼 서를 끼워 불며 8개의 지공이 있
다. 아랍의 주르나(Zurna), 인도의 수르나(Surna, 쉐나이의 미얀마식
발음)와 역사적으로 같은 맥락을 지니고 있다. 마웅(Maung)은 자바
가믈란 합주에 쓰인 공 아겡(Gong-ageng)처럼 나무틀에 매달아 놓
은 큰 징의 일종이다. 마웅의 연주자는 솜뭉치를 단 채로 몸통의
중앙에 튀어나온 꼭지를 쳐서 소리를 낸다.

　이 외에 미얀마의 전통악기에서 가장 돋보이는 악기는 사웅 가
욱(Saung-gauk)이라는 하프류 악기인데, 보통 때는 '사웅'이라고
줄여 부른다. 아바(Ava, 1364~1555)왕조 때는 11현, 콘 바웅(Kon-

baung, 1752~1885)왕조 때 13현이었으나 요즈음은 16현 이상도 있다. 음색이 부드러워 쿄(Kyo)와 같은 버마 전통 성악곡의 반주악기로 사용되어, 비파를 타며 시편을 노래하던 다윗 왕이나 비나를 타며 베다 찬팅을 하던 브라만 사제를 떠올리게 한다. 왕실 사람들의 사랑을 독차지해 왔으므로 사웅을 잘 타서 출세 길에 오른 사람들도 있었다. 양곤의 보족 시장에 가면 축소형 사웅도 다양하게 있지만 양곤 음악대학에서 사웅을 가르치는 분에게 부탁하여 전문가용으로 하나 구해 거실에 두었더니, 오는 사람들마다 한 번씩 퉁겨보는지라 목이 부러져 본드로 깁스를 하였다. 이렇듯 사웅은 그 생김새마저도 사람들의 사랑을 부르는 매력이 있다.

이 외에 타원형의 틀에 실로폰과 같은 울림판을 얹는 빠딸라(Pattala)가 있는데, 악기의 공명통에 온갖 보석으로 장식을 한 것을 보면 악기인지 보석함인지 구분이 안 될 정도이다. 그런가 하면 악어 모양의 공명통을 가진 현악기, 절구통 같은 북통을 지닌 오지 등, 수많은 악기들은 미얀마 음악이 얼마나 다양하고 풍요로운지

● 미얀마의 전통 악가무 양곤 공항 벽화. 한국의 태평소, 자바라와 같은 악기가 있고, 인도의 므리당감(양면북) 등이 보인다. (2011)

●● 벽화의 하단에 보이는 궁중 무용을 꺼러웨익 무대에서 실제로 공연하는 모습 (2011. 2)

를 말해준다. 미얀마에서 수행하는데 마을 어딘가에서 매일 노래
부르고 연주하는 소리가 요란하여, 수행을 마치면 꼭 가보리라고
마음을 먹었다. 나중에 알고 보니 그것은 사찰에서 틀어놓은 음반
이었다. 경전이나 부처님 찬탄의 노래에 사잉-와잉 합주와, 사웅·
빠딸라·오지와 같은 북을 타주하며 경문을 노래하는데, 한국 같았
으면 소음공해로 신고가 들어올 테지만 미얀마는 온 마을 사람들
이 그 음악을 좋아하는지라 그럴 염려가 없었다. 이러한 것은 양곤
시내도 마찬가지였다.

2) 크메르 왕국 앙코르와트의 불교음악

2004년 8월, 프놈펜에서 열리는 아시아태평양 민족음악 학술세미나에 참가하였다. 행사가 시작되는 날 왕자의 축사가 있어 이른 아침부터 전통 예복을 차려입은 궁녀들이 줄지어 꿇어 앉아 의전 준비를 하는데, 어쩜 그리도 허리가 잘록하고 가슴과 엉덩이가 볼록한지 자꾸만 눈길이 가서, 만약 필자가 남자였다면 응큼하다고 주변에서 꽤나 흉보았을 것이다. 세미나 일정을 마치고 시엠립으로 가기 위해 비행장에 당도하고 보니 프로펠러 비행기가 대기하고 있었다. 영화에서나 보던 비행기를 타는 기쁨도 잠시, 프로펠러 소리가 어찌나 큰지 귀를 막아야 했고, 창틈으로 구름이 들어오는 데

앙코르와트의 무너진 궁터와 고목들

2004년 8월 프놈펜 국제학술세미나 홀에서 왕자를 기다리는 사람들과 궁녀들

다 급하강을 수시로 하는지라 손에 땀이 흥건해졌다. 그러한 중에 눈에 들어오는 지형을 보니 산맥 사이에 마을이 있는 우리와 달리 강줄기 사이에 있는 들판이 온통 물로 뒤덮여 있었다. 중국 칭하이에서 발원하여 윈난을 지나 메콩을 거쳐 바다로 가는 물가에 사는 사람들, 메콩의 수위를 조절하는 톤레삽 호수를 물탱크로 삼아 시엠립에서 번성기를 이룬 크메르 왕조의 치수사업의 위력을 실감한 순간이었다.

시엠립에 왕국을 건설한 자야바르만 2세(770~850)는 어린 시절 자바의 샤일렌드라 왕국에 볼모로 잡혀갔다가 그곳 공주와 결혼하였다. 자바 왕실 사위가 되어 신임을 얻자 첸라(중국 사서에는 眞臘)로 돌아 올 수 있었다. 조국으로 돌아온 그는 캄보디아 일대를 통일하고 주변 강대국들로부터도 독립하며 크메르왕국을 선언(802)하였다. 즉위식인 데바 라자(神王)의식을 치를 때는 자신이 "샤일렌드라 왕들보다 더 높은 권위를 지니고 있다"고 외쳤다. 자야바르만 2세와 앙코르와트를 짓기 시작한 수리야바르만 2세(재위

프놈펜 국제학술대
회에서 공연된 압사
라의 춤

1113~1150) 사이에는 16명의 왕들이 있었고, 이 과정에 대승·소
승·힌두를 오가는 왕들의 종교적 취향도 다양했다. 오늘날 95%가
테라와다 불교신자가 되기까지는 캄보디아 승단의 높은 수행력과
사회교육의 역할이 컸다. 캄보디아 인민공화국이 성립되던 70년대
무렵의 통계에 따르면, 불교사원에서 운영하는 초등 팔리어 학교
가 529개에 학생수가 2만여 명에 달했다고 할 정도로 캄보디아에
서 사찰의 사회교육 기능이 매우 컸다.

중국 사서에서 유일하게 '야만' 운운하는 언급이 없는 크메르왕
국, 이들의 문화와 번영이 얼마나 대단하였는지는 앙코르와트 부
조에서도 드러난다. 당시의 전쟁·군사기술·무기·크메르인과 주
변국의 복식과 외모·동식물까지 상세히 묘사하고 있는 앙코르와
트 부조는 그야말로 크메르인들의 타임캡슐이라 할 만하다. 스스
로를 신의 대리인으로 여겼던 당시 왕들은 개인적으로는 힌두교를

신앙하면서도 대신들은 불교도를 기용할 정도로 개방적인 신앙형
태를 띠기도 하였다. 힌두사원인 앙코르와트 입구에는 현세와 내
세를 이어주는 바라이 다리가 있다. 이 다리를 건너면 우유의 바다
를 젓고 있는 신들이 인간을 향해 손짓하고, 지옥에서 잔혹한 형벌
을 받는 인간과 악마의 모습이 생생하게 묘사되어 있다. 와트의 수
직구조인 1층은 미물계, 2층은 인간계, 3층은 천상계, 평면적으로
는 세 겹의 회랑이 중앙 사당 쪽으로 한 단씩 높아지며 피라미드
형태를 이룬다.

　이러한 건축물 곳곳에 빠지지 않고 등장하는 압사라와 천상의
여신상이 1,737개에 이른다. 특히 압사라는 가슴이 볼록하고 허리
가 잘록하여, 세미나장에서 보았던 그 궁녀들이 압사라의 몸매요,

캄보디아 남정네들의 이상형임을 알기까지
얼마 걸리지 않았다. 사원 벽면에 빼곡히
새겨놓은 무희와 천녀天女들은 왕의 사후에
함께할 것이라 얼마나 섬세하게 다듬었는
지 금방이라도 걸어 나와서 왕을 향해 머리
를 조아릴 것만 같았다.

　제1회랑 벽면에는 크메르제국의 역사를
새긴 부조가 마치 역사교과서를 읽는 듯하
다. 이러한 부조 가운데 압권은 병사들 사
이에 코끼리를 타고 있는 수리야바르만 2
세의 모습이다. 행렬 부조에는 당시 크메
르왕궁에서 사용하던 여러 종류의 악기들

이 선명하게 조각되어 있다. 이들 악기 중 하프나 비나는 인도, 해금 같이 생긴 트로소와 트로우는 중국, 마호리는 태국, 클랑 츠낙은 말레이반도에서 들어온 것으로, 크메르시대 문화교류의 면면을 읽을 수 있다.

앙코르와트 건립으로 국력이 쇠진한 데다 빈번한 전쟁에 징발되어 오던 농민들이 반란을 일으켰다. 내분과 쇠락의 틈을 타고 1177년 참파군의 공격을 받아 왕이 죽고 수도가 파괴되었다. 이때 한 왕자가 참파군을 무찌르고 왕이 되었으니 그가 자야바르만 7세(재위 1181~1218)이다. 그는 새로운 도성을 정비

앙코르와트 부조 중 무희와 압사라 (2004. 8)

하며 불교사원 앙코르톰을 지었는데, 여기에는 스스로를 관세음보살과 동일시했던 면면이 담겨 있다. 사면불안四面佛眼으로 정토세계를 구현한 바이욘사원 주변에는 관음보살의 얼굴이 새겨진 돌탑이 수십 개나 있고, 어머니의 극락왕생을 기리기 위한 타프롬사원의 벽면과 천장은 온갖 보석으로 장식하였다. 그러나 오늘날 이 보석들은 도굴꾼들에 의해 사라졌고, 안젤리나 졸리가 주인공을 맡은 영화 '톰 레이더'의 촬영무대로 더 알려져 있다. 자야바르만의 사후에 크메르는 쇠퇴의 길로 접어들었고, 1431년 태국 아유타야 왕조의 침공으로 몰락하였다.

이후 주변국들의 봉신封臣으로 전전하다 서구 열강의 식민지가 되었다. 1969~1979년 농경 유토피아 건설을 내세운 크메르 루주의 킬링필드 시기에 궁중 악사와 예인들은 모두 목숨을 잃었다. 크

메르 루주 일당은 20대 초반의 시골 젊은이들을 데려가서 고문 기술을 가르쳐 써먹고, 마지막에는 그들도 반동으로 몰아 학살했다. 농요 채집을 위해 프놈펜 근교 마을을 다녀 보니 마을 사람들이 얼마나 순박한지 이들에게 있었던 킬링필드가 도무지 믿기지 않았다. 안타까운 마음에 은 세공품이며 수제품들을 사며 손을 잡자 "우리는 염려 없다. 불교라는 보물을 잃지 않는 한…"이라고 말하였다. 그때 만난 스님들과 사진을 찍는데 자꾸만 앵글 밖으로 뒷걸음질쳤다. 여인과 접촉을 금하는 계율을 모르고 덤벼드는(?), 말이 통하지 않아 설명도 할 수 없는 외국 여인을 피하느라 수줍게 웃던 스님들의 표정이 지금도 생생하다.

공화국의 안정기에 접어들면서 전통복원 사업에 대한 논의가 시작되었다. 그러나 캄보디아 전통 악가무는 구전에 의존해 왔기 때문에 복원작업이 거의 불가능한 상태여서 태국의 궁중악사, 인도네시아 가믈란의 도움을 받아가며 복원이 진행되었다. 이러한 과정에 압사라의 춤은 앙코르와트 부조에 새겨진 수많은 손동작이 중요한 텍스트가 되었음을 2004년 프놈펜 세미나에서 들었다. 복원사업의 반세기가 흐른 지금, 캄보디아의 전통 악가무는 유네스코 지정 세계문화유산의 상당 부분을 차지하게 되었다. 이들을 크게 분류해 보면, 궁중에서 행해지던 라마야나와 마하바라타 공연, 시엠립의 기우제 낭메오, 숫사슴 춤 뜨롯과 사냥꾼 악단의 음악, 꺼꽁의 풍어제와 삼신제 그리고 각 지역의 무속 춤, 기악 합주로는 핀 피아트·마호리·플렝 크메르·클랑 츠낙·플렝 크놈 스코르 합주가 있다.

이들 중 핀 피아트 합주는 불교의식에 주로 많이 쓰인다. 이 합주에 쓰이는 악기들을 보면, 대나무 실로폰인 로네트 데크·로네트 엑·로네트 둥, 동그란 놋쇠 판을 둥글게 엮은 콩 토우치, 한국의 태평소와 닮은 스랄라이, 타악기 삼포르와 스코르돔이 편성된다. 장구와 비슷한 삼포르는 몸통이 볼록하고, 모듬북과 같이 생긴 스코르돔은 두 개의 북을 비스듬히 누여서 두드린다. 핀 피아트 합주는 사찰에서의 쓰임 외에 캄보디아 기악합주를 대표하고 있다. 그 외 합주의 쓰임을 보면, 마호리는 각 지역 민속음악과 여러 가지 노래의 반주, 클렝 크메르는 결혼식, 클랑 츠낙과 플렝 크농 스코르는 장례의식에서 주로 쓰인다.

앙코르와트 부조에 유독 많은 압사라는 고대 인도 문헌에서 하급 여신, 크메르어로는 사원 본존의 공양녀라는 뜻의 '데보다'로 불린다. 부조가 조각된 시기에 따라 압사라가 쓴 관과 몸에 걸친 장식, 치마의 주름과 손동작의 미세한 차이가 있어 전문가들의 시선을 끈다. 대개 동남아 지역 궁중무에서 머리에 쓴 관을 보면 탑 모양으로 뾰족한 것이 일반적인데 압사라는 동글동글한 장식이다. 이는 티베트 참무의 탈 중에 가장 많은 분량을 차지하는 호법 다키니(중국에서는 화우)의 탈과도 닮았다. 파드마삼바바에 의해 전래된 인도 불교 텍스트 『예세 감록』에 기반해서 참의식을 제정한 내력을 생각해 볼 때 압사라의 자태와 차림새가 전혀 무관해 보이지는 않는다. 그런가 하면 한국의 처용탈에 귀신을 쫓는 복숭아가 동글동글 달려 있는 것도 같은 선상에서의 변형이 아닐까 하는 생각도 든다.

압사라의 남친 간다르바는 신라로 건너와 석굴암의 부처님을 지키고 있는가 하면, 팔부신장으로써 불법수호의 공이 크지만 조선시대에는 할 일 없이 건들거리는 건달이 되어 버렸다. 고대 인도의 최초 악서 『나띠야샤스뜨라』와 6세기 무렵 나라다가 저술한 『나라디야쉬끄샤』 등에서 간다르바는 음악과 동일어로 서술되고 있다. 그래서 추정해 보면, 간다르바 음악에 의해 천상의 악사 캐릭터가 만들어졌고, 그 음악에 춤추던 무희 압사라가 간다르바의 연인으로 각색되었을 것이다. 향을 음미하고 음악을 연주하며 하늘을 나

는 뮤즈 간다르바에게 압사라라는 아름다운 여친까지 있으니 조선
유생들이 시샘을 하여 '건달'이라는 미운털이 박힌 것이 아닐까?

3) 남방의 대승불교 인도네시아 보로부두르 음악

최근 학계에서 불국사 석가탑의 사각형 기단과 계단 그리고 전체
적인 형태가 인도네시아 보로부두르 석탑의 형식과 유사하다는 주
장이 나왔다. 3천여 개의 섬에 3천여 인종에 의한 기상천외한 문화
가 공존하는 인도네시아를 하나로 묶어 주는 것은 90%의 인구가
신봉하는 이슬람이고, 불교는 1%도 안 된다. 이러한 나라에 보로
부두르가 있다니, 마치 외계의 UFO가 탑 하나를 뚝 떨어뜨려 놓은
듯하다. 캄보디아의 앙코르와트, 미얀마의 버강에 비하면 보로부   보로부두르의 원단과
두르는 단 하나의 탑에 불과하여 불교 3대 유적이라 하기에는 다   탑들
소 왜소하다. 그러나 탑의 면면을 둘러보면, 자바 사람들의 일상생

보로부두르의 주악도.
왼편 악사들은 머리에
관을 쓰고 가지런히 앉
아 있고, 불보살의 오른
편 상단에는 비천 주악
도가 있다.

활부터 석가모니의 신화적 생애,『방광대장엄경』,『비유경』,『본생
경』,『화엄경』「입법계품」의 내용이 만다라와 같이 치밀한 구조를
이루고 있어 3대 유적으로서 손색이 없다는 생각이 든다.

　　보로부두르로 가는 길에 현지의 음악학자가 주악도에 대해 안내
를 하였다. 자신이 저술한 책의 페이지를 일일이 넘겨가며 설명한
내용을 요약해 보면, 기단에 10장면, 1회랑에 4장면, 2회랑에 8장
면, 3회랑에 6장면, 4회랑에 8장면의 주악도가 있다. 주악도에 나
타나는 악사와 춤의 장면은 매우 다양한데, 머리에 관을 쓰고 화려
한 장신구를 갖추어 입고 정좌하여 일렬로 가지런히 연주하는 사
람들은 궁중 악사들이며, 아랫도리만 간신히 가리고 거의 알몸으
로 자유로운 동작을 하고 있는 사람들은 민간의 악인들이다. 민간
인들 중에는 장터나 마을을 돌며 춤추는 유랑 악사들과 여인들이
있어 마치 한국의 걸립패·사당패를 보는 듯하다. 보로부두르의 주
악도에 나타나는 악기는 인도계열과 자바계열의 두 가지로 나뉜
다. 인도계열의 악기는 천상의 뮤즈가 연주하는 비천도와 보살도

무릎 북과 악사들의 연
주에 맞추어 춤추고 있
는 궁중 무인舞人. 왼쪽
하단에 무릎 위에 올려
놓은 북이 보인다.

등에서 발견된다. 이들 악기는 비나, 라바나하타, 파타하, 므르당
가, 밤시, 간타와 같이 산스끄리뜨어 이름을 지닌 악기로 주로 궁
중 악사들이 연주한다. 그에 비해 커링, 브레쿡, 벙쿡, 레강, 공(징,
꽹과리 종류)류 악기는 자바계열 악기로 민간 악사들이 연주하고
있다.

　2017년 족자예술대학에서 열린 국제학술대회의 환영행사 연주
가 있었다. 분위기가 무르익어가자 흥에 겨운 인도네시아 학자들
이 악단 앞으로 나와 춤을 추는데, 느리고 절제된 동작과 춤사위가
보로부두르 주악도에 새겨진 춤 동작과 흡사하였다. 그런가 하면
발리의 울루와또사원에서 행해지는 깨짝댄스(Kecak & Fire Dance)
도 보로부두르의 주악도를 연상시켰다. 등장인물 중 머리에 관을
쓰고 화려한 목걸이와 의상을 갖춘 라마야나 속 캐릭터들은 보로
부두르의 궁중 악사를, 이를 둘러싼 깨짝군단은 민간 악사들과 닮
았다. 어떤 부조에는 궁중 악사들과 민간에서 춤추고 노래하는 사
람들이 한 장면에 담겨 있어 보로부두르 주악도와 오늘날의 공연

예술이 크게 다르지 않음을 느낄 수 있었다.

울루와또사원에서 공연되는 깨짝댄스는 뭄바이에서 온 인도 여대생과 함께 보았다. 타이틀은 깨짝댄스이지만 실제 내용은 라마야나 공연이고, 깨짝은 라마야나 공연을 둘러싼 민간인 코러스 군단의 이름이었다. 라마야나의 캐릭터들이 연기하고 춤추면 깨짝군단은 손짓 몸짓을 하며 코러스를 넣는데, 뭄바이 여대생이 "깨짝군단이 부르는 코러스가 인도의 힌두사원에서 부르는 노래와 같다"며 그 노래를 따라 불렀다. 인도네시아 문화에 깊이 뿌리를 내리고 있는 인도문화를 짐작케 하는 대목이었다. 관광객들에게 인기가 많은 발리의 바롱댄스와 깨짝댄스는 모두 독일인 월터 스피스(Walter Spies, 1895~1942)가 인도네시아 전통 악가무와 민간 설화를 바탕으로 편작한 것이다. 유럽인에 의해 인도네시아의 공연 콘텐츠가 만들어지는 데는 인도네시아 가믈란의 글로벌화가 얼마나 대단한지를 말해주고 있다.

자바는 서기 전부터 인도와 교역을 하면서 마하바라타와 라마야

주악도의 무인과 흡사한 춤을 추고 있는 인도네시아 음악학자

나와 같은 힌두문학이 들어와 인도의 춤, 음악, 철학 등이 자바의 토양 위에 발아하였으며, 8~9세기에 자바를 지배했던 샤일렌드라왕조는 불교를 신봉하였다. 당나라에 사신을 보내고, 베트남과 캄보디아를 침공하고, 앙코르와트를 축조한 자야바르만 2세를 억류했을 정도로 강성했던 샤일렌드라왕조는 9세기 들어 쇠퇴의 길로 접어들었다. 힌두교를 신봉하는 토착세력과 공물과 토지분배 및 사원의 봉헌에 관련된 문제로 갈등을 겪었고, 보로부두르사원을 건립하면서 많은 공물과 노동력을 동원하며 자바인들의 반감을 산 것이다. 샤일렌드라왕조를 무너뜨리고 들어선 산자야왕조는 힌두교를 신봉하였다. 그들은 불교에 대하여 관용과 공존의 관계를 유지하였으나 불교는 점차 그 정체성을 잃어갔다.

발리의 울루와또사원 깨짝댄스. 가운데서 라마야나를 공연하고 있는 배우들은 보로부두르의 궁중악사를, 웃옷을 벗고 팔을 올려 노래하는 사람들은 보로부두르의 민간악사를 떠올리게 한다.

필자는 한때 이슬람성원을 다니며 아랍어와 『꾸란』을 배운 적이 있다. 왕조가 무너질 정도로 왕성한 신앙을 지니고 있던 이집트와 인도네시아와 같은 나라가 어찌하여 일시에 무슬림국가가 될 수 있었는지 너무도 궁금하였기 때문이다. 그 무렵 인도네시아에서 온 이맘(이슬람 지도자)을 만나면서 인도네시아의 이슬람에 대해 다소 이해할 수 있었다. 인도네시아에 이슬람을 전한 사람들은 예맨 등지에서 온 『꾸란』 독경사讀經師들이었다. 온건 수니파였던 그들은 불교와 힌두적 신행들을 문화적 관습으로 포용하였다. 심지어 불교와 힌두 사제들이 병든 환자를 치유하기 위해 주술의식을 행하면 그 의식에 동참하여 『꾸란』을 암송하며 환자의 치유를 도왔다. 그때 『꾸란』 독경이 계속되자 자바인들이 가믈란을 반주하기 시작하였다. 오늘날 인도네시아 가믈란 중에 칼리마소다(Kalimasodo)는 알라에 대한 신앙 고백 '카리마샤하드'를 자바식으로 발음한 것으로 『꾸란』 독경사들이 그 시초였다.

기도 때마다 하는 우두(Wudu, 세정 절차)로 청결한 데다 향료가 발달한 곳에서 온 사람들에게서 풍기는 향기와 자신들을 위해 진심으로 기도하는 독경사들에 감복한 사람들이 이슬람으로 입교하는 풍토가 급속도로 확산된 데에는 "알라가 유일한 신이다"고만 하면 되는 간단한 입교방식도 한 몫을 했다. 그리하여 마침내 이슬람국가가 되었지만 지금도 그들은 이슬람식 이름보다 데위·쉬리·라마·시타·아르주나와 같이 인도식 이름을 많이 짓는다. 그리하여 인도 색채가 농후한 인도네시아 이슬람을 중동 사람들은 이단이라고 말하기도 한다. 인도네시아의 무슬림들이 힌두의 신을 섬기기도 하고 불교적 풍습을 따르기도 하는 데에는 인도네시아 정부가 취하고 있는 "비네카 퉁갈리카(Bhinneka Tunggal Ika: 다양성 안에서의 통일성)" 정책이 큰 역할을 한다.

세계 3대 불교음악 유적이 있는 미얀마와 캄보디아 음악에서 공통된 점은 실로폰류의 유율타악기가 많다는 점이다. 대나무 실로폰, 놋쇠판 실로폰을 각 나라의 문화적 양상에 맞추어 사용하지만 압도적인 규모로 완벽한 음향의 조합을 이루는 곳은 인도네시아이다. 그리하여 유럽이나 미국의 음악대학 중 인도네시아의 가믈란(Gamelan)이 없다면 민족음악학(Ethno musicology)이 아니라고 할 정도이다.

망치를 뜻하는 '가믈'에서 비롯된 '가믈란'의 기원은, 자바섬을 최초로 다스렸던 상향신이 맨드라 산꼭대기에 있는 궁전에서 공(Gong, 한국의 징)을 쳐서 신들을 불러 모아 회의를 하던 신화에서

자카르타 박물관에서 가믈란을 연습하고 있는 학생들. 인도네시아에는 호텔, 카페 등 곳곳에 크고 작은 가믈란 악기들이 배치되어 있다.

비롯된다. 샹향신이 사용한 1개의 공의 역할은 지금도 곳곳에서 발견된다. 대표적인 것이 시계가 없던 시절 일정한 시간에 종을 치는 당번이 있었고, 법회가 열리면 북을 두드려 마을 사람들을 부르고, 공양시간이 되면 상차림을 마친 사람이 막대나 종을 쳐서 수행자들을 부르는 것이다. 1개의 공은 자바력 167년(A.D. 23) 경에 세 개가 되었고, 347년 무렵에는 저음과 고음에 각각 3개씩 한 세트를 이루었다. 이후 4~5음의 조율법을 갖추었는데, 이 무렵이 6~7세기였다. 보로부두르는 8세기 후반에서 9세기 초기에 걸쳐 완성되었으므로 보로부두르의 음악은 5음계가 주된 선율이었을 것이다.

보로부두르 주악도를 오늘날 인도네시아의 공연 문화에 비추어 보면, 궁중 악사들의 음악은 관현악과 같이 대편성의 가믈란 악단으로, 민간 예인들의 자유분방한 춤과 음악은 소규모의 민속 가믈란과 연결된다. 불교인구가 1%에 불과하지만 오늘날 인도네시아

유네스코 표지판에서
올려다본 대탑

공연문화는 의외로 보로부두르 주악도와 연결되는 면이 많았다. 이러한 데에는 오래 전부터 인도네시아에 유입된 인도문화와 라마야나 문학이 이들의 문화 토양이 되었기 때문이다. 그리하여 이슬람국가인 이곳 사람들의 사회적 이상향은 주로 라마야나에 등장하는 용감한 라마, 정결한 시타, 충성스런 하누만과 같은 캐릭터들이다.

석가탑의 형태와 구조가 보로부두르와 닮았듯이 다보탑도 마찬가지다. 벽돌과 흙으로 쌓은 인도의 탑, 벽돌로 쌓은 중국의 전탑, 일본의 목탑과 달리 인도네시아와 한반도는 석탑이라는 공통점과 함께 다보탑은 보로부두르탑의 축소판과도 같은 유사성을 지녔다.

보로부두르 대탑에서 내려다본 전경. 히잡을 쓴 무슬림 여인이 불상을 바라보고 있다.
(이상 인도네시아 전체 촬영 2017. 8)

그런가 하면 백제금동대향로의 상단에 조각된 다섯 악기 중 관대를 엮어서 부는 소簫·세로로 부는 퉁소·현악기 완함과 금琴은 중국과 중앙아시아 등지에서도 발견되지만, 무릎에 올려놓고 치는 타악기는 보로부두르 주악도에서만 발견된다. 또한 충남 연기군 비암사 3층석탑의 8주악상에도 무릎 북이 있다. 그런가 하면 백제금동대향로에서 누여 타는 금琴의 공명통이 거문고나 가야금과 같은 정사각형이 아니라 긴 타원형인데, 이 또한 보로부두르 주악도에 새겨져 있어 보로부두르와 한국의 예사롭지 않은 관계를 생각하게 된다.

국가무형문화재 제125호 두타산 삼화사 국행수륙재 작법무, 의례에 참여한 농악대, 연花을 장식한 수공예품들 (2012. 10)

2. 생활과 의례

1) 사시 마지, 그 본래 모습

한국의 사찰에서는 매일 10시가 되면 부처님께 마지를 올린다. 행자스님이 김이 모락모락 나는 법반法盤을 어깨 위로 들어 올려서 걷는데 신기하면서도 기이하다는 생각이 들었다. 보통 귀한 분께 음식을 대접할 때 쟁반에 담아 상에 올리니 부처님께는 그보다 더 높이 올려 공양하는 뜻이 담긴 줄로 이해는 했지만, 그래도 밥그릇 (아무리 예반 혹은 법반이라 할지라도)을 어깨 위로 들어 올리는 것이 어색했던 것이다. 한국에서 마지를 올리는 시간은 10시 무렵인데, 그 연유를 물어보니 부처님이 오전 10시에 공양을 드시기 때문이라고 하였다. 굳이 한 번만 드신다면 아침이나 점심이라면 모를까 어중간한 오전 10시에 식사를 하신다니 참 이상하다는 생각이 들었다. 이렇듯 한국의 마지의식이 늘상 머릿속에 있다가 미얀마와 스리랑카에서 지내보니 그것이 아주 자연스러운 하루 일과였다.

  미얀마의 마을에 있는 사찰의 스님들은 네다섯 시 무렵 기상하여 아침기도를 마친 후 탁발을 나섰다. 탁발을 마치고 돌아오면 탁발한 음식을 부처님 전에 올리고 감사 기도한 후 공양을 하였는데, 그 즈음이 오전 10시와 11시 사이였다. 수행처에서는 새벽 3시에 기상하여 법당에 대중이 모이는 시간은 약 3시 반이었다. 대중이 각자의 자리에 정좌하면 약 30분 남짓 아침 기도를 올린 후 4시부터 1시간의 경행을 하고, 이어서 1시간의 좌선이 끝나면 죽이나 누룽지 비슷한 아침 약식이 주어졌는데, 이때가 새벽 5시였다.

아침 공양 후 6시부터 다시 수행을 시작하는데, 이때 탁발을 나가는 승려들도 있었다. 6시부터 10시까지 1시간씩 행선과 좌선을 번갈아 하여 4시간이 흐른 뒤 10시가 되어 점심공양을 알리는 종이 울릴 무렵이면 탁발 갔던 승려들도 돌아왔다. 수행자들은 일제히 줄을 서서 공양간으로 가는 데 10~20분이 소요되고, 각자 공양을 받아들고 앉을 무렵은 10시 30분. 그러니까 한국에서 마지 공양을 올리는 시간이었다. 오후에는 4시쯤이면 가벼운 음료수를 마시므로 수행자들의 온전한 식사는 오전 10시 반에 주어지는 단 한 차례가 전부였다.

공양에 대한 계율이 얼마나 철저한지, 어느 날엔가 한국에서 열리는 세미나에 미얀마 스님을 초청하였는데, 발표가 끝나자 공양이 허락되는 11시가 넘어 버렸다. 그리하여 그 스님이 종일 굶어야 했던 일은 지금 생각해도 죄송한 마음이다. 또 언젠가는 미얀마 스님과 먼 길을 가게 되었는데, 10시 무렵에 식사를 할 수 있는 식당이 없어 정말 곤란하였다. 간신히 아침부터 상을 차리는 식당을 찾았는데, 스님과 필자, 그리고 미얀마 여신도 한 명, 이렇게 세 사람이라 식당 주인은 당연히 한 접시에 반찬을 담아왔다. 그러자 스님께서 난색을 표하였다. 승려는 일반 신도와 함께 식사를 할 수 없는 계율이 있었던 것이다. 하는 수 없이 주인에게 웃돈을 더 얹어주고 두 개의 식탁에 각각 나누어 식사를 하였다. 마하시선원에서 수행하던 어느 날 한국에서 온 비구 스님께 자료를 받으러 갈 일이

마하시선원 공양간의 쇠판

공양간 앞에 걸린 나무 통 (2014. 2)

생겼다. 그런데 비구 처소에 여성이 출입할 수 없으므로 사무실 남자 직원과 함께 가서 담장 밖에서 큰소리로 스님을 불러내어 그 자료를 받을 수 있었다.

마하시선원에서 수행을 마친 다음날 공양간을 가보니 마치 용광로와 같이 큰 솥이 몇 개가 걸려 있고, 밥을 짓고 국을 끓이느라 김이 자욱하였다. 10시 무렵이 되자 주방장이 조리 완료가 되었음을 확인하고는 쇠판을 탕~탕! 쳤다. 그 소리를 듣고 밖에서 기다리고 있던 사람이 공양간 앞에 걸린 나무통을 퉁~~ 퉁~~ 하고 쳤다. 주방장은 그 사이에 부처님께 올릴 밥과 찬을 덜어 쟁반에 담아 그날 대중공양을 올리는 사람에게 건넸다.

미얀마에서는 매일 수행자들을 향해 대중공양을 올리러 오는 사람들이 있었다. 이들이 공양간에 마련되어 있는 불단 앞에 공양을 올려 다나기도를 하고 나면, 큰스님이 축복을 내렸다. 불단 앞에서 다나('다나'는 산스끄리뜨 '주다'의 어근 'Dā'에서 비롯된 말)의식을 행하는 사이에 신도들은 식탁 위에 밥과 찬을 차리고, 각 처소의 수행

자들은 공양 줄을 섰다. 앞줄에서 일찍 들어온 비구스님들은 매일 다나하는 모습을 볼 수 있었지만, 여성인 데다 일반인이라 언제나 맨 끝줄에 서야 했던 필자는 한 번도 볼 수 없었다.

사찰이 많아 '절 동네'로 불리는 스리랑카의 데이왈라는 크고 작은 절이 셀 수 없이 많았다. 여성은 사원에 기거할 수가 없으므로 시내에 있는 게스트 하우스에서 매일 출퇴근하듯 했던 삐아라타나라마요는 한국과 인연이 깊은 사원이었다. 그들의 율장律藏에는 사찰에서는 취사를 할 수도 없었다. 그러므로 마을 신도들이 돌아가며 공양을 지어 왔다.

아침 10시 무렵이면 바구니에 음식을 담은 신도가 와서 스님의 식기에 담아 불단 앞에서 드렸다. 싱할리어를 몰라서 알아듣지는 못해도 약 한 달간 매일 지켜보다 보니 그 패턴을 알 수 있었다. 먼저 예경을 하고, 정해진 응공기도를 한 뒤 축원과 덕담을 했다. 공양을 올린 사람들은 스님이 식사하는 동안 불단 앞에서 기도를 하며 기다렸다가 공양 그릇을 말끔히 씻어 두고 떠났다. 이렇게 신도

들로부터 식사를 제공 받으며 하는 응공기도는 자연스러운 생활패턴이지 일부러 하는 의식이 아니었다. 대만의 성운대사께서는 "범패는 본래 대중들에게 들려주는 것이지 불타가 듣는 것이 아니다"* 라고 하셨다. 불교의식도 본래 의도를 모르고 행하다 보면 형식 그 자체가 목적이 되어 그것을 왜 하는지도 모른 채 행할 수 있음을 생각하게 되었다.

스리랑카 콜롬보 데히왈라사원에서 아침공양을 올린 신도들과 공양 상차림

---

* 『法音淸流』, 中國時報, 1999년 11월 8일 16판.

2) 아름다운 사물타주, 도그마라면 도깨비 춤

중국 불교 전통을 충실히 전승해 오고 있는 대만 각처의 크고 작은 교단 중에 불광산佛光山·중대산中臺山·법고산法鼓山이 3대 총림으로 꼽힌다. 3대 총림의 특징을 들자면, 불광산은 문화홍법, 중대산은 수행, 법고산은 불교학으로 유명하다. 명문대학생들이 집단으로 출가를 한 이야기며, 수행의 이적에 관한 일화가 많은 중대산의 의례율조와 음악을 들어보기 위하여 부리埔里에 있는 본사를 가보니 완공된 지 얼마 되지 않은 때라 거대하고 매끄러운 대리석 건물에 위압감을 느꼈다. 아쉬운 마음에 몇 곳을 더 다니다 푸더징수어(普得精舍)에 가보니 묵언수행자들의 고요와 적막함이 음악보다 더한 휴식과 환희심을 안겨 주어 수행도량 중대산을 실감하였다.

이어서 방문한 곳은 타이페이 북부에 있는 법고산 농찬스(農禪寺)였다. 성엔(聖嚴)대사가 대만으로 이주해서 처음으로 지은 농찬스는 작은 집에서 차츰차츰 이어 붙여 가다 보니 도량의 구조가 참으로 복잡하게 얽혀 있었다. 몇 년 뒤 진산金山의 산등성에 어마어마한 도량이 완공되었다기에 찾아가 보니 농찬스 출입문과 벽에 새긴 경구를 그대로 옮겨놓아 새 터의 낯섦과 황량함이 덜하였다. 새로 지은 법고산 총림 자료실에는 대만국립대학에서도 찾지 못했던 자료를 구할 수 있을 정도로 첨단의 전자시스템과 학술 자료들이 있었다. 아카이브 자료실에서 법고산의 고종게를 들어보니 천티엔찬스(承天禪師)의 고종게와 선율 골격은 같았으나 4분의 4박자의 규칙박이라 그 느낌은 완전히 달랐다. 법고산은 수륙법회도 전

자 위패를 쓰며 의례와 신행의 현대화에 앞장서고 있었다.

농찬스에 처음 방문한 날, 저녁 예불을 마치자 공양을 하러 오라는 소리가 들려왔다. 가서 보니 슬레이트 지붕 처마 밑에 운판과 목어를 걸어두고 두드리고 있었다. 우리네 범종각에서 공중과 수중 생명들을 제도하기 위해서 타주하는 운판과 목어를 밥 먹으러 오라고 두드리는 모습을 보고 충격을 받았다. 그렇게 운판과 목어에 대한 성스러운(?) 환상이 깨진 이후에는 가는 곳마다 법구와 범종 타주를 유심히 살펴보게 되었다.

중국 푸젠 구산(鼓山) 용추안스에는 주방 앞에 운판이 걸려 있고, 공양 시간이 되었을 때 한 승려가 정중하게 채를 들어 절하고 운판을 쳤다. 일본 고야산 진언종 총본산 곤고부지(金剛峰寺)에는 전통 사찰 주방이 문화재로 지정될 정도로 옛 모습이 잘 보존되어 있었다. 가마솥을 비롯해 오래된 옛 주방 기구들이 가지런히 놓여 있고, 벽면 한 구석에 작은 종이 걸려 있었다. 미얀마를 비롯해 세계 곳곳의 주방과 도량을 보아온 터라 설명을 하지 않아도 그것이 음

식을 짓고 난 후에 바깥을 향해 알리는 종임을 한눈에 알아볼 수 있었다. 베트남의 티엔무사원에도 운판과 소종이 있었다. 운판이 대문 한편에 놓여 있어, 신성시되고 있는 한국과는 다른 모습이었다.

범종을 칠 때 한국에서는 31천을 상징하여 31번 치는 것을 비롯해 상징적인 타수가 있는지라 미얀마도 그런 줄 알고 공양간 앞에서 통나무 치는 분에게 몇 번 치냐고 물어보았다. 그랬더니 "그냥 사람들이 다 들었겠다 싶을 만큼 친다"는 것이었다. '이 사람이 법도도 모르고 치는가?' 싶어 수행 지도하는 큰스님께 여쭤보았다. "공양시간 알리는 타주를 몇 번 치나요?" 하고 물었더니 "글쎄, 자기 치고 싶은 만큼 치겠지. 그것이 왜 중요하냐?"고 되물었다. 그 순간 뒤통수를 맞은 듯이 땅~ 하였다. 생각해 보니 우리는 사물事物에 의미 부여를 하는 중국의 영향을

중국 용추안스(湧泉寺) 공양간 앞에 걸린 운판

●● 베트남 티엔무사원 운판

●●● 가오슝 불광산사 불학원 학생들이 식사시간을 알리는 모습

416

곤고부지(金剛峰寺) 공
양간에 걸린 종

너무 많이 받은 것이다.

악기의 12율에도 음양오행을 맞추고, 색깔과 사회적 신분, 계절을 맞추며, 5음에 계절을 맞추기 위해 춘하추동에 계하季夏를 만들어 5계五季를 만들기도 하였다. 그러자 도가道家에서 이에 반기를 들었다. 도가의 「성무애락론聲無哀樂論」에는 "소리는 그냥 울리는 것일 뿐 그 자체가 기쁨이거나 슬픔은 아니다"는 것이다. 더구나 자연의 울림에 색깔과 방위까지 온갖 의미를 부여하며 도식화하기도 하였다. 매사에 과도한 의미 부여를 해온 중국의 예악론이 후대로 오면서 반론과 비판의 대상이 되었지만 유교를 추구한 조선조에서는 오히려 더욱 철저히 신봉되었다. 그리하여 오늘날 중국에도 사라지고 없는 조상제사와 종묘제례의 원형을 한국이 지니고 있어 중국 사람들이 배우러 온다.

중국보다 한 수 더 뜨는 의미화가 불교에도 없을 리 없다. 식사를 하러 오라고 두드리던 것에 공중 중생을 구제하거나 우주대천을 울리는 도그마를 설정해 놓은 것이다. 옛 스님의 회고록을 보면, 아침에 몇 추, 저녁에 몇 추를 쳐야 하는지에 대한 논의 기록이 있다. 아침과 저녁에 치는 28추와 33추의 타종은 하늘의 28수宿와 33천天을 상징하기도 한다. 33천은 32천에 관세음의 본좌인 도리천을 더한 것으로 근본은 32천이며, 4대주 8개 나라로 상징되는 불교적 세계관을 반영하고 있다.

원시문명에서 문화시대로 접어드는 데는 물리적 현상에 추상적 개념을 부여하는 의미화가 큰 역할을 했다. 그리하여 인간은 미美라거나 진眞, 혹은 선善과 덕德이라는 행위의 품격을 갖출 수 있었다. 그러나 이러한 의미 부여도 과도하면 미신과 같은 맹신, 형식에 의한 위선의 결과를 초래한다. 우리 속담에 "아름다운 처녀의 비단결 머리와 향기인 줄 알았는데 날이 새고 보니 비짜루 몽댕이라, 그것이 도깨비에 홀렸던 것이었다"는 말이 있다. 불교야말로 본질을 있는 그대로 보고자 하는 종교인데 의미 부여를 중국보다 더 과도하게 하는 것이 아닌가 하는 생각도 해 본다.

시간을 거슬러보면 우리네 운판과 목어도 초기에는 대중을 불러 모으는 도구였을 것이다. 그러나 많은 전쟁을 치르고, 특히 일제 강점기에 무기를 만들려고 쇠붙이는 모조리 뺏어 가던 시절, 사찰의 운판을 빼앗기지 않기 위해서 감추어 두었던 시절도 있었다. 그렇다면 운판과 목어를 범종각에 모아 걸고, 구름무늬가 있는 운판은 하늘을 나는 새, 물고기 모양의 목어는 물속의 생명, 가죽을 두드리는 북은 짐승들, 웅장한 소리의 범종은 뭇 생명을 위해 치겠다는 마음을 처음으로 낸 분은 누구였을까? 그게 누구든, 그것이 대중들의 공감을 얻었기에 오늘날 한국의 사물타주 문화가 정착될 수 있었을 것이다.

나무 막대를 두드리거나 쇠붙이를 두드려 대중에게 신호를 보내던 타주가 한국에 이르러 리듬절주와 함께 의례가 된 데에는 한국인의 예술적 끼와 창의적 신심이 한 몫을 하였다. 이러한 타주에 대해 예전에는 속았다는 생각이 들기도 하였지만 요즈음은 문화적 가치와 아름다움을 더 많이 생각하게 되었다. 그러나 그 멋과 아름다움이 도그마가 되어 버린다면 도깨비춤과 다를 바가 없기에 의미는 의미일 뿐, 실상은 아니다.

중국 깐수성 샤허현 라브랑스의 스님들이 참무를 반주하며 나팔을 불고 있다.

북인도 라다크 헤미스
곰파 스님들이 긴 나팔
둥첸을 불고 있다.

3) 티베트 밀교와 한국의 딴따라

① 티베트 불교의례와 금관악기

우리말 중에 '딴따라'라는 말이 있다. 이 말은 한전漢傳 불교의례에
비해 나팔을 불며 큰 북을 치는 티베트 밀교의례와 관련이 있다.
실제로 티베트에 가보니 어떤 의식이든지 나팔이 안 쓰이는 경우
가 없어 라싸에 있는 나팔 만드는 대장간을 찾아가 보았다. 그 대
장간은 겔룩파 사원 군더링의 뒤에 있었는데, 사원 언덕에는 나팔
연습하는 곳도 있었다. 그때 듣기로 티베트에서 가장 나팔을 잘 부
는 스님은 한 시간 내내 소리를 끊이지 않고 불 수 있다고 하였다.
그만큼 티베트 스님들 사이에는 나팔 취주를 둘러싼 수행의 내공
이 축적되어 있다.

라싸 군더링사원에서
연습 중인 스님들, 마을
대장간 (2007. 7)

티베트 불교의례에 쓰이는 관악기의 종류는 둥첸·두카스·캉
링·걀링 등이 있고, 이들은 대개 두 개씩 쌍으로 사용된다. 스님들
의 행렬에 쓰이는 대형 나팔 두카스는 관대의 끝이 오목하고, 둥첸
은 끝이 퍼져 있다. 여러 지역을 다녀보니 두카스보다 둥첸을 많이
쓰고 있었는데, 관대가 벌어진 둥첸이 진동을 확산시키는 데 효용
성이 좋기 때문으로 보인다. 작은 나팔 캉링은 '다리 나팔'이라는
뜻을 지니고 있는데, 이는 사람의 대퇴골 뼈로 만들었던 데서 붙여

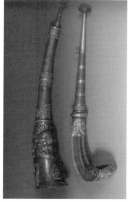

걀링과 캉링

시가체 샤루사원의 불
공 (2007. 12)

진 이름이다. 실제로 캉링의 생김새를 보면 끝이 살짝 휘어져 있는
데, 그 모양이 사람의 다리뼈가 관절에 닿는 부분과 닮았다.

　요즈음은 캉링을 동銅으로 만들어 쓰는데, 음고를 조절하는 지
공이 없으므로 하나의 음만을 낼 수 있고, 의례승이 등장할 때 신
호로 쓰인다. 걀링은 탕가가 올라갈 때나 지위가 높은 무승들을 모
시고 나올 때, 불공이나 송경의식 때 분다. 이 악기는 태평소와 같
이 서를 끼워서 불며, 나무 관대에 7개의 지공이 있기는 하지만 두
음·세 음 정도로 단순한 음만을 반복한다. 악기 이름은 지역에 따
라서 약간의 차이가 있어 둥첸을 '드방둥' 혹은 '둥'이라고도 하고,
걀링은 꺄링, 캉링은 캉둥이라고도 한다.

　또 하나 티베트 스님들의 관악기로 중요한 것은 소라이다. 바다
가 없는 고산지역 여기저기서 소라를 부는 것이 신기하여 알아보
니, 공급처가 산정호수였다. 약 2억년 전 한 덩어리였던 지구가 7

개의 대륙으로 찢어졌다가 어느 날 인도대륙이 위쪽 대륙과 합쳐지는 과정에서 히말라야산이 치솟았고, 바다는 산정호수가 되었다. 남초, 암드록초, 판공초 호수를 갈 때마다 물맛을 보았는데, 예외 없이 간간하였다. 이러한 호숫가에 소라가 있었으니, 평생 바다를 보지 못하고 살아왔던 그 옛날 티베트 사람들에게 얼마나 신기하였을까? 더 신기한 것은 중국의 행렬음악에는 쓰이지 않는 소라가 한국의 궁중행렬이나 사찰 시련절차에 빠지지 않고 쓰이고 있어 이 또한 티베트의 영향이 아닌가 하는 생각이 든다.

② 딴따라와 한국 불교의례

진감선사가 당나라에서 배웠던 불교의례와 범패는 중국 범패 중에서도 절제된 율조였다. 당나라 후기에 이르러 속강俗講과 도창導唱이 생겨났고, 불교의 대중화가 성했던 송대에는 경전의 내용을 그림으로 그리거나(八相圖) 노래하는(設唱) 풍토가 생겨나면서 『부모은중경』과 같은 노래가 유행하였다. 그러나 앞서 '중국의 응문불사應門佛事'에서 보았듯이 중국 스님들은 적笛·생황·비파·운라와 같이 부드러운 음색의 악기를 쓰지 금속성 나팔과 소라는 없었다.

한국에서도 통일신라와 고려 초까지 이러한 모습은 마찬가지였다. 그러다 고려 후기에 들어 티베트 불교가 들어오자 의례 분위기가 떠들썩해지기 시작했다. 중국식 의례에 비해 티베트 의례에서는 나팔을 사용하니 그에 수반되는 타악의 음량도 함께 커졌다. 북은 중국의 법기와 큰 차이가 없었지만 나팔은 너무도 색다른 모습이었다. 그러다 보니 티베트 불교를 이르는 '딴뜨리즘'이 나팔이 수반되는 의례를 지칭하는 말과 동의어로 소통되었음을 추정해 볼 수 있다.

그렇다면 한국의 재장에서 불리는 금관악기 태평소를 '딴따라'라고 했어야지 왜 밤무대 악사를 딴따라라고 하게 되었을까? 요즈음 트로트 열풍으로 딴따라 음색을 자주 접하게 된다. 어떤 때는 트럼펫 3대, 트럼본 3대, 섹스폰 3대가 편성되기도 하고, 어떤 경우는 지휘자가 직접 나팔을 불고 있어 일반적인 오케스트라에 비해서 금관악기가 부각되고 있다. 금관악기가 3대씩 편성되는 경우 음악 전문가들은 2관 내지 3관 편성이라는 용어를 쓴다. 이는 악기를 조합할 때 음량과 음색 밸런스를 맞추기 위해서 목관악기의 수에 따라 붙여진 오케스트레이션 명칭이다.

③ '제단'에서 유래한 오케스트라와 만다라

'오케스트라'라는 말은 고대 그리스에서 신에게 제사를 올리는 단壇을 이르던 말이었고, 불교의 '만다라'도 브라만 제사에서 단壇을 이르던 말이었다. 중국에서는 이를 악현樂懸이라 하는데, '악현'의 '현'자는 '매달 현'으로 일찍이 편종과 같은 체명體鳴악기를 제례를 위한 최상의 악기로 여겨온 배경이 있다. 중국에는 기원전부터 수십 개의 편종을 크기가 다르게 매달아 연주하였는가 하면 각 제위에 따라 4방·3방·2방·1방으로 수십 세트를 배치하였다. 이러한데에는 악樂으로 나라를 다스려온 악정(樂政)의 배경이 있다.

오늘날 국제법으로 지정된 440Hz=A 음고는 서양 오케스트레이션에서 기인한다. 서양음악의 출발이었던 로마교회의 초기에는 성악만이 신을 찬양할 수 있는 유일한 소리였다. 교부신학의 대가 아우구스티누스(354~430)는 "만약 제가 가사의 내용보다 곡조에 더 끌렸다면 벌 받을 죄를 지은 것입니다"라는 고백을 하였으니, 그들에게 음악은 메시지를 전달하기 위한 것이었지 음률 그 자체는 아니었다. 이에 비해 고대 인도에서는 발성에 의한 진동 그 자체를 중시하여 사브다비드야(Śabdavidya), 즉 성명聲明을 발전시켰다. 그들은 언어의 뜻을 넘어서서 음성의 공명을 통해 신과 자아가 하나되는 '범아일여梵我一如'의 경지를 추구하였고, 이러한 전통이 불교의 진언과 다라니로 들어와 있다.

유럽에서는 바로크시대에 이르러 기악음악이 자리잡기 시작하였으니 중국의 악현에 비하면 천년 이상 후발주자이다. 바로크시대 중기까지만 해도 서로 다른 악기가 동시에 울리는 것은 시끄럽고 정신없는 소리로 여겼다. 그리하여 같은 류의 악기만으로 합주를 하였는데, 이를 반영하는 것이 바이올린 패밀리만으로 연주되는 비발디(1678~1741)의 「사계」이다. 바흐(1714~1788) 시대에 이르러 평균율이 실용화됨으로써 악기 제작이 급속도로 발전하였다. 그러자 다른 종류의 악기들로 구성된 합주가 적극적으로 이루어졌으나 당시까지만 하더라도 그 규모는 15~18개 정도의 악기였다.

서로 다른 악기의 종합세트인 오케스트라는 18세기 중반부터 부각되었고, 여기에는 오케스트라의 아버지 하이든(1732~1809)의 관현악 기법이 큰 몫을 하였다. 에스테르하지Esterházy 공을 위해 연주하던 시기(1760~1770)의 하이든의 오케스트레이션은 약 24명의 합주 규모였지만 '런던교향곡'이 발표될 무렵(1790)에는 60명에 이를 정도였으니, 하이든의 오케스트레이션이 얼마나 급속도로 확대일로에 있었는지 짐작이 간다. 이 기세를 이어 모차르트(1756~1791)는 1781년 무렵에 80명으로 구성된 오케스트라를 구성한 악곡을 발표하였다. 그러나 그것이 일반적인 것은 아니어서 후세대인 베토벤은 그의 첫 번째 교향곡을 2관 편성으로 썼다. 베토벤 말기의 웅장한 오케스트라 음향이 세상을 압도하였고, 바그너에 이르러서는 3관(100명)·4관, 스트라빈스키는 5관 편성으로 '봄의 제전'을 썼다. 이렇듯 유명 작곡가들의 오케스트레이션에 비추어 볼 때 트로트를 반주하는 악단은 나팔에 속하는 금관악기가 언발런스에 가까울 정도로 많다.

④ 밤무대 딴따라와 스님들의 쉐나이

악기의 쓰임과 구성에는 인류 진화와 자연환경의 영향이 크다. 티베트 의례에 나팔이 유독 많이 쓰이는 연유는 골짜기 너머에서 풀을 뜯는 양들을 불러 모으는 것과 관련이 있다. 멀리 추정할 필요 없이 어린 시절 보았던 그림 동화에 나팔을 불고 있는 목동들, 산악지대 유목민의 후예인 스위스의 길고 큰 나팔이 이를 뒷받침한다.

그렇다면 한국에서는 왜 밤무대 악사들을 '딴따라'라고 했을까? 여기에는 언어의 사회 전이 현상과 금관악기가 부각되는 트로트 반주와 밤의 문화가 맞물려 있다. 귀한 음악을 공양하며 재를 지냈듯이 고려시대의 '딴뜨리즘'은 최고급 어휘였을 것이다. 그러나 불교를 배척하는 조선시대에 불교의례 악가무가 민간화·세속화되

어 오다, 대중가요의 초기 장르이자 금관악기가 부각되는 트로트로 인해 밤무대 악사들을 지칭하는 어휘로 전이되었을 것이다.

우리나라 스님들이 유일하게 연주하는 태평소는 인도의 쉐나이와 같은 악기이다. 이 악기의 이름은 군대와 장군을 뜻하는 '세나'에서 비롯된 것이다. 이 악기가 중국에 들어온 초기에는 쇄납으로 음사하였고, 우리나라에서도 그렇게 불러왔다. 그런데 조선조의 종묘제례악에 무공武功을 기리는 음악에 쇄납을 편성하면서 이를 태평소라 하였으니, 군대와 장수들이 태평세월을 지켜준다는 뜻이 담겨 있다. 쇄납이건 태평소이건 스님들이 부는 금관악기를 지칭하는 이름인데, 그 쓰임을 보면 시련과 같은 행렬이나 바라춤을 출 때 연주하고 있어 티베트 불교의례에서의 용례와 같다. 이렇듯 한국 불교의례는 티베트 문화와 떼려야 뗄 수 없는 친연성을 지니고 있는데도 그간 이에 대해서 너무 모르고 지내왔다.

● 라다크 헤미스곰파 스님들이 법당에서 불공을 하며 취타주하고 있다.

●● 라다크 헤미스곰파 '참' 악사들의 타주 (2009. 7)

에필로그

남방지역에는 관세음보살이나 지장보살 신행이 없지만 중국과 한국에서는 매우 대중적인 신행이다. 그러나 이웃나라 일본은 그렇지 않다. 그들은 불정심존승다라니, 미타본존다라니와 같은 수승한 다라니가 많으므로 관세음보살다라니는 개인의 기도나 관음을 본존으로 모신 사찰에서 주력하는 정도라 하였다. 그러나 좀더 조사해 보니, 선종 계열인 임제종과 조동종에서는 천수다라니 기도에 두는 비중이 컸다. 이러한 점에서 천수다라니에는 송대 이후 한·중·일의 불교신행을 헤아리게 하는 코드가 보인다. 남방에는 없는 신행이 한·중·일에 있으니 관세음보살 신앙은 중국에서 만들어진 것일까? 답은 "아니오"이다. 나란다대학의 승려들에 의해 직수입된 티베트 불교에도 관세음보살 신앙이 매우 강하기 때문이다. 이렇듯 여러 지역을 다니다 보니 '아와로끼떼스와라'라는 힌두신이 불교의 보살이 된 것이 인도불교의 후기임을 자연스럽게 알게 되었다.

이와 같은 일이 어찌 관세음보살뿐이겠는가. 처음 태국에 갔을 때, "우리는 의식 같은 거 없고, 범패도 없다"라고 하여 충격이 컸다. 그러나 미얀마에서 수행을 하면서 아침에 부처님께 인사드리는 것도 의식이고, 기도하고 경전 외는 것이 범패임을 알게 되었다. 불교에는 여느 종교음악과 달리 송경·염불·진언(다라니)과 같은 율조가 있다. 무엇보다 전통적 범패는 무위적無爲的 율조가 주된 것이었다. 시대가 흐르면서 행여 어떤 고승에 의해 창제된 범패가 있다 하더라도 개인의 감성적 표현에 의한 것이 아니라 기존의 신행 율조를 정돈하거나 미세한 첨율이었음도 확인할 수 있었다. 또한 세계 여러 문화권의 불교 수행과 신행을 체험함으로써 우리들의 현재 모습이 그들과 많이 다르다는 것도 알 수 있었다. 이러한 중에 우리는 잃어버렸지만 우리를 통해서 배운 누군가가 간직하고 있었으니, 그곳이 바로 일본이었다. '왜색불교'라고 넘겨버릴 일본이 아니었다.

산동적산원과 일본의례에서 보았듯이 우리네 역사에도 강경의식을 비롯한 강식講式의례와 경전 관련 율조가 범패의 주된 레퍼토리였다. 그러나 조선 말기와 일제 강점기를 지나며 의례악가무는 걸립패를 비롯한 유랑 악사들의 기예技藝가 됨으로써 경전이나 강론과 관련된 많은 의례와 범패가 사라져 버렸다. 모든 나라의 불교의례와 율조가 궁중음악과 함께 제반의 법도가 유지되어온 데 비해, 한국은 궁중과 식자층에 의한 악론 정립의 기회를 놓치고 민간의 재받이로 연명해 오기도 했다. 그 결과 사찰 살림에 유리한 천도재로 귀결되는 의식과 전문직승專門職僧의 범패만이 간신히 전승됨으로서 여법한 불교음악에 대해서는 생각할 겨를이 없이 문화재가 되느냐 마느냐가 관건이 되기에 이르렀다.

기독교에서는 교회음악의 성립 시기에 '바람직한 교회음악은 무엇인가'에 대한 성찰과 구체적인 논의가 많았다. 그리하여 음악의 효용이 아무리 크더라도 연주나 감상에 따른 쾌감을 자극하는 음악은 기독교 정신을 저해하는 것으로 규정하였다. 따라서 기교적인 선율, 유희의 관습이 배어 있는 선율, 이교도적인 광경을 연상시키는 음악들은 전례에서 배제시켰다. 이렇듯 초기에 교회가 음악적 정체성의 뿌리와 기둥을 단단히 하였으므로 바로크를 지나 예술종교음악과 함께 교회음악은 굳건한 성역聖域을 지켜낼 수 있었다.

부처님은 감성에 빠져들게 하는 기악技樂과 민중을 현혹하는 주술적 제의를 하지 못하게 하였고, 초기 승단에서는 합송을 하되 법언을 넘어서서 음악적 단계로 나아가는 것은 금하였다. 그러나 대승불교에 이르러 범어의 자모字母 발성부터 승가 예법을 위한 선문일송禪門日誦, 창도唱導와 설창說唱까지 다채로운 율조가 생겨났다. 그리고 오늘날 중국과 대만의 범패는 기도에 방해되지 않도록 일체의 선율 악기를 배제하고 법기만을 사용한다. 이는 설창에 속하는 회심곡은 범패가 아님을 구분할 수 있게 한다. 따라서 대만 승단에서 범패를 배울 때는 신체단숙身體端肅·구출청음口出淸音·의수문현意隨文現의 자세를 철저히 훈련한다. 밀교전법을 이어 받은 티베트는 사자후와 같이 굵고 격한 발성과 부드럽고 유연한 자비성까지 있으나, 이러한 성음은 밀교적 수행에서 발산되는 것이지 멋진 소리를 내고자 한 것이 아니었다.

그간 우리는 "어떤 음악이 불교다운지, 어떻게 음악 행위를 해야 하는지"에 대한 논의가 없었다. 그러다 보니 찬송가와 같은 찬불가가 확산되기도 하였다. 그런데 이에 대해 "찬송가와 같다"거나 "국악이 아니라 서양음악"이라는 문제제기만 있었지 불교의 정신과 수행 원리에 의한 진정한 의미의 불교음악관은 제시하지 못했다. 불교의 지혜는 심신을 고요히 하는 데서 생겨난다. 높은 종루에 종을 매달아 흔드는 기독교와 달리 한국의 범종은 땅을 파서 깊고 은은하게 울린다.

21세기 문화와 과학 시대에는 공명과 인체의 반응을 뇌파와 파동역학의 데이터로 증명해 보이고, 심리치료·신경재활, 나아가 뇌사상태의 환자를 각성시키는 방법으로도 음악이 활용된다. 이러한 시대를 맞아 불교음악이 더욱 각광받고 있다. 세계인이 사랑하는 남방의 '메따(자비송)' 티베트의 만뜨라 찬팅을 들어보면 노래하는 사람의 개인적 감성보다 무아無我적인 성음을 지니고 있다. 이는 특정 연예인에 환호하거나 감성적 쾌락과 카타르시스에 빠져드는 대중음악(상업음악)과 다른 음악세계이다. 명상음악과 치유음악으로서의 불교음악, 창작 찬불가와 기악器樂음악, 공연 및 대중음악과의 조우에서 심금을 울리는 불교음악이 되기 위해서는 정체성과 진정성이 바탕이 되어야 생명력을 가질 수 있다. 생명력이 강한 불교음악의 미래는 무한히 열려 있다.

참고문헌

원전 · 사전

『大正藏』

『世宗實錄』

『三國史記』

『三國遺事』

『樂學軌範』

『高僧傳』

CBETA 中華電子佛典協會 http://www.cbeta.org/

『한글대장경』, http://abc.dongguk.edu/ebti/c2/sub1.jsp.

『빠알리-한글사전』, 전재성, 한국빠알리성전협회, 2005.

『티베트어-한글사전』, 전재성 편저, 한국빠알리성전협회, 2010.

단행본

강상원, 『漢字는 東夷族文字』, 훈민정음28자회 · 信眉大師學會, 한국세종한림원
　　　출판부, 2015.

鎌田茂雄 著, 정순일 역, 『中國佛教史』, 장승출판사, 1997.

김문경, 『唐代의 社會와 宗教』, 숭실대학교출판부, 1996.

David Aldridge 편 · 곽현주 외 역, 『음악치료와 신경재활』, 하나의학사, 2019.

董少文 編, 林東錫 역, 『한어 음운학 강의』, 동문선, 1993.

라다크리슈나 저 · 이거룡 역, 『인도철학사』I, 한길사, 2001.

라이짜이성 지음, 김예풍 · 전지영 옮김, 『중국음악의 역사』, 민속원, 2004.

미노와겐료 저 · 김천학 역, 『일본불교사』, 동국대학교출판부, 2017.

박범훈, 『불교음악 여행』, 불교신문사, 2018.

박범훈, 『한국불교음악사연구』, 장경각, 2000.

박지원 저 · 고미숙 외 역, 『열하일기』下, 그린비출판사, 2008.

石田瑞麿 저·이영자 역, 『일본불교사』, 민족사, 1995.

성현 저·이대형 역, 『용재총화』, 서해문집, 2014.

성현 저·임명걸 역, 『용재총화 소재 소화 연구』, 영락출판사 2014.

성현 저·정종진 역, 『용재총화』, 범우사, 2009.

아우구스티누스 저·박문재 역, 『고백록』, 크리스천다이제스트, 2017.

엔닌 저·김문경 역 『입당구법순례행기』, 중심출판사, 2001.

윤소희, 『한중 불교음악연구』, 백산자료원, 2007.

_____, 『동아시아불교의식과 음악』, 민속원, 2013.

_____, 『용운스님과 영남범패』, 민속원, 2013.

_____, 『범패의 역사와 지역별 특징』, 민족사, 2017.

_____, 『문명과 음악』, 맵씨터, 2019.

_____, 『문화와 음악』, 맵씨터, 2020.

_____ 외, 『어장 일응 영산에 꽃피다』. 정우서적, 2013.

이재숙 역, 『우파니샤드』Ⅰ·Ⅱ, 한길사, 2015.

이종철, 『중국 불경의 탄생』, 창비, 2011.

이혜구 외, 『무형문화재 자료 조사기 범패와 작법』, 문화재관리국, 1969.

장사훈, 『한국음악사』, 세광출판사, 1986.

조명화, 『불교와 돈황의 강창문학』, 이회출판사, 2003.

최영애, 『中國語音韻學』, 통나무출판사, 2000.

한국이슬람중앙회, 『예배입문』, 재단법인 이슬람교, 2016.

한만영, 『한국 불교음악 연구』, 서울대학교출판부, 1990.

Johannes Th Eschen 저·이정실 역, 『분석적 음악치료』, 하나의학사, 2006.

kenneth E Bruscia 편저·최병철 외 역, 『음악 심리치료의 역동성』, 학지사, 2018.

Kenneth S Aigen 저·김경숙 외 역, 『음악치료 탐구』, 학지사, 2017.

논문

김동주·박금주, 「음악적 기법의 활용 – 노래」, 『음악치료의 방법과 적용』, 교육아카데미, 2012.

니샤디 라탄왈리, 「스리랑카(페라헤라 축제)의 종교관련 무형문화유산 보호 사례와 미래」,『연등회 국제심포지엄』, 한국문화재재단, 2020.

담마끼띠,「스리랑카 페라하라(Perahara)축제」,『불교의례문화 제14차 심포지엄 남아시아의 불교의례문화』, 불교의례문화연구소, 2018.

_____,「정중 무상 인성염불의 증입원리 고찰」,『한국선학』 54, 2019.

백도수,「인도불교의 교단에 대한 연구」,『동아시아불교문화』 2, 동아시아불교 문화학회, 2008.

윤소희,「대만불교 의식음악 연구」, 한양대학교 박사학위논문, 2006.

_____,「범패의 형식과 행위 – 국립문화재연구소 희귀음반 영남범패를 통하 여」, 불교의식음악 학술대회, 2013.

_____,「범패의 미학적 의미와 가치 – 용운스님 범패를 통하여 – 」,『민족미학』 제13–2, 민족미학연구소, 2014.

_____,「범패의 위격과 율조변화 – 영남범패와 대만범패를 통하여 – 」,『정토학 연구』 23, 한국정토학회, 2015.

_____,「스리랑카의 찬팅율조와 공양타주」,『한국음악사학보』 54, 한국음악사 학회, 2015.

_____,「월명사의 성범에 관한 연구 – 한국 초전불교와 서역 불교문화를 통하 여 – 」,『국악원논문집』 31, 국립국악원, 2015.

_____,「일제 강점기의 범어사 범패 전승실태 – 범어사 보재루와 어산계보사유 공비를 통하여 – 」,『국악원논문집』 34, 국립국악원, 2016.

_____, 「범어범패의 율적 특징과 의례 기능 – 아랫녘수륙재를 통하여 – 」,『국 악원논문집』 36, 국립국악원, 2017.

_____,『범패의 역사와 지역별 특징』, 민속원, 2017.

_____,「불교 의례활동과 사원경제 – 범어사 어산계보사유공비를 통하여 – 」, 『동아시아불교문화』 34, 동아시아불교문화학회, 2018.

_____,「티베트 참무의 미학적 소고」,『민족무용학회』, 세계민족무용학회, 2018.

_____,「삼화사수륙재 儀禮梵文과 율조의 특징」,『정토학연구』 32, 한국정토학 회, 2019.

_____,「세종·세조 악보와 佛典·梵文의 관계」,『기호학연구』 61, 한국기호학 회, 2019.

_____, 「티베트 참 의례의 상징체계와 의미 – 북인도 따시종 캄빠갈 사원을 통하여 – 」,『동아시아불교문화』37, 동아시아불교문화학회, 2019.

_____, 「향풍범패의 장르적 규명과 실체」,『동아시아불교문화』39, 동아시아불교문화학회, 2019.

_____, 「佛典·梵文이 정간보 창제에 미친 史的 배경 – 세종·세조대 樂政을 중심으로 – 」,『한국불교학』93, 한국불교학회, 2020.

_____, 「영산재 취타주 법기의 문화 정체성에 대한 고찰 – 딴뜨라와 딴따라의 관계를 통하여 – 」, 동아시아불교문화학회 학술세미나, 2020.

_____, 「일본 쇼묘의 악조와 선율 분석 – 덴다이쇼묘(天台声明) 구조석장九條錫杖을 통하여 – 」,『국악원논문집』42, 국립국악원, 2020.

_____, 「일본의 시아귀회와 쇼묘(聲明)에 관한 연구 – 교잔오하라(魚山大原)산젠인(三千院)을 중심으로 – 」,『정토학연구』33, 2020.

_____, 「天台声明과 眞言声明에 관한 연구 – 동경국립극장 개장 50주년 기념공연을 통하여 – 」,『동아시아불교문화』43, 동아시아불교문화학회, 2020.

_____, 「선법가의 운용 실태와 미래 방향」,『한마음연구』5, 2021.

_____, 「불교음악 연구의 좌표와 지평」,『불교음악문화』창간호, 한국불교음악학회, 2021.

_____, 「한·중·일 천수다라니의 송주신행에 관한 연구」,『정토학연구』35, 한국정토학회, 2021.

_____, 「천수다라니 범문원리와 한·중·일 율조비교」,『국악원논문집』44, 국립국악원, 2021.

이용식, 「수륙재의 음악종류」,『진관사 국행수륙대재』, 진관사수륙재보존회, 2011.

_____, 「채보·기보 방법론의 정립」,『음악인류학』, 전남대학교출판부, 2018.

이정환, 「티베트 4대 교파의 참에 대한 고찰(關于桑耶寺羌姆的考察)」,『중국문화연구』15, 2009.

_____, 「삼예사원의 참(vcham)에 대한 고찰,『역사민속학』33, 역사민속학회, 2010.

_____, 「티베트 토번吐藩왕조 시대의 토속종교 푄(Bon) 세력 연구」,『현대중국연구』, 18-2, 2016.

田 青, 「北京的佛教音樂」, 『東洋佛教聲樂과 文化』, 제4회 동양음악학 국제학술회의, 국립국악원, 1999.

황순일, 「제3결집과 남방테라와다(Theravāda)불교」, 『불교학회』 65, 동국대학교 불교문화연구원, 2013.

중문

嘉雍群培 著·袁靜芳 主編, 『西藏本土文化,本土宗敎-苯敎音樂』, 北京：宗敎文化出版社, 2014.

高俄利, 「佛敎音樂傳統與佛敎音樂」, 『佛敎音樂』, 臺灣：佛光山文敎基金會, 1998.

顧義生·楊亦鳴 著, 韓鐘鎬譯, 『漢語音韻學入門』, 學古房, 1999.

王 力, 『漢語史稿』, 上册, 北京：科學, 1957.

陣彗珊, 「佛光山梵唄源流與中國大陸佛敎梵唄之關係」, 『佛學硏究論文集』, 臺灣：財團法人佛光山文敎基金會, 1998.

格桑曲杰, 『中國西藏佛敎寺院儀式音樂硏究』, 北京：高等敎育出版社, 2015.

일문

大栗道榮, 『よくわかる 声明入門』, 東京：国书刊行会, 平成13年(2001).

加藤善弘, 「高野山の聲明の歷史(魚山芥集)」, 『진각종과 밀교』, 대한불교진각종 70주년기념세미나, 2017.

天納傳中·岩田宗一·播磨照浩외·飛鳥寬栗, 『仏敎音樂辭典』, 京都 : 法藏館, 1995.

澤田瑞穗, 『佛敎と中國文學』, 東京：國書刊行會, 1975.

영문 저서

A comparative Crammar of the Dravician Languages, Rev Robert Caldwell, Delhi : Cian Publications, 1981.

Chaṭṭha Sangāyana, India : Vipassana Research Institute, 1998.

Daily Schedule, Guidance for the Foreign Yogis, Myanmar : Panditarama HSE Maingone forest Meditation Center, 2010.

Die Musik in Geschichte und Gegenwart, MGG, Germany : Macmilan Publisher,

2001.

Pali Dhammacakkappavattanasuttaṃ, London : The Pali Text Society. (Devanagari, Roman), 2001.

Sanskrit English Dictionary, Theodore Benfey, New delhi : Milan Publication Services,1982.

The New Grove Dictionary of Music and Musicians, Stanley Sadie, Washington : Grove's Dictionaries of Music Inc, 2004.

Adya Rangacharya, नाट्यशास्त्र *The Nāṭyaśāstra*, India : Munshiram Manoharlal Publishers Pvt Ltd, 2016.

Bob Gibbons and Siân Pritchard-Jones, *LADAKH -Land of Magical Monasteries*, Varanasi India : Pilgrims publishing, 2006.

Desclée & Socii, *GRANDUALE TRIPLEX*, France : Tournai, 1973.

Donald Grout, *A History of Western Music*, Newyork, 1996.

E.von Füter-Haimebdorf, *Tibetan Religious Dances*, New Delhi : Paljor Publications, 2001.

G.P. Malalasekera, *Pali Literature*, Sri Lanka : Buddhist Publication Society, 2016.

Gary A. Tubb · Emery R.Boose, *Scholastic Sanskrit*, New york : Columbia University, 2007.

Hans Dieter Evers, *Monks, Priests and Peasants : A Study of Buddhism and Social Structure in central Ceylon*, Brill Archive, Netherlands, 1972.

K.N.Jayatilleke, *Early Buddhist theory of knowledge*, Delhi : Motilal Banarsidass Publishers, 2010.

_____, *The message of the Buddha*, Sri Lanka : Buddhist Publication Society, 1974.

Matthieu Ricard, *Monk Dancers of Tibet*, France : Shambhala Publications, Inc, 2003.

Narada, *The Dhammapada*, Sri Lanka : The Corporate Body of the Buddha Educational Foundation. 1993.

Ngawang Tsering, *The Monasteries of Hemis, Chemde and Dagthag*, New Delhi.

Osmaston & Nawang Tsering, *Recent Research on Ladakh*, Delhi ; Motilal
  Banarsidass Publishers Private Limited, 1993.

Radhakrishnan, *The Brahma Sutra*, Oxford university press, 1960.

Robert P. Goldman · Sally J. Sutherland Goldman, देववाणीप्रवेशिका *Devāvanīpraveśikā*,
  Delhi : Motilal Banarsidass Publishers Private limited, 2011.

Ven.Tsewang Rigzin, *HEMIS FAIR*, Leh, India : Young Drukpa Assiciation, 2009.

윤소희 尹昭喜

부산대학교 한국음악학과에서 작곡을 전공하고, 한양대학교 음악대학에서 음악인류학 전공으로 박사학위를 취득하였다. 부산대·동국대 등 다수 대학교에 출강하였고, 위덕대학교 연구교수를 지냈으며, 현재는 한국불교음악학회 학술위원장을 맡고 있다. 대원상 특별상, 반야학술상 저술상, 묘엄불교문화상 등을 수상하였다. 한국은 물론이고 아시아 전역을 다니며 현지조사를 통한 연구로 다양한 학문적 성과를 내보이고 있으며, 이외에 작곡과 음반 발매 등 폭넓게 활동하고 있다.

지은 책으로 『문화와 음악』, 『문명과 음악』, 『범패의 역사와 지역별 특징』, 『동아시아 불교의식과 음악』, 『한·중 불교음악 연구』, 『영남범패 대담집』(공저) 등이, 논문으로 「대만불교 의식음악 연구」, 「티벳 참무를 통해 본 처용무와 영산재」, 「팔리어 송경율조에 관한 연구」, 「불교음악 연구의 좌표와 지평」, 「천수다라니 범문원리와 한·중·일 율조비교」 외 다수가 있다.

〈윤소희 카페〉(http://cafe.daum.net/ysh3586)에서 좀 더 다양한 자료들을 만날 수 있다.

E-mail : ysh3586@hanmail.net

세계 불교음악 순례

초판 1쇄 인쇄 2021년 10월 12일 | 초판 1쇄 발행 2021년 10월 20일
글·사진 윤소희 | 펴낸이 김시열
펴낸곳 도서출판 운주사

(02832) 서울시 성북구 동소문로 67-1 성심빌딩 3층

전화 (02) 926-8361 | 팩스 0505-115-8361
ISBN 978-89-5746-661-2 03220   값 28,000원
http://cafe.daum.net/unjubooks 〈다음카페: 도서출판 운주사〉